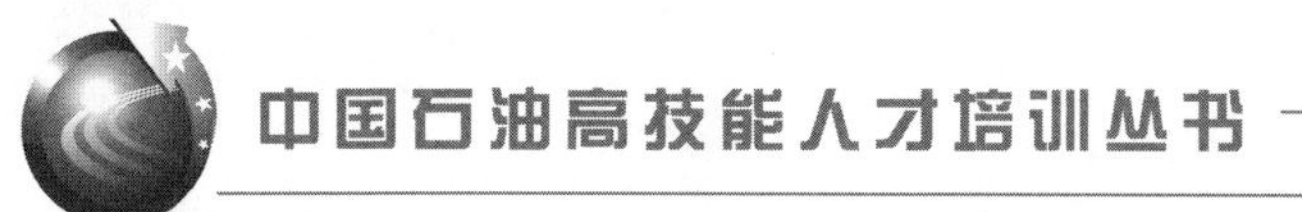

技改革新方法与实践

JIGAI GEXIN FANGFA YU SHIJIAN

中国石油天然气集团有限公司人事部 编

石油工業出版社

内 容 提 要

本书通过五个方面，讲述了企业一线技能员工通过学习创新内涵，培养技改革新思维，探寻发现问题途径，分析问题特点和转化，继而应用创新方法解题，开展项目立项与评估，形成技术文本资料，并将成果推广应用的技改革新工作过程。本书配套课件讲解视频。

本书是工作实用类教材，适用于指导一线技能员工进行技改革新。

图书在版编目（CIP）数据

技改革新方法与实践/中国石油天然气集团有限公司人事部编. —北京：石油工业出版社，2020.4

ISBN 978-7-5183-3932-7

Ⅰ.①技… Ⅱ.①中… Ⅲ.①石油企业-技术革新-研究-中国 Ⅳ.①F426.22

中国版本图书馆 CIP 数据核字（2020）第 052424 号

出版发行：石油工业出版社

（北京市朝阳区安华里 2 区 1 号楼 100011）

网 址：www.petropub.com

编辑部：（010）64243803

图书营销中心：（010）64523633

经 销：全国新华书店

印 刷：北京晨旭印刷厂

2020 年 4 月第 1 版 2020 年 4 月第 1 次印刷

710×1000 毫米 开本：1/16 印张：16

字数：270 千字

定价：90.00 元

（如发现印装质量问题，我社图书营销中心负责调换）

编 写 组

主　　编： 刘　丽　尹前进

编写人员： 王　峰　王瑞东　杨海波　张　军
赵奇峰　李　丹　肖涵予　严　芩
赵　爽　陆　辉　张朋娟　杨振东
刘可夫　汲红军　赵海涛　董　帅
张　勇　牛连山　李永祥　李海军
孙青先　李爱忠　于建成　于振成
周明阳

前言

创新是民族进步之魂，是国家兴盛之源，是企业高质量发展之本。一直以来，中国石油天然气集团有限公司（以下简称集团公司）深入贯彻党的十九大精神，把握创新的核心要义，持续推进新发展理念落地生根，引领百万石油员工立足生产岗位，大力创新、全员创效，提升发展质量，不断推动世界一流国际能源公司创建取得新成绩。

集团公司高度重视创新工作开展，高度重视技能人才队伍建设，倾力推动一线生产创新创效，连续颁布科技成果转化创效奖励办法、技能人才创新创效奖励办法等规则制度，建立创新成果评选、表彰、激励机制，鼓励员工扎根岗位、创新创效。为进一步推动技能人才创新创效系统化、规范化建设，指导员工更好地开展创新创效活动，集团公司人事部组织专家学者组成编委会，通过总结归纳各专业技术技能专家创新办法，收集整理创新成果案例，形成创新全过程、全流程实践规范读本，努力补充一线创新创效指导用书资源不足问题，用以更好提高技能人才创新创效能力，支撑集团公司高质量发展。

本书包括了技改革新思维的内涵与养成、问题的来源与分析、方法的应用与实践、项目的立项与评估、成果的推广与应用五方面的内容，规范表述了技改革新工作的全过程。开展技改革新工作，可参照本书的步骤和方法，通过认识原理，形成创新思想，强化技改革新思维；把握关键要素，多途径发现问题，分析研究问题的本质及特征，调用思考的积极性，确定解决问题的主攻方向；了解技改革新的主要方法，强化创新方法的学习认识，进一步确定解决问题的方法和手段；了解技改革新申报立项的全过程，明确方案的设计及立项实施阶段，强化实验评估等手段，确保成果的创新性、实用性、经济性。同时，本书在形成成果及推广应用等方面附以说明，指导员工如何将创新实践转化为多项多类别技术成果，并通过广泛渠道及途径，打通革新成果推广应用、孵化创效的“最后一公里”，从而最大化地推动技改革新成果向产品转化，创造更大经济价值。

本书自始至终从企业技改革新实际目的出发，充分体现启迪思维、注重实用、提高能力的原则；采用通俗的语言、鲜活的案例，由浅入深、循循善诱；有概念阐述，有方法归纳，并用实际案例来说明如何将创新理论和方法运用到技术革新实践之中，易于理解、善于掌握，有助于基层一线广大员工学习提升。

本书致力于帮助员工突破思维定势，从不同角度分析问题，最终抓住关键要素彻底解决问题，形成技改革新成果，应用推广到现场。为了让学员更好地理解教材内容，书中配有46个视频课件，便于学习使用。

本书由大庆油田有限责任公司、吉林油田分公司、新疆油田分公司、辽河油田分公司、西南油气田分公司、大港石化分公司、吉林石化分公司、兰州石化分公司、川庆钻探工程有限公司、渤海钻探工程有限公司、管道局工程有限公司等单位选派技能专家及学者参与编写。在编写过程中，进行了大量的企业调研，广泛吸纳了一线操作技能员工技改革新方面的经验及方法，同时吸收和借鉴了现有文献中的成果，恕不一一列出，在此表示衷心的感谢！

由于编者水平有限，书中难免存在缺点和不足之处，欢迎读者批评指正。

编　者

目录

第一章　技改革新思维的内涵与养成

第二章　技改革新问题的来源与分析

第三章　技改革新方法的应用与实践

第四章 技改革新项目的立项与评估

第五章　技改革新成果的推广与应用

附　　录

第一章 技改革新思维的内涵与养成

技改革新是采用先进适用的新技术、新设备、新工艺、新材料，对现有设施、生产工艺条件及辅助设施进行的改造。技改革新思维的核心是创新思维，培养创新思维是开展技改革新的重中之重。工欲善其事，必先利其器，开展技改革新工作，首先要学习创新，在工作中实践创新。

第一节 创新的内涵

一、创新的基本概念

“创新”一词在我国出现很早，《魏书》有“革弊创新”，《周书》中有“创新改旧”。创新在《词源》中的释义：创，破坏；新，初次出现，与旧相对；《现代汉语词典》的解释：抛开旧的，创造新的。简言之，创新的词义就是破旧立新、推陈出新、首创新事物。创新的定义是一切从无到有的创造，一切比以前既有的东西具有新形式、新内容的新东西。

创新有着无限的“演绎”空间，其中既有以技术为内涵的创新，如产品创新、工艺创新、原材料创新、市场创新、管理创新，也有非技术内涵的创新，如制度创新、政策创新、组织创新、文化创新、观念创新等。

创新无处不在，它改善了我们的工作质量与生活质量，它提高了我们的工作效率，巩固了我们的竞争地位，对我们的社会、经济、技术产生了深远影响。例如，共享单车、微信、高铁、移动支付等（图 1-1、图 1-2）。

二、创新的基本特征

创新具有目的性、变革性、新颖性、超前性、价值性和不确定性六方面的特征。

图 1-1　高铁

图 1-2　移动支付

（一）目的性

任何创新活动都有一定的目的，这个特性贯彻于创新过程的始终。例如，发明手机的目的是使人们联络更加方便，发明电脑的目的是提高人们工作的效率，发明电灯泡的目的是在夜晚照亮暗处，发明笔和纸的目的是使记录和保存更加清晰。

创新特别强调效益的产生，它不仅仅要知道“是什么”“为什么”，还要知道“有什么用，怎样才能产生效益”。所以，创新是一个创造财富、产生效益的过程。特别是当今社会，创新的目的性更加明确，个人、组织、团队、社会通过创新走出困境，实现利益最大化。

（二）变革性

创新是对已有事物的改革和革新，是一种深刻的变革。创新是一个动态的过程，创新总是要改变，没有变化不能称为创新，有的变化是根本性的、颠覆性的，汽车的发明相对于马车来说就是颠覆性的。

在知识经济条件下，惟一不变的就是一切都在变，而且变化得越来越快。因此，任何创新都不可能是一劳永逸的，而只有不断地变革和创新，才能适应时代的要求。

（三）新颖性

创新是对现有的不合理事物的摒弃，革除过时的内容，确立新事物。创新不是模仿、再造。通过创新，在形式上以新的面貌出现，在内容上有新的东西展现，在方法上有新的手段运用，在效果上有新的结局呈现。因此，新颖性是创新的首要特征。具体来说，新颖性包括绝对新颖性和相对新颖性。例如，当电灯、电话被首次发明出来，这就是前所未有的，是绝对的新颖性。而电话经过一次次的改进，在上一次的基础上进一步创新，就是相对新颖性。

（四）超前性

创新以求新为灵魂，具有超前性。正是创新所具有的超前性，才能使创新者占领竞争的制高点，赢得竞争的胜利。然而，创新的东西并不是一出现就被人们理解和接受，甚至会遭到反对或迫害。“地心说”到“日心说”，就是一个很好的例证。创新的超前性，使得创新具有了引领性，引导人们的思维，引导人们的行为，引导社会的发展。当然，由于创新的超前，有可能结果是正确的，也有可能结果是错误的，但是，无论怎样，这种超前都要从实际出发、实事求是。不切实际的超前会增加创新的风险性。

（五）价值性

创新有明显、具体的价值，对社会经济具有一定的效益。创新可以重新组合生产要素，从而改变资源产出，提高组织价值。而对于企业来说，创造利润是最重要、最基础的部分，也只有创造利润才能够反映出创新对于企业的价值。

（六）不确定性

创新内在的不确定性分为创新过程的不确定性与创新结果的不确定性。创新的外在因素即为客观环境，亦为创新市场的不确定性；创新可能成功，也可能失败，这种不确定性就构成了创新的风险；因此，在创新过程中，只准成功、不许失败的要求，实际上是不现实的，只能通过科学的设计与严格的实施，来尽量降低创新的风险。

“3D”打印技术诞生于20世纪80年代中期，是由美国科学家最早发明的一种加工制作方法，“3D”打印研发工作和应用一直在进行着。2012年4月，《经济学人》的一篇文章让“3D”打印（图1-3）迅速走红，甚至被冠以“第三次工业革命”的称号。

“3D”打印技术诞生30多年来，已被广泛应用于航空航天、汽车、模具、生物医疗、电子、建筑等专业化领域，也应用到了个人消费、办

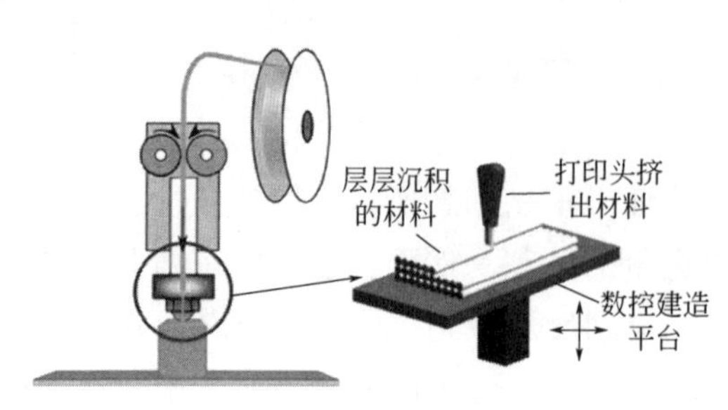

图 1-3 “3D”打印机

公、教育等大众化领域。先进的“3D”激光打印机，不仅可以烧结或者融合塑料、蜡和砂子，还可以直接烧结金属。北京航空航天大学的航空航天国家实验室拥有目前国内最大的“3D”激光打印机，该打印机有12m长，是为中国的商用飞机项目制造大型复杂部件的，包括钛合金机身骨架及高强钢起落架。

三、创新与发明的等级划分

苏联发明家、萃智（TRIZ）创新方法学的创始人根里奇·阿奇舒勒（Genrich S. Altshuller）采用划分发明等级的方式，将创新与革新、发明、创造、发现在技术领域的层面上统一了起来，发明等级可以分为5级（表1-1）。

表 1-1 发明等级

等级	大小	方法	程度	系统	发明当中所占比例
1	简单改进	专业内方法	明确的解	优化参数	32%
2	小型发明	行业内知识	折中方案	少量提高	45%
3	中型发明	跨行业知识	解决	提升	18%
4	大型发明	新原理	全新概念	升级	4%
5	新发现	科学发现	科技进步	全新系统	1%

第1级——个人发明，也称为最小发明，是指在本专业范围内，用常识来解决常见问题或仅对已有系统做简单改进。该类发明大约占人类技术创新总量的32%。这一等级的成果通常被称为小改小革，其中只有一小部分能获得实用新型专利，无法获得发明专利。例如，为更好地保温，将塑钢窗加厚（图1-4）；用承载量更大的重型卡车（图1-5）替代轻型卡车，以实现运输成本的降低。

图 1-4　塑钢窗加厚

图 1-5　重型卡车

第 2 级——本专业发明，是指采用本专业内已有的知识和经验，对现有系统仅进行少量改进。该类发明大约占人类技术创新总量的 45%，这类成果可以申请和获得实用新型专利，但是，这类成果在独创性方面并不突出。例如，多功能扳手（图 1-6）；升降式管线对口器在管线焊接过程中使用，并不能解决所有型号管线的焊接对位问题，是折中的解决方案，对于改善焊接质量有少量的提高（图 1-7）。

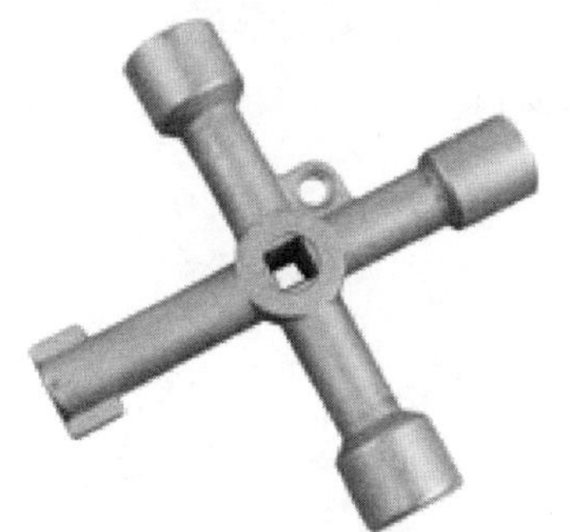

图 1-6　多功能扳手

图 1-7　升降式管线对口器

第 3 级——跨专业发明，是指采用本专业以外的现有知识和经验对已有系统进行根本性改进。该类发明大约占人类技术创新总量的 18%，这类成果的新颖性和独创性都比较高，几乎都能够获得发明专利。例如，实时心率监测运动腕表（图 1-8）采用二代光学心率监测技术，实现心率监测准确度的又一升级，将运动

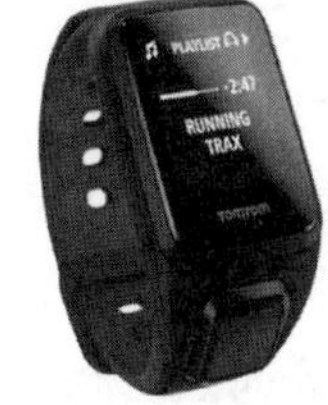

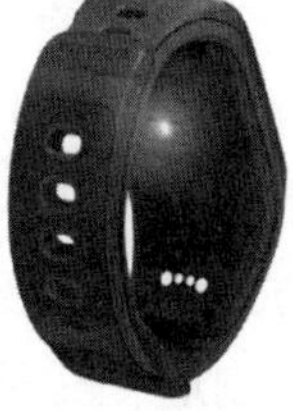

图 1-8　实时心率监测运动腕表

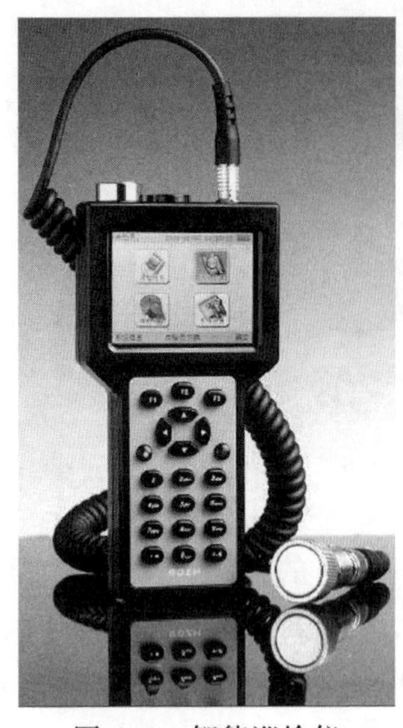
图 1-9　智能巡检仪

腕表与医疗器械行业技术结合，解决了运动中实时心率监测的问题；计算机鼠标；智能巡检仪（图 1-9）等。

第 4 级——重大发明，是指采用全新的原理来完成对现有系统基本功能的创新。该类发明大约占人类技术创新总量的 4%，这类成果往往属于重大成果、重要发明专利或基础专利之列。例如第一台内燃机（图 1-10）、集成电路、充气轮胎、记忆合金等（图 1-11）。

第 5 级——特大发明，是指依据人们对自然规律或科学原理的新发现，汇总全人类的知识体系做出的发现级的发明。该类发明数量大约小于人类技术创新总量的 1%。这类成果大多属于基础专利，制约着一系列其他发明课题的解决。例如第一台计算机（图 1-12）；2016 年 6 月 16 日凌晨引力波被发现（图 1-13），这项非凡的发现标志着天文学已经进入新的时代，人类从此打开了一扇观测宇宙的全新窗口。

图 1-10　内燃机

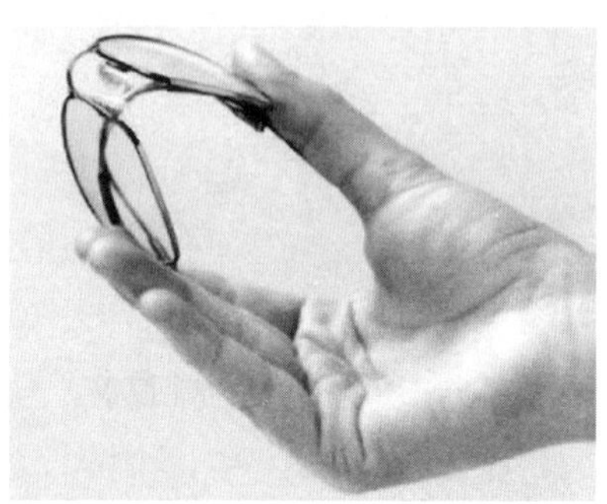
图 1-11　记忆合金镜框

由以上论述可见，革新、发明、创造、发现都体现在了发明等级的不同上。所有最终能转变成生产力的发明都可以划归为创新的范畴。这种划分方式未必是最科学的分类方式，但是其好处是回避了对创新、革新、发明、创造、发现等词汇内涵的争议，让人们把关注的焦点放到如何利用创新的方法和规律来实现以上各种等级的发明创新上来。

图 1-12　第一台计算机

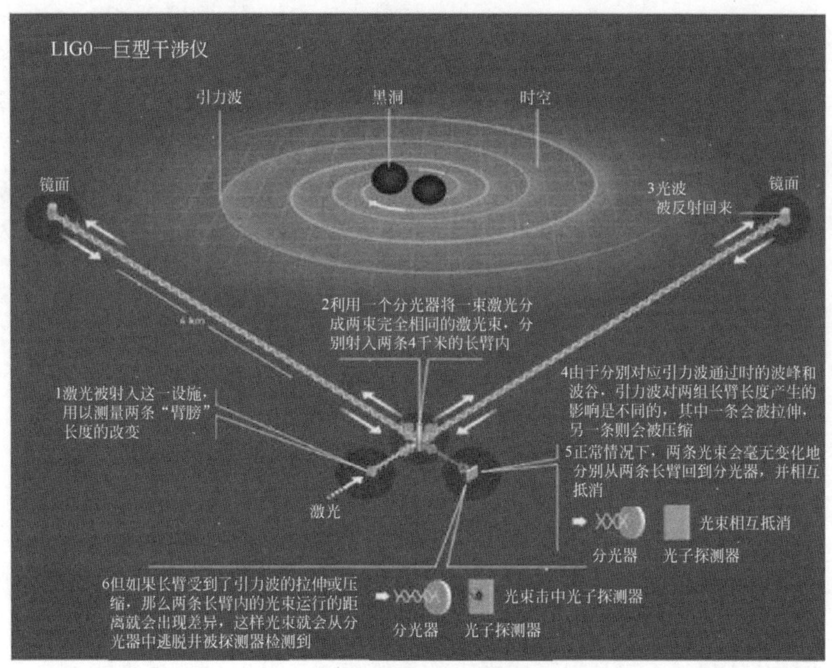

图 1-13　引力波被发现

第二节　思维定势的种类

思维定势对创新是不利的，思考同类或相似问题的时候，思维会陷在已有程序性经验的无形限制中，难以产生新

的设想。美国著名社会心理学家亚伯拉罕·马斯洛说："只会使用锤子的人，总是把一切问题看成是钉子"。因此，建立创新思维必须要了解思维定势，掌握思维定势的特点及规律，以便更好地破解思维定势，形成创新思维体系，推动创新工作。

一、从众型思维定势

从众思维使个人有一种归属感和安全感，能够消除孤单和恐惧等有害心理。另外，以众人是非为准，人云亦云随大流往往是一种保险的处世态度。

西红柿进入欧洲时，传闻其有剧毒，一直是作为观赏植物而存在，没人敢咬上一口。到了17世纪，一位法国画家在画过多次这样美丽可爱而"有毒"的浆果之后，产生了亲口尝一尝的念头。他冒着生命危险吃了一个，一天过去了，身体并无任何异样。从此，西红柿无毒的消息传 遍整个世界，正式走上了人们的餐桌（图1-14）。

图1-14 原产自南美的西红柿

从众型思维定势不利于个人独立思考，突破从众型思维定势，要采用与众不同的观察方法，别人忽略的，则认真思考；别人看正面，则要从反面看；别人看粗的，则要看细的；别人看现象，则要看本质。

二、经验型思维定势

经验随着时间的推移不断积累、不断更新。经验可以开阔眼界、增强见识，可以激发人们创新意识的形成。但经验也是相对稳定，容易引起人们的过分依赖甚至崇拜，形成固定的思维模式，此时创新思维能力会受到抑制。

一艘船不幸触礁沉没在汪洋大海里，有几位船员漂流到一座荒岛上，才暂时得以幸存。在烈日的暴晒下，每个人都口渴难耐，天也不下雨，尽管四周有海水，船员都知道海水又苦又咸又涩，不可解渴。几天过去了，船员们渐渐支撑不住，只剩下最后一名船员幸存，这位船员也已经是实在不能忍受渴死的恐惧，他艰难地爬到海边喝下了大量的“海水”，他突然发现这“海水”并不苦涩，相反他还觉得这“海水”有些甘甜。原来这座孤岛上有地下泉水不断涌现，孤岛周围全是可以饮用的泉水（图 1-15）。

图 1-15　荒岛求生

在创新过程中，应特别注意消除经验型思维定势的消极影响，尽量防止或减少以往经验和模式可能产生的束缚。冲破经验型思维定势的主要途径是有意识地进行反定势思维，即注意从原有定势不同的方向和角度进行思考。

三、权威型思维定势

引证并不假思索地认为权威的言论、看法就是真理，一旦发现自己的观点或理论与权威相违背，便首先否定自己，这是典型的权威型思维误区。

核物理学之父、新西兰物理学家卢瑟福开辟了现代物理学时代，是最伟大的物理学家之一，他曾经断言：“就释放能量来说，用原子核来做实验，可以说纯属浪费”。他甚至还说：“那些指望通过原子核的分裂而获得能量的人都是胡说八道”。如果当时科学家都因为卢瑟福这样说过而停止获取核能，那么今天核能的广泛应用就不可能存在了（图 1-16）。

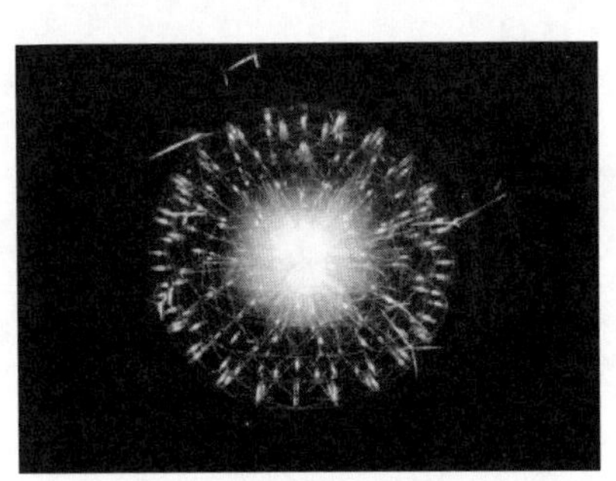

图 1-16　原子核裂变

培养创新思维就需要突破旧权威的思维束缚，不沿用权威的思路，时刻警惕权威型思维定势。为摆脱权威型思维定势，就需要对权威所提出的看法进行深入研究和分析。

四、书本型思维定势

世界是运动、发展、变化的，人们认识能力不断地提高，已有的某些知识会陈旧过时，暴露出不足。因此有时陈旧的知识会成为创新的障碍。把握好知识与创新能力之间的对立统一关系，就能在创新实践过程中做到既有丰富的知识储备，同时又不为既有知识所累。

《三国演义》中，熟读兵书、精通兵法的马谡在守卫街亭的战斗中，不听王平劝阻，在山上屯兵认为这样可“凭高视下，势如破竹”；如敌兵截断水道，我军也会“背水一战，以一当十”。马谡的这些观点都能在兵书上找到依据，可白纸黑字的兵书与刀光剑影的战场毕竟是两回事。蜀军在被围后，不仅不能以一当十，反而军心散乱，不战而退。最后，熟读兵法的马谡未能在战争史上留下一场经典之战，却因诸葛亮的“挥泪斩马谡”而“流芳百世”（图 1–17）。

图 1–17 挥泪斩马谡

五、自我中心型思维定势

由于每个人都有自己独特的经历、经验和个性，不同的人价值观不同。日常思维活动中，人们自觉或不自觉地按照自己的观念、自己的立场和自己的目光去思考。

1879 年 10 月 21 日，伟大的发明家托马斯·爱迪生（图 1–18）使用直流电点燃了白炽灯，引来了光明。1885 年西屋电气公司的乔治·威斯汀豪斯意识到可以将交流电与变压器结合在一起，实现远距离的输电

和供电。爱迪生的公司提出交流电系统是危险的，它劣于直流电系统。爱迪生电气公司出版了一本84页的小册子，题为《爱迪生电气公司的警告》，里面强调了直流电的安全性和效率，通过由交流电所造成的意外事故，指出了交流电的不可靠性和危险性。为了证明交流电的危险，对四头小牛和一匹马进行交流电电击试验。

图1-18　发明家爱迪生

1889年随着交流电的崛起，爱迪生公司的营销变得越来越糟糕。爱迪生的同事和工程师都劝他考虑使用交流电系统，但爱迪生很固执，他听不进去。爱迪生电气公司的总裁爱德华·希伯德·约翰逊指出：如果公司继续坚持使用直流电系统，将无法在中型城市中开展业务，可能连在小城镇上开展业务都做不到。

1892年由于交流电的迅猛发展，爱迪生电气公司失去了电灯照明业务的领先，不得不与汤姆森—休斯顿公司合并成通用电气公司。

思维障碍还有在个人情感上的表现：

（1）麻木情绪。习以为常是人的思维本能，它一方面规范了我们的行为和思维模式，让我们顺其自然、轻松地生活，但是它又局限了我们的思维。

（2）求稳思维。我们的社会是以求稳为特点，在人们内心深处不敢冒险，害怕失败，只想着老老实实地过千篇一律的平淡生活，这就是人们的求稳型思维。

（3）自我否定思维。自我否定思维又称“自我贬抑型思维定势”，就是总认为自己能力低，办不到。过低地评价自己的能力，会妨碍自我价值的实现，越低估自己，离成功越遥远。

第三节　创新思维的养成

在人类社会发展中，创新思维是创新活动的思维基础，尤其在以知识创新和智力竞争为标志的现代社会发展中，有着极其重要的作用。

一、创新思维的核心概念

创新思维是指以新颖独创的方法解决问题的思维过程，是打破常规、积极向上、寻求获得新成果的思维活动，揭示客观事物的本质及规律，驱动人类的物质和精神文明的发展。

创新思维是一种积极的心态，凡成大事者都有超出常人的创新思维。在残酷的竞争面前，创新思维会给当事人带来生机和活力。毫无疑问，我们必须要学习和运用创新思维，用新思维突破常规观念，超越自己的过去，才能立于不败之地。

案例

假如一人每天为了寻找停车位需要多行驶500m，那么一个月下来便要多行驶15km，这不仅会浪费大量的时间，也会损失相当一部分的燃油和油费。因此导致的结果便是汽油消耗量增长，油价攀升。韩国的一家公司想出了一招绝佳的解决办法，韩国石油公司S-Oil为了达到省油的目的，委托一家韩国市场营销公司Cheil Worldwide设计了一种可以使人快速找到停车位的HERE气球，既节省了人们寻找停车位的时间，还减少了汽油的消耗。这种气球充满氢气后会飘浮在空闲的停车位上，鲜明的黄色让任何进入停车场的人第一时间就能发现停车位，而在车辆倒入停车位以后，气球便会被车辆拉下，消失在人们的视野中，车辆开走之后，又会再次飘浮起来，为下一位停车者指引方向（图1-19）。

图1-19　韩国HERE气球停车

二、创新思维的培养方式

（一）发散思维和收敛思维

根据思维方向不同，把思维分成了两种——发散思维和收敛思维。发散思维与收敛思维相对（图1-20），收敛思维是多到一，而发散思维是一到多。

1. 发散思维

发散思维又称辐射思维、放射思维、扩散思维或求异思维，是沿不同的方向去探求多种答案的思维形式，就是我们所说的一到多，如“一题多解”“一事多写”“一物多用”。它表现为思维视野广阔，思维呈现出多维发散状。

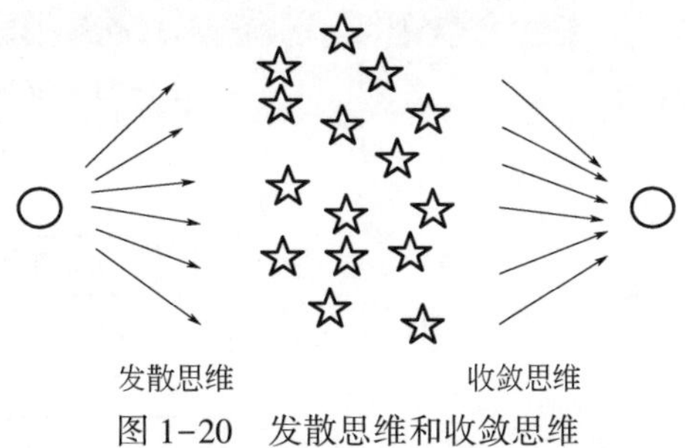

图1-20　发散思维和收敛思维

发散思维是通过对已知信息进行多方向、多角度、多渠道、多维度的思考，从而提出新问题、探索新知识或发现多种解答或得出多种结果的思维方式。因此，求异性是发散思维最重要的本质特征。

日常生活中，某些人在思维过程中跨度很大，能够进行广泛的联想，但是有些人缺少了一定的思维广度，只能在一个问题的圈子中绕来绕去，思路总是有很大的局限性。从进行创新活动的角度来说，一定要具有足够的思维广度，把思维广度扩展一下，便会产生许多奇妙的创意，也就是需要具备发散思维。例如现代化的大都市，随着人口的增加和私人汽车的普及，城市交通越来越拥挤。出路何在呢？为解决地面交通拥挤，各大都市都想尽各种办法，如地下铁路、地下隧道、双层公共汽车、高架桥车道、立交桥、地下停车场、立体车库等，从而极大地提高了空间的利用率（图1-21）。我们做炼化装置技改革新时，可以利用发散思维，开阔选题思路（图1-22）。发散思维体现了思维的开放性、创新性，是事物普遍联系在头脑中的反映。发散思维有多向思维和侧向思维。

逆向思维是发散性思维的一种特殊形式，是一种非常重要的创新思维，主要是采用正反置换的方法进行反向思考，从而得到与众不同的新观点。逆向思维逆转的范围很广，许多创造发明都是逆向思维的成果。常见

图 1-21　立体交通

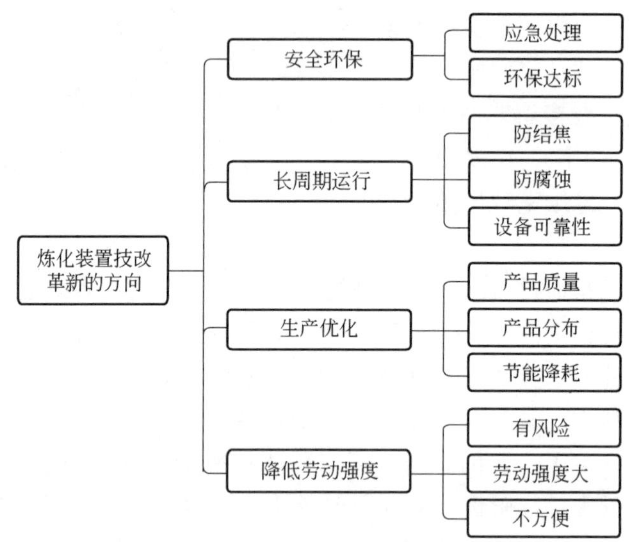

图 1-22　炼化装置技改革新的方向

的方法有原理逆转、方向逆转、结构逆转、性能逆转、顺序逆转、时序逆转、里外逆转、正反逆转等。

案例

由于国家对环保的要求日益严格，对催化裂化装置提出了挑战。催化裂化装置开工初期气压机达不到运行条件，通过火炬排放部分油气（图 1-23），会造成较为严重的大气污染。如何做到开工过程不放火炬呢？

开工初期，气压机不能平稳运行的主要原因，是气压机入口没有油气或油气流量低。依据这一分析，通过增加充瓦斯线（图 1-24），引瓦斯至气压机入口，达到气压机开机条件。这样，在装置开工前，可以先启动气压机再喷油，实现了不放火炬。这项技改，减少了油品损失，降低了污染物排放，单次开工可节约 50 万元。

运用逆向思维，实现“倒开车”的顺序逆转，巧妙解决了开工放火炬这个问题。

图 1-23　燃烧的火炬

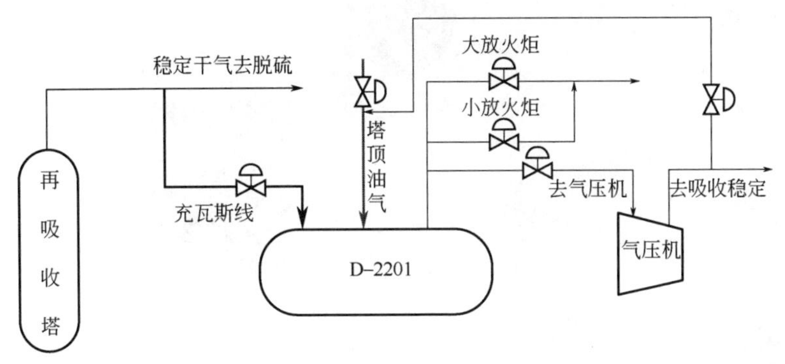

图 1-24　催化裂化装置气压机“倒开车”

2. 收敛思维

收敛思维也称为聚合思维、求同思维、辐集思维或集中思维，是指在解决问题的过程中，尽可能利用已有的知识和经验，把众多的信息和解题的可能性逐步引导到条理化的逻辑序列中去，最终得出一个合乎逻辑规范的结论。

收敛思维也是创新思维的一种形式，与发散思维不同。发散思维是为了解决某个问题，从这一问题出发，想的办法、途径越多越好，总是追求还有没有更多的办法。而收敛思维也是为了解决某一问题，在众多的现象、线索、信息中，向着问题一个方向思考，根据已有的经验、知识或发散思维中针对问题的有效方案，得出最好的结论和解决办法。

例如洗衣机的发明，首先围绕“洗”这个关键问题，列出各种各样的洗涤方法，如洗衣板搓洗、用刷子刷洗、用棒槌敲打、在河中漂洗、用流水冲洗、用脚踩洗等，然后再进行收敛思维，对各种洗涤方法进行分析和综合，充分吸收各种方法的优点，结合现有的技术条件，制订出设计方案，然后再不断改进，最终获得成功（图 1-25）。

收敛思维以发散思维为前提，发散思维以收敛思维为目的。发散之后要收敛，收敛过后又要发散。二者相互依存和相互转化。

图 1-25　洗衣机的发明

案例

隐形飞机的制造是一种多目标聚焦的结果。要制造一种使敌方的雷达探测不到，红外及热辐射仪等追踪不到的飞机，需要分别实现雷达隐身、红外隐身、可见光隐身、声波隐身四个目标，每个目标中还有许多具体的小目标，通过具体地解决一个个小目标，最终制造出隐形飞机（图 1-26、图 1-27）。

图 1-26　F117 隐身攻击机

图 1-27　B2 隐形轰炸机

20 世纪初，化学家开始把发明新药的目光投向化学合成，德国化学家欧里希（Paul Ehrlich，1854—1915）也在研究通过化学合成制备新的药物。当时，化学家发明了一些染料，能够用来给细胞染色，但细胞被染色以后会失去生命，因此，染色剂也是杀菌剂。欧里希想，染料染色的同时，也在杀灭微生物，用它来消灭危害人类健康的锥虫病，会取得怎样的效果呢？非洲有一种苍蝇叫采蝇（图 1-28），专门吃牛血和人血，在这个过程中把病人或病牛体内的锥虫（图 1-29）传染给健康的人或家畜，锥虫在体内繁殖，使人畜得病，这种病每年要夺去无数宝贵的生命。

图 1-28　非洲采蝇

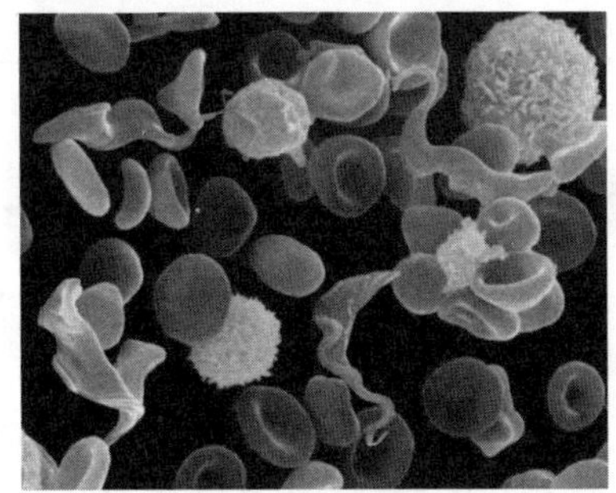
图 1-29　锥虫

欧里希试图用染色剂来杀灭锥虫，但试验了许多次都失败了。1907 年的一天，他从一本化学杂志上看到：用化学品“阿托什尔”能杀死锥虫，治好昏睡病。但“阿托什尔”会使视神经受到损坏，造成双目失明，锥虫病治好后病人将在黑暗中生活一辈子。这篇文章给欧里希极大的启发，“阿托什尔”能治好锥虫病，说明它的基本元素和基本结构对致病微生物有一定的抑制作用，能不能在这个基础上加以改进呢？沿着这条思路，欧里希发现“阿托什尔”是一种含有砷元素的药物，含砷的药物一般都有较强烈毒性。欧里希心想物质的结构变了，化学性质也会发生变化。与“阿托什尔”结构相似的化学物质，也许既能杀虫，而且毒性又较小。他开始与同事们不断地合成新的物质，不断地改变“阿托什尔”的结构，一次次试验它们的生化功能，终于在失败了605次后，研制出了一种叫砷凡纳明的新药。它与“阿托什尔”有相似的结构和性能，但没有那么强的毒性，因而可以治疗昏睡病和梅毒。

为了纪念这种药成功的艰难历程，该药被命名为606。欧里希利用收敛思维找到研制新药的具体思路，通过多次实验获得了成功。

（二）纵向思维和横向思维

1. 纵向思维

纵向思维是指通过对事物发展过程中，不同阶段上的功能、特征和性质的变化进行逻辑分析而产生新观点和新方法的思维方式。这是一种符合事物发展方向和人类认识习惯的思维方式，遵循由低到高、由浅到深、由始到终等轴线贯穿的思维进程，因而清晰明了、合乎逻辑。

我国明代的科学家李时珍在前人的基础上重修药典本草，就是纵向思维的过程。他并不满足于对前人工作的简单继承，而是把研究引向纵深，并努力创新发展，日臻完善。李时珍对祖国的药用植物、动物和矿物，进行了广泛深入的观察鉴别与实验考证之后，总共增补了近400种药物，8000个药方，并纠正了以往本草书上的许多错误。修订工作历时达27年之久，到1578年他终于撰成共52卷190万字的《本草纲目》，对世界医药学和生物学的发展作出了重大的贡献（图1–30）。

图 1-30　科学家李时珍

具有这种思维特点的人，对事物的见解入木三分、一针见血，对事物动态把握能力较强，具有预见性。纵向思维是我们在日常工作、生活、学习、研究中经常用到的方法。

2. 横向思维

横向思维是指接收和利用其他事物的功能、特征和性质的启发而产生新思想的思维方式。

在使用纵向思维无法解决问题时，采用横向思维可以得到奇效，“它山之石，可以攻玉”就是指横向思维。

田忌经常与齐国诸公子赛马，设重金赌注。孙膑发现他们的马脚力可分为上、中、下三等。于是孙膑对田忌说：“您只管下大赌注，我能让您取胜。”田忌相信并答应了他，与齐王和诸公子用千金来赌胜。比赛即将开始，孙膑说：“现在用您的下等马对付他们的上等马，拿您的上等马对付他们的中等马，拿您的中等马对付他们的下等马。”三场比赛完后，田忌一负两胜，最终赢得齐王的千金赌注。这也是横向思维的巧妙应用。

纵向思维是与横向思维相对而言的，如果将思维比作大河，那么纵向思维表明河的深度，而横向思维则表明河的宽度。

在纵向思维中，使用否定来堵死某些途径，而横向思维中没有否定。纵向思维是在深挖一个洞，横向思维是尝试在别处挖洞。把一个洞挖得再深，也不可能得到两个洞。

（三）联想思维与想象思维

1. 联想思维

联想思维是由一事物想到另一事物的思维过程。如由当前事物想到过去发生的事物，或由当前事物预计到将要发生的事物，都属于联想思维。

联想思维不会凭空产生，总是由某一事物联系到其他事物。可以联想的事物之间，总是存在高度抽象的共同特点，并以某种相似的实体为原型或意识落脚点。

联想是多种多样的，如空间上的联想、时间上的联想、性质上的联想、因果上的联想等。通过一事物与其他事物的多种多样的联系从而联想到其他事物。例如，由圆珠笔联想到钢笔、毛笔、字、墨汁、塑料、书、吹肥皂泡、圆球、学生、作者等。假如每种事物可以同10种事物发生一级联想，那么10种事物中的每1种又可以同另外10种事物发生二级联想，这样无限地进行下去，世界就成了由联想关系构成的整体。例如，圆珠笔和月亮，是风马牛不相及的，但通过联想可以使它们发生联系，圆珠笔——字——读书——台灯——晚上——月亮。国家体育馆“鸟巢”的设计，也是受到联想思维的启发（图1-31、图1-32）。

图1-31　国家体育馆

图1-32　鸟巢

2. 想象思维

想象思维是人脑通过形象化的概括作用对头脑中已有的记忆表象进行加工、改造或重组的思维活动。

想象是借助形象、图像，而不是数字、概念或符号，约束力较少。它的过程和结果丰富多彩、生动活泼、直观亲切。想象思维是对现实形象的超越，具有概括性和多元性，但是其正确性最终也要通过实践来检验。

太阳的光源是自然的，取之不尽，清洁、免费。工程师们想象如果把太阳光引进室内作为照明光源，可以获得一举多得的效果。1986 年索乐图国际公司发明了管道式日光照明装置。该装置是一种无电照明系统，把太阳光引进室内，可解决室内白天平均 10h 以上的无电日光照明，既节能又舒适（图 1-33）。

图 1-33　管道式日光照明装置

想象思维是创新的基础和触发器，是形成直觉和灵感的心理条件，成为判断一个人创新能力的重要依据，在技术发明创造中起到主导作用。

法国启蒙思想家伏尔泰说，合理的想象只有和深锐的判断力一起才能发挥作用。歌德说过，“有想象力而没有鉴别力是世界上最可怕的事情”。

金鱼法

金鱼法又称情境幻想分析法，假设有一个幻想，想要将这个幻想变为现实，该怎样去做呢？我们思考一下，在这个幻想的情境中，有哪个部分是可以实现的？也许这个部分的实现并不是幻想。金鱼法将最初幻想分解为“能够实现的部分”和“幻想的部分”两部分，通过连续的将“幻想”分离的办法，实现集中精力解决幻想问题，只要最终的幻想部分能够被解决，整个问题也就迎刃而解（图 1-34）。

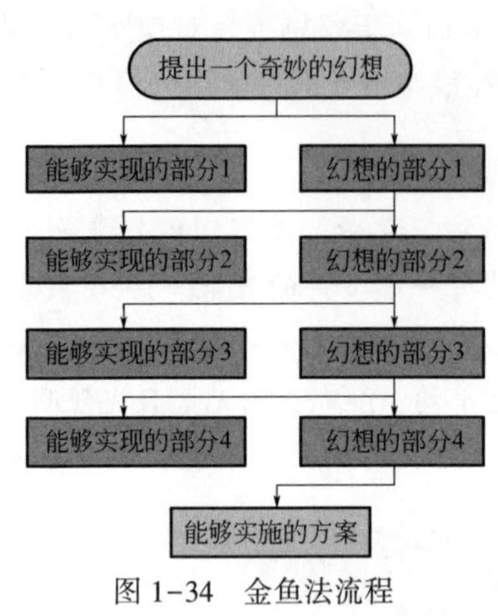

图 1-34　金鱼法流程

会飞的魔毯剖析

埃及神话故事中会飞的魔毯曾经引起我们无限的遐想。现实生活中虽然有毯子，但毯子都不会飞，原因是地球有引力，毯子有重量，而毯子比空气重。那么在什么条件下毯子可以飞翔？我们可以施加向上的力，或者让毯子的密度小于空气的密度，或者希望来自地球的引力不存在。

如果我们分析一下毯子及其周围的环境，会发现这样一些可以利用的资源（图 1-35）：空气中的气流、地球磁场、重力场等，而毯子也包括材料、形状、质量等。尝试利用这些资源找到让毯子飞起来的办法：比如在毯子上安装提供反向作用力的发动机（图 1-36）；没有地球的引力；毯子悬在空中（气垫毯）；利用磁悬浮原理；毯子比空气轻（图 1-37、图 1-38）。这些办法有的现实技术能够实现，但有的仍然不可能。比如毯子即使很轻，但也比空气重，对这一点我们还可以继续分析。毯子之所以重是因为其材料比空气重，解决的办法就是采用比空气轻的材料制作毯子。

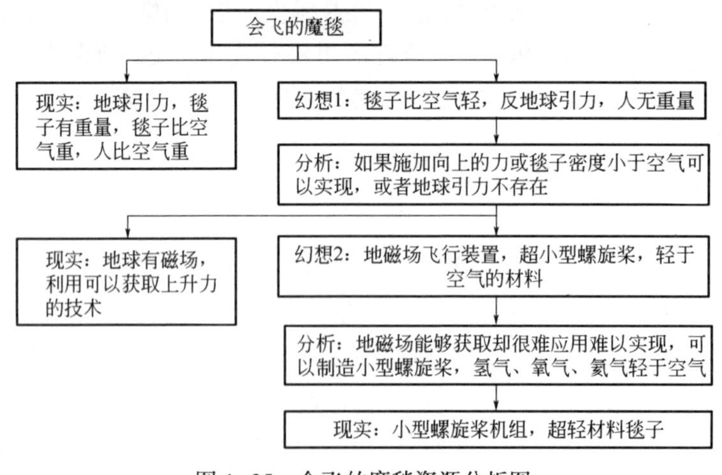

图 1-35　会飞的魔毯资源分析图

图 1-36　多旋翼小型飞行器

图 1-37　比空气轻的“气凝胶”

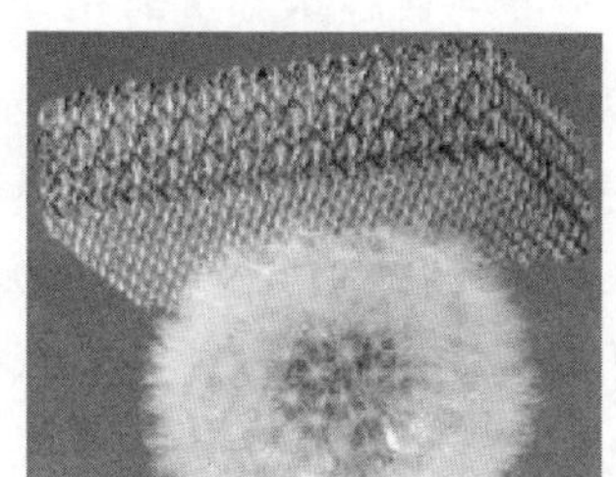
图 1-38　比空气轻的“飞行石墨”

通过上面的分析过程，我们会发现很多有趣甚至十分有用的创意。这个案例展示了金鱼法分析问题的原理：从幻想式构想中分离出现实部分，对于不现实的部分，通过引入其他资源，一些想法由不现实变为现实，然后继续对不现实部分进行分析，直到全部变为现实。

(四) 直觉思维与灵感思维

1. 直觉思维

直觉思维是人脑对于突然出现在其面前的新事物及其关系的一种迅速的识别，是对事物的本质理解和综合的整体判断。它偏重思维的直接性。

科学发现和科技发明是人类最客观、最严谨的活动之一。但是许多科学家还是认为直觉是发现和发明的源泉。爱因斯坦说："真正可贵的因素是直觉"。

居里夫人在深入研究铀射线的过程中，凭直觉感到，铀射线是一种原子的特性，除铀外，还会有别的物质也具有这种特性。想到了立刻就做！她马上扔下对铀的研究，决定检查所有已知的化学物质，不久就发现另外一种物质———钍也能自发发出射线，与铀射线相似。居里夫人提议把这种特性称为放射性，铀和钍这些有这种特性的元素就称为放射性元素。这种放射性使居里夫人着了迷，她检查全部的已知元素，发现只有铀和钍有放射性。她又开始测量矿物的放射性，突然她在一种不含铀和钍的矿物中测量到了新的放射性，而且这种放射性比铀和钍的放射性要强得多。凭直觉，她大胆地假定：这些矿物中一定含有一种放射性物质，它是一种还不知道的化学元素。有一天，她用一种勉强克制着的激动的声音对布罗妮雅说："你知道，我不能解释的那种辐射，是由一种未知的化学元素产生的……这种元素一定存在，只要去找出来就行了！我确信它存在！我对一些物理学家谈到过，他们都以为是试验的错误，并且劝我们谨慎。但是我深信我没有弄错。"在这种信念的驱使下，居里夫人终于和她丈夫一起发现了新的放射性元素：钋和镭。居里夫人以她出色的工作，两次荣获诺贝尔奖。

2. 灵感思维

灵感思维是一种特殊的思维现象，是一个人长时间思考某个问题得不到答案，中断了对它的思考以后，在一瞬间突然产生一个解决的办法或者高效的答案，它偏重思维的瞬间性。

在人类历史上，许多重大的科学发现和杰出的文艺创作，往往是灵感这种智慧之花闪现的结果。灵感与创新可以说是休戚相关的。

通过科学用脑，张弛结合，可提高灵感的发生概率。许多有创造性精神的人，都曾体验过获得灵感的滋味。但因为事先没有准备，而没有及时记下这些灵感，事过境迁就再也记不起来了，但记录下来以后再慢慢琢磨，决定取舍。

案例

1861年起，凯库勒开始研究苯的结构。1864年冬天，他的科学灵感导致他获得了重大的突破。他曾记载道："我坐下来写我的教科书，但工作没有进展；我的思想开小差了。我把椅子转向炉火，打起瞌睡来了。原子又在我眼前跳跃起来，这时较小的基团谦逊地退到后面。我的思想因这类幻觉的不断出现变得更敏锐了，现在能分辨出多种形状的大结构，也能分辨出有时紧密地靠在一起的长分子，它围绕、旋转，像蛇一样地动着。看！那是什么？有一条蛇咬住了自己的尾巴，这个形状虚幻地在我的眼前旋转着。像是电光一闪，我醒了。我花了这一夜的剩余时间，作出了这个假想。"于是，凯库勒首次满意地写出了苯的结构式（图1-39、图1-40）。

图1-39　蛇咬尾状

图1-40　苯环

直觉与灵感都需要知识和经验的积累，都是超越逻辑的思维方法。直觉往往出现在最初的猜想之中，灵感则往往是问题解决终端将要出现的征兆。直觉的出现表现为快速，灵感的出现则主要表现为突然和意外。

总之，进行技改革新工作需要树立创新意识，需要激活创新的思维模式，打破传统思维定式，敢于冲破旧思想、旧模式的束缚，能够想出新方法，建立新理论，取得新突破。推动技改革新更需要不断培养创新思维，创新思维的养成需密切联系生产实践，需创新者不断更新自己的知识，提升既有经验的层次和档次，丰富解决实际问题的能力和水平。树立创新意识，培养创新思维需要坚持不懈，运用多种思维方式发现问题解决问题，发挥自身优势，努力实现跨越式发展。

第二章 技改革新问题的来源与分析

技改革新的目的是为企业解决问题，那么如何开展好技改革新呢？首先要找到影响企业生产的各种问题，其次分析出问题的形成条件、类型、属性和急难程度，最后就是针对问题进行逐步解决，所以如何找到问题、分析问题是技改革新工作中的关键环节。

第一节　问题的概述

一般来说问题是客观存在的，不会因为没有发现，问题就不存在。爱因斯坦曾经说过："提出一个问题比解决一个问题更重要。"所以，技改革新的首要任务就是能够及时、准确地发现问题，让小问题在发展成大问题之前就被发现，并找到原因，实施改善，预防再次发生。

一、问题的基本形态

"现状有没有发生什么变化？""是否觉得哪个部分进行得不顺利？""是否有些事情未达标准？""有没有哪些事情不是原先期待的状态？""若置之不理，将来是否会发生重大的不良状态？"不难看出，问题的本质就是按照事物因果顺序、时间先后顺序、重要程度顺序排列出来，应该从不同角度寻找问题的关键点，打破砂锅问到底，直至找出问题的根本属性。问题的形态有以下几种类型。

（一）恢复原状型

恢复原状型问题，是指事物目前的状态偏离了本来的样子，需要人们通过方法和措施让它们回到原来的状态。所以这里目前的状态是"偏离的样子”，期待的状态就是“原来的样子”，这两个“样子”之间就是人们所熟知的“有了落差”。

随着油田开发时间延长，油田的生产环境发生变化，采油设备损伤、老化等，造成抽油机井井口歪斜，井口不对中，引起井口泄漏、污染环境，光杆与密封盒偏磨、损伤光杆，严重时还会发生杆断脱。分析造成井口歪斜的原因有：

(1) 套管上窜，采油树晃动造成井口歪斜；

(2) 地面沉降、洪涝灾害造成集油管线下沉拉歪采油树，从而造成井口歪斜；

(3) 热洗、扫线作业过程中，由于介质温度过高，套管、集油管线伸长变形造成井口歪斜；胶皮阀门、小四通等制造误差大，安装后造成井口歪斜；

(4) 更换采油树配件时安装不正造成井口歪斜；

(5) 抽油机井卸载，撞击井口造成井口歪斜；

(6) 油井修井作业施工不当造成井口歪斜；

(7) 抽油机安装不正，光杆运行时带歪井口（引自《一线创新成果案例集·采油采气专业》华北油田匡凯案例）。

这是一个典型的恢复原状型案例，原有状态时，抽油井的井口是垂直的，但经过生产一段时间后，会有上述若干情况发生，导致了井口歪斜，这是现有状态，而这种现有状态会对生产、操作等带来一定程度的影响，就形成了问题。

（二）防范风险型

防范风险型问题，是指事物目前的状态出现了小的偏离，但不足以引起大的问题，可是如果任由这样的偏离不断扩大的话，会带来很多潜在的风险和问题，这些风险和问题会带来极大的损失和伤害。目前的状态和潜在风险发生后所带来的状态之间的差距，就是人们所说的“有了落差”，这样的落差也就是问题。

钻井队使用的五零钻机常年承钻深井任务，使用的是电动螺杆压风机，遇到电压波动大、温度过高、外界断路等情况都会跳闸，压风机会自动停机，当压力低于0.6MPa气控阀就会失灵，在没有低压自动报警装置的情况下，会因气压低造成损坏离合器摩擦片的事故，每次出现这种事故井队会停产至少2h，费时费力，且浪费材料。创新的主要目的是彻底解决气压低造成不必要的经济损失（引自《一线创新成果案例集·工程技术专业》克拉玛依钻井公司艾尼·库尔班案例）。

该案例是典型的防范风险型问题，一般来说，气源压力低有的时候并不能直接引起大的问题，但过低的时候会出现一系列的反应：气控阀失灵、继气器漏气、离合器打滑、摩擦片损坏等，所以创新的目的就是安装一个低压自动报警装置，来预防以上事故的出现。

（三）追求理想型

追求理想型问题是指事物目前的状态比较稳定，但是现状未满足人们的期待，也就是目前的状态和期待的状态之间“有了落差”。这样的落差就是问题。

图2-1 常规型游梁式抽油机

抽油机是有杆抽油系统中最主要的举升设备，经过一百多年的实践和不断改进，不管是机构形式还是在使用功能上，都有了很大的变化，衍生出多种类型。例如抽油机分为游梁式抽油机和无游梁式抽油机。游梁式抽油机有常规型（图2-1）、异相型、前置型、气平衡型、下偏杠铃型（图2-2）、两级平衡型、斜直井型等；根据油井深度对冲程的要求，有常规冲程抽油机和长冲程抽油机（图2-3）。从抽油机类型的不断改进和推陈出新可以得出结论，任何技术都是向着理想方向不断完善、不断发展的。

图 2-2　下偏杠铃型抽油机　　　　图 2-3　长冲程抽油机

二、问题的组成成分

根据问题所处的情景环境的不同，问题是无所不在且瞬息万变的，但很少有人会将问题予以明确的定义，并且不同领域的学者对它也有不同的诠释与说明。认知心理学家梅耶指出，一个问题含三个基本成分：一是给定的条件；二是达到的目标；三是存在的障碍。

（一）给定的条件

给定的条件是一组已知的关于问题条件的描述，即问题的起始状态。我们可以了解到问题是一种“感知”及“意识”。因此，问题存在与否、问题的严重性、问题的意义等，取决于面对问题者的认知。“起始状态”到“目标状态”存在“障碍”，而使得企业或其他组织没有立即、明显的方法达到解决的目标，这就是问题。“问题”的形成是因为没有“适当的途径”去解决问题。

（二）达到的目标

达到的目标是关于构成问题结论的描述，即问题要求的答案或目标状态。在问题三个成分里，最重要的是“达到的目标”。当某一目标可能无法达成时，即表示问题可能正在形成中，或者已经产生。因此对实现目标的强烈信念是问题三要素的要点。

（三）存在的障碍

存在的障碍即问题解决过程中所遇到的困难。从问题是“起始状态”到“目标状态”存在有“障碍”的观点来看，问题的“起始状态”到“目标状态”之间存在许多途径，其中只有一条或几条是通向问题解决的途径。所有这些途径所形成的空间即“问题空间”，而解决问题者对于此空间的“起始状态”“目标状态”“可能的操作”及“操作的限制”进行重组编码，即形成了问题的表征。

三、问题的基本特点

问题的基本特点包括问题的目的性、认知性和序列性。

（一）目的性

目的性，就是要达到自己设定的目的所做的事情，这反映出的问题性质可以称之为目的性。在生产问题的提出过程中，大部分是伴随着问题的解决要实现什么目的而来的。单一就提出问题而言，一般都会有基本明确的目的性，有的是一种思路，有的是一个方向，但是无论这些问题如何，它们的解决过程中都存在着目的性的策略。

（二）认知性

问题本身具有一定的属性，认识问题、知道问题产生的原因，了解问题解决方法，则是对问题本身的深刻认知性。

一天，发明家爱迪生把一只灯泡交给他的助手——普林斯顿大学的数学系毕业生阿普顿，要他算出玻璃灯泡的容积，阿普顿拿着灯泡琢磨了好长时间，于是用皮尺在灯泡左右、上下量了一阵，又在纸上画了好多的草图，写满了各种尺寸，列了许多道算式，算来算去还未有个结果。爱迪生见他算得满头大汗，就对他说：“我的上帝，你还是用这个方法算吧！”他在灯泡里倒满了水递给阿普顿说：“把这些水倒进量杯里，看一看它的体积，就是灯泡的容积了。”助手听了顿时恍然大悟，于是照法很快就算了出来。解决问题首先要选择正确的方法，而方法的选择要根据对问题的具体情况进行分析。阿普顿不做分析，一头钻进数学计算公式中，但爱迪生却选择了更简单的实际测量的方法。我们在生产中对于问题的认知性，也存在着只看问题的表象，而没有分析问题的真正原因。

（三）序列性

问题的序列性一般表现在问题的演化和处理转化过程中，即如同前面所讲的，问题一般经历四个阶段的转化，从一般到主要，从主要到重要，从重要到关键，这是一个序列性渐进的过程，表明问题本身是系统客观性控制。

问题的序列性的发现，需要一个长期过程。一般问题的发现需要一个普通劳动者的日常精心管理和维护，主要问题和重要问题的发现则对员工的技能水平和工作经验有所要求，这也是现在一线员工创新创效的问题点，而关键问题的发现需要更高水平的高技能人才，既要有认真负责的工作态度还要对行业技术水平的走向充分了解，总之，只有能力与技术都匹配，才能对问题的序列性进行有效的分析。

首先，想问题的时候必须要从整体出发，从全面出发，不能仅从局部出发、片面出发。

其次，当整体利益和局部利益发生矛盾时，要坚持整体利益，放弃或者牺牲局部利益。

第二节　问题的发现

一、问题发生的四个属性

（一）预见性问题

没有预见，便没有认识。没有预见，便没有科学。预见性是科学认识的本质特征之一。生产实践中的预见性问题，意味着要从现实存在出发，又不受限于现实存在，而是在洞察现存事物的本质和内在必然性的基础上，对其未来走向的把握。所以，预见性问题是一个有着深刻的唯物辩证内容的概念，有的员工把这种预见性的认识称为超前认识，也是一种观点。

预见是对未来某种状况的断定而言，似乎也可以说是某种超前反应。而且这种状况在生活中也常常能见到。例如雷阵雨前，蚂蚁会大群出洞、燕子低飞等。这种现象对于人而言，的确可以获得某种预见性的认识。但是，对于动物，却仅仅是适应外部环境的一种本能反应。这种本能反应与人的预见性认识有着本质的区别。

（二）已发生问题

已发生问题，就是已经出现的问题，这些问题在形成的前期未被常规防范所提及，未被人们重视，即在预见性问题中未被人们提及，等到出现了才被人们重视。

（三）探索性问题

探索性问题一般是指问题的内容与性质不太明确时，为了解问题的性质，确定问题的方向与范围而进行的搜集初步资料的调查，通过了解情况、发现问题，从而得到关于问题的思路。

探索性问题是为了界定问题的性质以及更好地理解问题的环境而确定的。探索性问题特别有助于把一个大而模糊的问题表达为小而精确的子问题，以使问题更明确。

国外某食品工业集团有意开发国内的方便面市场，为此选择我国内地不同地域的几座城市对潜在消费者做探索性问题研究。他们按年龄和性别标准指定 6 个组，每组 10 人，男女各 3 个组，这 3 个组当中有一个是少年组，一个是 30 岁以下的成年组，另一个是 30 岁以上的成年组。鉴于方便面市场研究中不存在宏观上的不明确之处，主要目的在于理清商品概念和消费者行为方面的一些问题，以便为下一阶段问题的描述打好基础。在这个探索性问题项目中，使用了座谈和问卷调查相结合的方法。

对于参加座谈会的人员，不搞概率选取，为的是节省调研成本，只要符合年龄与性别要求即可。由于座谈会后要品尝方便面，且方便面是现煮现配汤料，因此座谈会租用了宾馆的小会议厅，这样可以利用厨房条件。座谈会讨论大纲围绕生活习惯、商品信息的获悉与购买决策、产品概念、品味反应、品牌反应、价格与促销等内容提出问题。座谈结束，请参加者填写“背景材料问卷”，问卷围绕性别、年龄、籍贯、婚姻状态、子女、家庭收入、食品购买行为等提出。

此问卷收回后，陆续请参加者试食三种汤料配制的方便面。第一种面端上来前，请参加者阅读问卷的“产品概念”一段，并根据读后感想和平时习惯，回答几个问题，然后端来方便面试食。试食后再回答同一问卷下半部分的几个问题。第二、第三种面的试食和调查程序同前。探索性问题如此慎重地进行了探索性调查，表明了他们对这一项目的严肃、科学的态度，因此仍然有必要通过探索理清一些概念，免得贸然展开大投入。

座谈的结果表明，他们本来的担心不是没有根据的。借鉴探索性问题，我们在一线创新过程中，应该就问题的发展过程进行座谈、讨论等方式，多渠道进行探索性分析，以防止大量的资金投入未能达到理想创效的目的。

（四）假定性问题

我们常听到一句话——“大胆假设，小心求证”。这个观点是胡适先生在“五四”运动时期提出来的，并对中国的文史研究产生了一定的影响，特别是对新文化运动起到了一定的推动作用，为人们提供了一种全新的研究问题、解决问题的思路。

从技术创新的角度上讲，“大胆假设”是要人们打破旧观念的束缚，挣破旧思想的牢笼，大胆创新，对未解决的问题提出新的假设或解决的可能；“小心求证”即是要求人们不能停在假设或可能的路上，而要进行证明，小心地证明则是一种严谨求实的态度，在证明过程中不能捏造事实，不能按自己的意愿去改变事实，更不能用道听途说的东西去充当事实，而是要尊重事实、尊重证据，不能有半点马虎，千万要“小心”，这句话正是求新的精神和求实的态度的结合。

例如，油田开采过程中需要对一批报废井进行施工，那么井内的压力是多少？就需要假定，在这个假定的过程中，需要进行科学的论证。比如该井的原始地层压力、邻近井的目前地层压力、封井前的地层压力等都需要找到科学的数据，而且在施工前还要将这些压力按相应倍数进行安全预测，再决定施工设备的安全系数。

所有的科学发现，都从假定开始，无论是正证，还是逆证，所得到的结论都是十分显著的，也符合 TRIZ 理论发明标准，是最高级的创新，也是追求问题的理想解的过程。

二、查找问题的维度

查找问题的维度就是多方位、多层次判断、说明、确定所要解决的问题。把出现在生产实际中的问题，归纳为四个维度，分别为：质量问题、成本问题、效率问题和安全问题，这四个方面往往不是完全独立的，是相互关联的。

在生产实际中，很多员工都会发现自己的工作中存在许许多多的“问题”，比如劳动强度大、工作（操作）程序多等，往往一个问题出现会导致一连串的现象发生，把握不好问题的关键到底出现在哪里，有改变的想法，却无从下手。

（一）质量问题

改善质量及降低成本，是兼容并蓄的目标。质量是成本和效率的基础，若没有创建健全的质量保证体系，就不能建立有效的成本管理及效率管理。质量包括性能、寿命、可靠性、安全性、经济性等五个方面。

性能，指产品具有适合用户要求的物理、化学或技术性能，如强度、化学成分、纯度、功率、转速等。

寿命，指产品在正常情况下的使用期限，如井下管、杆、泵的使用年限，机泵的启停次数，电动机运转的时数等。

可靠性，指产品在规定的时间内和规定的条件下使用，不发生故障的特性，如抽油机使用无故障、计量仪表的精确度等。

安全性，指产品在使用过程中对人身及环境的安全保障程度，如油、气聚集场所的安全性，密闭容器的防爆性，电气产品的导电安全性等。

经济性，指产品经济寿命周期内的总费用，如吨油成本、机电设备的耗电量、汽车百公里耗油量等。

在生产现场中，制作石棉垫子大多采用将石棉板放在法兰盘上用手锤沿法兰边缘敲打或用剪刀剪切的方法，制作一个石棉垫需4min，且人工制作的石棉垫无法保证质量，如石棉垫子易出现裂痕、毛刺和尺寸偏差，与法兰端面配合差，影响密封效果，垫子不规则产生节流现象，还存在费时费力、工作效率低等问题（引自《一线创新成果案例集·采油采气专业》大港油田孔红芳案例）。

从上述案例我们可以分析出在日常石棉垫子的制作过程中，存在的根本问题是质量问题，而造成质量问题的根本原因是手工制作，所以要把制作工具作为问题的关键点，同时要综合考虑工具的成本、安全性及工作效率等因素。

（二）成本问题

成本是商品经济的价值范畴，是商品价值的组成部分。人们要进行生产经营活动或达到一定的目的，就必须耗费一定的资源，其所耗费资源的货币表现及其对象化称为成本。当生产产品时，会发生几类费用，一类是可以直接归因的，称为生产成本，比如工人工资、材料费用等。一类是没有办法归于某一特定产品的，称为制造费用，比如水电费、车辆燃油费等，它们都是为生产而服务的，但是不能直接将它们归于哪个产品，因为每个产品的生产都会使用它们。还有一类费用称为期间费用，分为管理费用、财务费用、营业费用等。成本控制直接影响到企业的利润。

隔热管是稠油开发的辅助工具之一，隔热管的热传导性能好坏直接影响到稠油产量，隔热效果好，注汽效果好，原油采收率高。由于使用的隔热管接箍处没有隔热层，热量散失大，为了增强注汽效果，需要在接箍处加装隔热管密封节，加装后隔热效果非常好。隔热管密封节不但可以增强隔热的效果，还可以起到密封的作用，因此隔热管密封节很快在稠油区块得到了推广和应用，密封节的材质也从石棉发展到石墨，隔热和密封的效果进一步增强。但由此引发了新的难题，隔热管在完成了注汽周期回收到油管厂后，石墨压制的密封节牢牢贴在了管壁上，由于没有专业的取出工具，密封节无法取出，这样的隔热管就无法继续周转使用，闲置一段时间后转成待修。大修一根隔热管需要费用2000元左右，费用支出巨大，成本的激增严重制约生产运行，成为采油厂效益增长的瓶颈问题（引自《一线创新成果案例集·采油采气专业》辽河油田公司李健案例）。

从案例分析中不难看出这是一个关于成本的难题，问题的关键点是密封节无法取出，导致隔热管无法循环使用，造成了物资浪费。如果要修复隔热管，也需要大量的费用，找到了根本原因，就可以对症下药，解决问题。

（三）效率问题

工作效率，一般指工作产出与投入之比，通俗地讲就是在进行某任务时，取得的成绩与所用的时间、精力、金钱等的比值；产出大于投入，就是负效率；工作效率是评定工作能力的重要指标，能衡量一个人或一个团队的工作能力如何；效率问题实质上也是时间效率、产量方面的问题。

提高工作效率，有利于单位劳动生产率和经济效益的提高，还有可能实现缩短工期；提高工作效率，可以克服机构臃肿、人浮于事、浪费时间的现象，同时在优化劳动组合中，具有更大的竞争优势。

抽油机井在进行卸载操作时，一般使用方卡子卡住光杆，坐在井口密封填料盒上，使抽油机载荷脱开悬绳器。但一些电热杆等特殊抽油机井无法通过方卡子卸载。为了拆装、调整、校准、检修功图测试单元或进行井下电缆起下、调整防冲距等操作，电热杆抽油机井需要经常进行卸载。常采用的方法是把用于起下抽油杆的吊卡作为卸载用具，采用在井口堆放吊卡的方式，将多个吊卡叠加，累积达到需要的高度，把光杆坐在最上面的吊卡上才能卸载。但吊卡比较重，用手托举堆叠相当费力，往往浪费很长时间，既不方便又不能保证需要的高度，没有方便快捷的专用卸载工具成为影响工作效率的主要矛盾（引自《一线创新成果案例集·采油采气专业》华北油田胡东华案例）。

从上面的案例中可以分析出卸载操作过程中的效率是问题的直接原因，在整个操作过程中，找到了影响效率最大的因素是叠加吊卡这一环节，同时也分析出在这一环节存在的劳动强度大、有安全风险等问题，并在改进过程中一并解决。

（四）安全问题

安全通常是指人没有受到威胁，不存在危险、危害、损失等。国家标准 GB/T 28001—2011《职业健康安全管理体系要求》对“安全”给出的定义是：“免除了不可接受的损害风险的状态”。

安全是在人类生产过程中，将系统的运行状态对人类的生命、财产、环境可能产生的损害控制在人类能接受水平以下的状态。所以，有危险并不代表不安全，只要“危险、威胁、隐患”等在人们的可控范围内，就可以认为是安全的。在工作、生活等环境中，危险是无处不在的，相信大家也能举出很多危险的例子，但是不能因为这些危险的存在就说不安全，面对危险是否有对策？对策是否有效？对策是否已落实？这才是判断安全的有效方法。安全是免除了不可接受的损害风险的状态，没有危险的安全状态几乎不存在。如果一味追求没有危险，坐车怕撞到，走路怕摔倒，工作怕出问题，工作和生活将无法进行。

大修作业现场，钻台比较高，都在4~5m，下单根和甩单根过程中存在诸多问题。首先是存在安全隐患。由于原坡板表面是一个平面，甩、下钻工作中钻杆在坡板上左右摆动幅度大，方向不容易控制，对钻台上下的操作人员的安全存在威胁。其次，甩套管、方钻杆等大型管材时相当费力，通常需要三四个人才可以把管材放到小滑车上，同时需要钻台上工作人员配合，这时上面人员多数时候需要半个身子探出钻台，相当危险。最后，甩、下钻过程中全是人力用绳索控制钻杆在滑道上的位置，以方便钻台上工作人员摘挂吊卡，劳动强度大。为此，辽河油田锦州采油厂展开了调查研究，目的就是在吊、甩钻施工中，既能减轻工人的劳动强度又能增强作业现场的安全性能，有效地保护钻杆螺纹、提高生产时效（引自《一线创新成果案例集·工程技术专业》辽河油田公司时学东案例）。

案例中从问题的背景描述，可以分析出在操作过程中存在的安全隐患，问题的关键点是钻杆的重量和钻台高度，同时也分析出操作员工在操作过程中的薄弱环节，所以问题要从设备和操作人员两个方面入手解决。

三、获取问题的途径

想要获取问题，首先要保持高度的“问题意识”，对于技能人才来说，扎实的基本功是首要条件，同时还应明确自己的工作目的，要站在不同角度考虑问题，对问题的变化或异常要有敏感度，要懂得如何去发现问题，明确用什么途径来获取生产中各种各样的问题。一般来说，获取问题的途径有两种：一种是直接获取；另一种是间接获取。

（一）直接获取

直接获取问题是指在生产实际操作过程中，通过现场调查、问题讨论、完成任务等方面分析得来，此处介绍几种直接获取问题的方法。

1. 直接发现

顾名思义，直接发现问题就是在操作过程中，能够直接通过事情发展的过程，找出事情的优势、劣势、机会、威胁四种因素，发现影响质量、成本、效率、安全的“病灶”所在，利用问题分析方法，找到问题形成的根本原因，并最终解决问题。

油井取样是采油工日常资料录取的主要内容，通过录取油井的产出液体，化验分析油井的含水、出砂、结蜡、黏度等数据，对油水井的动态分析、产量核实、措施验证等起着至关重要的作用。但在冬季生产时，东北地区环境温度达到−25℃以下，静止的水和原油会发生冻堵现象，在油井取样过程中，经常发生取样阀中的液体凝结，导致油井取样无法取出的现象。原因分析如下。

（1）外部原因：冬季生产时，环境气温低，井液发生凝结或冻堵，造成取不出样。

（2）内部原因：取样阀结构不合理，井口端距离井液有一段距离，井液在其中聚结不流动，温度传导不够，发生凝结现象；出口端，在上一次取液结束后，残留的井液无法做到排空彻底，聚集在取样出口处发生冻堵凝结。

（3）问题根本原因：由于传统取样阀的进液端和排液端过长，内部容易滞留液体，在冬季室外长期不流动，在取样时就会发生冻堵。

因此，本次解决的重点是如何让新研制的取样阀工作时，消除进液端和排液端的积液冻堵现象（引自《一线创新成果案例集·采油采气专业》辽河油田饶德林案例）。

这是一个典型的直接发现问题的案例，每个取样的员工都会有这样的经历，但是很多人的"问题意识"不强，没有把它当成问题，而是"归功"于气温低的自然问题。也有些人有"问题意识"，但缺乏分析问题的能力，认为天气冷是改变不了的，阀门是厂家制作的，都是改变不了的，所以就不再追究了。而善于面对问题的人，会认真分析产生问题的根本原因，并最终解决问题。

2. 讨论研究

企业每一段时间都会组织相关技术人员、高技能操作人员专门讨论研究当前影响企业发展的一些管理、技术、生产等方面问题，通过这种方式，可以获取问题，针对这些问题加以分析，找出矛盾冲突的关键点，通过创新方法以使问题得到解决。

案例

目前，国内油田采油井日常管理中，油井结蜡是非常普遍的现象。针对清防蜡工作某企业组织相关人员进行讨论研究，经过讨论发现油井清防蜡工作存在着技术和管理两个方面的"瓶颈"，产生了四种问题：

（1）部分油井生产形式发生改变。2015 年某油田井区整体改造后，原三管伴热流程全部改为掺输或冷输，原有的自洗流程都改为热洗；所有新井的流程都为掺输或冷输及单井罐生产，洗井工作量增加了728口。由于设备限制（只有4组热洗车），如果还按照以往的管理方式，会造成大量油井失洗，严重影响油田开发指标。同时由于老油田整体改造，形成了以掺输、冷输为主的集输管网模式，存在计量间回油温度低的客观事实，部分计量间回油温度在20～30℃之间，势必造成集输管线蜡析出，导致管线堵和计量间回压高。

（2）站队洗井监督工作职责不清。在当前的生产运行方式下，热洗车组去采油队进行热洗工作，有专职洗井员的采油队可以进行洗井现场监督管理，没有洗井员的采油队由技术员进行洗井现场监督管理，造成人员占用多、责任不清、监督不力等诸多矛盾，严重影响热井效果。

（3）设备配置监督设置存在矛盾。原有的洗井监测设备为5年前购置，且每个采油队1套，破损严重，不利于洗井现场监控管理，而且年维护费用较高但由于以目前的生产管理方式无法实现8个采油队全部配齐的要求，同时配备8套也会造成资产的无形浪费。如何将4部监测仪器实现全厂范围内的合理利用，也是目前存在的问题。

（4）油井修前处理管理存在问题。以往由于没有专门的人员督促和指导全厂修前处理工作，基本上各队自行解决，导致洗井与修前处理结合较差，修前处理成功率不足5%，因而对全厂免修期指标影响较大；而且由于修前处理要协调采油队维修班、热洗车组等多方人员，难免出现相互等、靠、停现象，影响了修前处理的最佳时机，对修前处理成功率有较大的影响。

该案例是讨论研究的典型案例，技术小组通过对现场实际问题的勘查，分析了技术、管理上的“瓶颈”，其根本原因是：生产流程的改变、人员管理的缺陷、监管力度不够、措施管理不足四种问题，为企业提升油井清防蜡工作提供解决方向。

3. 接受任务

日常生产管理过程中，很多领导都会不定期地为技术人员、高技能操作人员下达一些生产任务，这些人在完成任务的同时，会发现任务中含有的问题，也就是完成任务时的障碍，从这些任务当中，也能找到需要改进或完善的工具用具、设备设施、规程制度等，这也是直接获取问题的方法。

井控项目是集团公司井下作业的比赛项目，在比赛前培训阶段某企业员工接受建造模拟井喷设备任务，接受任务后员工发现目前各大油田培训单位基本上用的是储气井模拟井喷。储气井模拟井喷有以下缺点：

（1）准备时间长。为了井口模拟井喷给储气井储气，一般时长为12h。

（2）建设成本高。钻井成本，打两口上千米深的储气井成本在近千万元人民币。

（3）单次使用成本高。每次模拟井喷高功率压风机连续工作12h给储气井储气，其间的电费和压风机的维护费较高。

（4）连续造喷时间较短。连续造喷导致储气井的气压很快就下降，井口不出水。由于准备时间长，造喷时间较短不太适合培训。

（5）溢流时间点难以控制。由于储气井压力较大，很难精确控制井口初溢时间点。

（6）安全性差不太适合培训。由于储气井压力较大，井控班组训练时有一定的安全隐患。

（7）环保性较差，设备功耗大、溢出的水不能循环利用。

这是一个典型接受任务获取问题的案例（由新疆油田陈林政提供），在改善井控培训和比赛中模拟储气井存在缺点的分析过程中，得到了七项关键问题点。分析得越透彻、越全面，在改进思路和实施解决过程中，就会越成功。

（二）间接获取

1. 征集难题

通过企业在不同层面的难题征集活动，就可以获取当下企业面临的各个层级生产难题，这些问题有些是操作人员本专业，有些是相关专业的，是在自己的生产操作中没有发现或是没有找到的问题，通过这种方法可以间接获取问题。

在“大众创业、万众创新”的背景下，秉承创新推动行业发展的战略思想，为推动油气行业的创新和技术转化，更好地整合资源并充分实现资源共享，运用互联网技术并结合中国石油的业务，孵化了一个创新平台——互联石油平台。互联石油平台定位为油气行业的创新服务平台，提供能源相关行业内的最新资讯、创新项目与资金对接、创新项目孵化、技术及产品成果推广、活动举办等服务。这其中就包括了一线生产难题征集，每个企业会在这里提出各层面的、急需解决的生产难题，这也是获取问题的一种途径。图 2-4、图 2-5、图 2-6 为中国石油天然气集团有限公司开展一线生产难题征集网络截图。

图 2-4　中国石油天然气集团有限公司一线生产难题征集网络截图 Ⅰ

煤层气井光杆密封器的设计与应用	工程技术	解雄涛	解雄涛	中石油煤层气有限责任公司
盐堵影响正常生产	工程技术	解雄涛	解雄涛	中石油煤层气有限责任公司
压井液恒压变排量供给装置研发	工程技术	王国锋	王国锋	中国石油集团川庆钻探工程有限公司
一种适用于多种规格油管的防上顶装置	工程技术	王国锋	王国锋	中国石油集团川庆钻探工程有限公司
紧固绞车墙板螺丝	工程技术	王海涛	王海涛	中国石油集团渤海钻探工程有限公司
一线培训工学矛盾问题	工程技术	李爱忠	于倩	中国石油集团渤海钻探工程有限公司
射孔枪落井难以打捞的问题	工程技术	张雷雷	张雷雷	中国石油集团渤海钻探工程有限公司

图 2-5　中国石油天然气集团有限公司一线生产难题征集网络截图 Ⅱ

描述

难题描述

在隔采井、分注井维护作业，油井及分注井措施作业当中，经常遇到封隔器难以解封的情况，而采取常
需要进行倒扣起钻，使工序复杂化且占井周期长。如：H**-63井解卡打捞,2018年9月4日至11月22日
8日至8月14日活动解卡、倒扣打捞起出井内管柱，共计下钻33趟；X**-14井解卡打捞，2017年2月2
出，大修作业由于封隔器不解封，在活动解卡、倒扣打捞起管柱工序阶段占井周期平均为77.3天，下钻

图 2-6　中国石油天然气集团有限公司一线生产难题征集网络截图 Ⅲ

2. 调查询问

《鬼谷子 · 抵巇篇》中说过：“自天地之合离、终始，必有巇隙，不可

不察也。”意思就是天地万物，聚合、离散是常事，必然会产生缝隙，一定要加以细查。这里的“巇隙”其实就是所谓的主要矛盾。而找到主要矛盾的方法，便是要进行踏踏实实的调查。

在生产经营活动中，人们也可以通过现场调查问卷的形式，或是对一些预见性问题进行询问的形式，以发现企业目前状态下存在的问题，找出问题所存在的时间、地点、环境、造成的影响因素，对这些影响因素进行详细的分析、汇总，找到矛盾的根本原因，利用创新方法，正确分析问题关键点，最终得出解决方案。

油田开采过程中，存在大批探评井、报废封井等。由于原封井帽子无法打开，造成取井筒内压力、捞油施工、再恢复利用等工作无法进行，且存在较大的安全隐患。由于井筒内压力不明，所以带压开孔工作对于耐压装置的要求十分苛刻，带压开孔装置要求必须满足原始地层压力或其他邻近井目前地层压力的1.5~2倍试验压力。由于外委施工作业解决问题成本较高，需要各种配套车辆，并且需要施工现场提供动力源（电源），所以经过研发小组最后制定，设计以小型设备，移动性强、不需要动力源（人工操作），而且要求成本低、安全性能高、有相对的防护措施。分析根本问题及关键点：

（1）驱动的方式；

（2）压力密封方式；

（3）钻头的连接方式；

（4）压力录取及泄压；

（5）开孔后压力控制；

（6）压力试验。

这是一个在调查询问过程中发现的生产难题，通过对现场实际问题的勘查，分析了目前世界上最先进的解决方案，与企业现状进行比较，得出结论：应用外委施工的解决方案成本太高，就企业而言，费用负担太重，所以必须利用现有生产物资进行改装，确保安全生产为前提，综合考虑制作成本和实现操作安全。

3. 信息查询

信息查询是指从外界众多的信息源中，发现自己所需要的、有价值的问题信息。通过聊天、资料、文献、新闻、网络、反馈等渠道，并应用自身的专业技术水平，从中发现问题，并将问题进行分析、归纳、总结，形成问题库，再根据问题的急缓、大小、层级分别解决。

近年来中国石油天然气集团有限公司开展了“一线创新成果交流推介活动”(图2-7)，并举行了“技能西部行”“技能中国行”等活动，活动将一线生产难题解决的成功案例总结出版了《一线创新成果案例集》，这些文章记载了一线创新人才在技改革新过程中对一些生产难题进行的分析、解决过程。通过学习这些难题解决成果，结合自身技术水平和综合素质，发现对自己有启发、有需要、有价值的问题信息，并将问题进行分析、总结，从而改进、完善，以适应本企业生产难题的解决需求，即为通过信息查询解决生产难题。

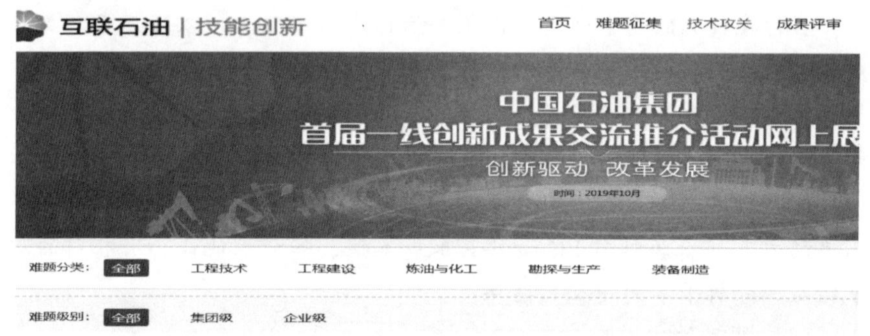

图2-7　中国石油天然气集团有限公司一线创新成果交流推介活动网络截图

第三节　问题的分析

问题的分析是技改革新关键中的关键，一般包括找准问题成因、认清问题本质、多维度问题分析三个步骤。

一、找准问题成因

美国通用汽车公司管理顾问查尔斯·吉德林提出：把难题清清楚楚地写出来，便已经解决了一半。只有先找准问题成因，层层分析，才能很好地解决问题。这种观点在管理学上被称为吉德林法则。

在美国有个著名的“一条线一万美元”的故事。有一天，斯坦门茨被福特公司请去维修一台电机，因为电机损坏，整条汽车生产线停止，公司派出了很多工程师都无能为力。斯坦门茨不紧不慢地观察电机，上上下下摸索了许久。然后在一个位置上画了一条线说："这里少了一圈线圈。"重新更换好线圈后，电机果然恢复运转。经理很高兴问他需要多少维修费，斯坦门茨回答：1万美元。虽然费用很高，但总裁福特先生不仅同意支付费用，还高薪聘请了斯坦门茨。其实，每个工程师都知道电机需要20圈线圈，但只有斯坦门茨知道哪里少了一圈。

爱因斯坦曾经说过："因为解决问题不过是数学或实验的技巧罢了，发现问题才更具有实质意义。"

真正厉害的人，不是最先行动的人，而是最快识别问题成因的人。

史华兹论断：所有的坏事情，只有在我们认为它是不好的情况下，才会真正成为不幸事件。

谁都会遇到难题，人如此，企业也是如此。在瞬息万变的环境下，怎样才能最有效地解决难题，并没有一个固定的规律。但是，成功并不是没有程序可循的。遇到难题，不管要怎样解决，成功的前提是看清难题的成因。找准重要成因，分析实际需求，也就找到了解决问题的途径，剩下的就是如何具体实行了。

二、认清问题本质

看问题要看本质，那么如何看认清问题本质呢？

有的员工提出"井口密封填料漏油"，如图2-8所示。一般在生产难题描述中是这样说的，由于光杆偏，造成抽油机井井口封井器密封填料漏油，造成环境污染。从问题的描述和现场的了解知道，光杆偏确实是造成抽油机井井口密封填料漏失的主要原因。因此，许多生产一线的采油工人将封井器填料盒如何能防偏作为创新解决问题的关键点，研究和创新的专利井口封井器或井口封井器填料盒共有几十种，一定程度上解决了井口密封填料漏油的问题，但是，还有没有其他原因呢？是什么造成光杆偏的，为什么没有人将光杆为什么偏作为问题的本质，来研制解决的方案呢？

图2-8　井口密封填料漏油

通过此案例可以看出：我们不要被问题的表象所蒙蔽，应该从不同角度寻找问题的关键点，打破砂锅问到底，直至找出问题的根本属性。

三、多维度问题分析

（一）问题分析的切入点

许多员工在生产一线工作时，遇到难题，想要寻找出问题所在，却总是对问题产生的原因、时间、位置等分析得不清楚，甚至常常不知道从哪些方面查找分析，无法区别问题的归属，致使许多生产问题得不到及时的发现和解决，下面就为大家介绍问题分析的五个切入点。

1. 从管理入手

“没有规矩，不成方圆”，这句古语说明了秩序的重要性。缺乏明确的规章、制度、流程，工作中容易产生混乱。由于制度、管理等方面的原因，造成某项工作好像两个部门都管，使原来的有序反而变成无序，造成极大浪费。随心所欲，把公司的规章制度当成他人的守则，没有自律，不以身作则，不按制度进行管理考核，造成无章无序的管理，影响员工的积极性和创造性，影响部门的整体工作效率和质量等。无序现象出现的频次多了，就会造成问题的不断出现，这些问题就要从管理入手加以解决。

2. 从设备入手

从设备入手来查找问题在岗位技改革新中占比较大。从设备入手来查找问题，主要从以下几方面进行：

（1）监测设备运行状态，预设设备隐患和事故的发生，在此基础上制定设备维护标准。

（2）确定修复和更换零部件的间隔和效果。

（3）从设备零部件寿命的预测分析。

（4）从设备故障的诊断可以确定改善维修的方法，并为设备挖潜改造提供科学判断。

（5）从对设备故障点与劣化程度的分析，以及设备所受应力、强度等性能的定量分析可以反馈指导设备的设计、制造和建设安装等工作。

（6）注重设备零部件磨损规律的研究，最终获得最好的设备输出效果(质量、成本、效率、安全等)。

设备在运转过程中，由于受物理、化学作用的影响，设备中的零部件逐渐磨损或局部破坏而改变了原来的实际尺寸和性能，影响了结合件之间的配合精度，从而使设备的安全可靠性降低，降低使用寿命，或是难以发挥其正常功能；还包括一些更新滞后、老化的设备，这些都是技改革新中需要寻找问题的关键部位。

3. 从资源入手

资源就是一切可被人类开发和利用的物质、能量和信息的总称。

资源包括：自然资源、空间资源、时间资源、系统资源、物质资源、能量资源、信息资源和功能资源等八类。依据资源在设计当中的应用又可分为现成资源、派生资源和差动资源。解决实际问题过程中，资源可以分为外部资源和内部资源。资源对我们来说既有有用的作用，同时也具备某些特定的有害作用。分析问题时，要认清哪些资源是有利的，哪些是有害的，有害的资源就是要寻找的问题。理想的资源需要有足够的数量或是无限的资源，能够带来有益作用的或减少有害作用的资源，并且应用的资源是免费的或是廉价的。可以这样认为，解决问题的实质就是对资源的合理应用，只要问题存在，就应该具有可用的资源。对系统资源分析得越详细、越深刻，就越能接近问题的理想解。实用技术资源是提高问题理想度最重要的手段。

4. 从制度入手

在制度上找问题，单就技改革新方面来说，是特指岗位操作规程、生产工艺技术指导、两书一表、工作写实等现场操作类的规程和文件。

在实际生产操作中，员工的每项操作、每一次操作都是在验证规程的正确性、准确性、实用性、安全性、可操作性等。随着新设备、新技术、新工艺的不断应用，在验证操作的同时，从中发现影响质量、成本、效率、安全的因素，也是寻找问题的方法之一。

从两书一表中发现问题。通过 HSE 作业指导书、HSE 作业计划书和 HSE 现场检查表中排查并找出影响施工操作流程，包括生产、流程、设备、工具、安全等各方面的每一个关键点，即为发现问题，再根据分析出问题存在的大小、难易、急缓进行汇总，并找出影响问题的根本矛盾，逐一进行解决。

5. 从安全入手

安全问题是不可忽视的问题，无论从企业发展的角度来说，还是从操作者自身安全来说，都是至关重要的。“安全无小事”，技改革新的目的之一就是确保安全。

（二）分析问题的角度

通常的理解，多维度是从数学方法中找到启示。“点是零维、直线是一维、平面是二维、立体是三维”。实际上这种说法中提到的概念是“前提”而不是“被描述对象”，被描述对象均是“点”。从这一论述拓展到“问题点”上，那么可以这么理解，问题基于其所处位置可以理解为一维；问题基于生产线（或单一系统）可以理解为二维；问题基于整体系统可以理解为三维。这就需要对问题进行全方位的分析。

1. 从前到后看问题

所谓“从前到后看问题”，即是一个从过程到结果看问题的过程。

有人说：过程决定成败。也有人说：过程比结果更重要。这两种论调都说明问题的解决过程的重要性。而人们往往陷入“重结果而轻过程”的循环里，工作往往成为结果的比拼。从过程到结果看问题的过程中，不是说“结果”不重要，而是希望大家在找寻问题解决途径过程中去思索方式、方法和思维的拓展。

人们工作在一个系统的流程中，也许问题源自上一流程，也许解决问题会给下一流程造成影响，这些都是从前到后看问题的一个思维过程。

例如，PDCA 是人们熟知的一个工作流程。PDCA 循环是美国质量管理专家戴明博士首先提出的，又称戴明环。PDCA 循环的含义是将质量管理分为四个阶段，即计划（Plan）、执行（Do）、检查（Check）、处理（Action）。虽然 PDCA 主要在质量管理活动中发挥作用，但在技改革新中应用 PDCA 也能取得十分显著的成绩。从分析现状，发现问题开始，到分析问题中各种影响因素，到找出影响质量问题的主要原因，然后针对主要原因，提出解决的措施并执行，检查执行结果是否达到了预定的目标，把成功的经验总结出来，制定相应的标准，最后把没有解决或新出现的问题转入下一个 PDCA 循环去解决（图 2-9）。

2. 从点到面看问题

每个人思考问题的方式都是不同的，有的人是“点”的思考，有的人是“面”的思考，还有的人是“体”的思考。“点”的思考，是思考问题在目前正在生产运行中的利与弊。“面”的思考，是思考问题在局部系统中的利与弊。“体”的思考，是思考问题在整体系统中的利与弊。生产中的大部分人还停留在“点”和“面”的思考方式上，只有少部分人才能用“体”的思考方式去思考问题。从点到面，由面到体，系统性思考问题是培养一个优秀创新人才的创新思维方式，不仅要考虑问题本身，还要考虑问题所处的技术系统，想走好每一条路会经历什么，结果又是怎样的。受限于员工所处的工作环境和职务职级，以及整体系统的可调整性必然伴随着巨大的资金投入，从点到面看问题是一线创新人才解决生产难题的最优途径（图 2–10）。点上的问题从局部系统分析，为追求问题的理想解决找准出路。

图 2–9　PDCA 循环示意图

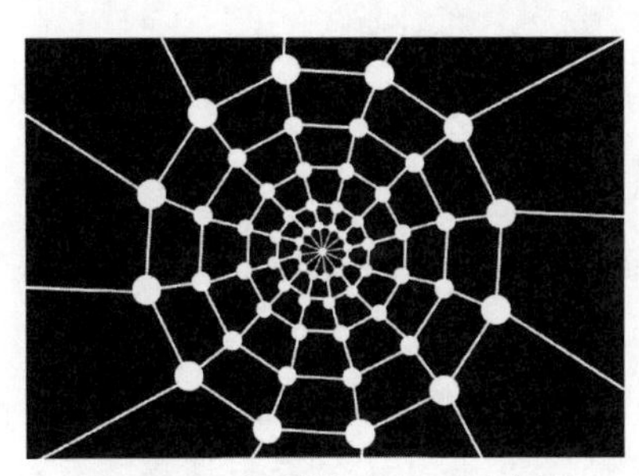
图 2–10　问题的点和面示意图

从点到面看问题，从根本讲就是尽量避免一个问题的解决伴生出另一个问题的产生。

油田开发后期，注水开发在油田生产过程中起决定性作用，高压离心泵（多级离心泵 p>4.0MPa）是油田注水主要设备，为油田注水提供注水压力。然而，注水泵在油田耗电设备中，耗电量所占比例过大，具有较大节能潜力。在技术革新、更新的形势下，要求在实际生产中，注重科学管理，实施技术改造，以降低注水泵单耗为目标，从而实现降本增效的目的。发明问题初始形式分析包括以下几个方面。

（1）当前系统的功能及组成。当前注水系统，主要由污水来水、管道、储水罐、高压注水泵、注水管网组成。

(2) 当前系统的工作原理。靠高速旋转的叶轮带动液体高速旋转，利用离心力的原理将液体甩出，从而实现输送液体的目的（图 2-11）。

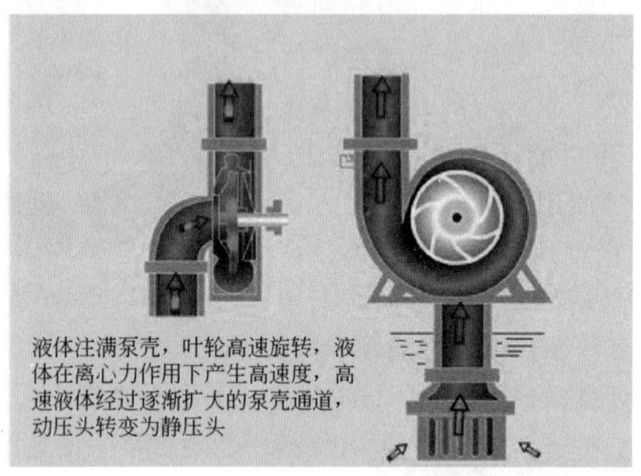

图 2-11　离心泵的工作原理

(3) 存在的主要问题：

① 泵管压差大。泵压与注水管线压力之间存在较大压差，泵管压差大，必须靠控制出口阀门来保证注水管网的注水压力，这样既造成大量的电能被白白消耗，同时又由于泵压较高，对机泵的运行影响较大。

② 泵效低。泵效和单耗是相互联系的，产生同样流量和扬程，泵效越低消耗的能源越大，相反，泵效越高能量损失越小。由离心泵的性能特性曲线可知，随着泵排量的增加，泵效逐渐上升，当上升到最高点后，随着排量的增加，泵效随之降低。泵效达到最高点称为最佳工况点，这一点所对应的扬程、泵效、排量、轴功率等参数称为最优参数，但是由于注水量波动较大，所以很难控制到最佳工况点。

③ 泵压的影响。单耗虽然由耗电量除以注水量得出，但由于泵站泵压控制可直接影响注水泵的注水量和耗电量，因此也就影响了注水单耗的大小。无压负荷的情况下，随着泵压的升高，单耗值是随着上升的，泵压越高，单耗增长越大；压负荷的情况下，单泵单耗随泵压升高，也就是随着压负荷程度的加深单耗值上升越快，且大于无压负荷时的上升速度。

④ 管线及泵内部元件结构腐蚀。由于所注水质一般为普通污水，致使管线及泵内部元件结垢腐蚀严重，造成叶轮出现沙眼、空洞、口环间隙过大等，泵进口管线结垢腐蚀等，都影响注水效果。

（4）限制条件：

① 生产管理制约。在实际生产中，日注水量是一个波动较大的参数，特别是高压注水系统，注水井受生产管理的制约，开关现象频繁，注水量昼夜变化较大。

② 生产成本制约。在实际生产环境中，生产改造成本有限，一些消耗成本较大的设备或者方案无法实行。

③ 工艺流程制约。原设备只能定速运行，所以只能靠调节阀门开度，来调节水量大小，调节方法较单一。

（5）资源分析如表 2-1 所示。

表 2-1　机泵运行单耗过高资源分析表

名称	现成的	差动的	派生的
物资资源	变频器，可编程控制器，泵轴、轴承、管道、法兰、阀门、压力表	—	—
能量资源	电能、重力势能、压能	—	机械能、动能
信息资源	泵压、温度、振动、声音	—	—
空间资源	注水泵房内、储水罐到泵进口，泵出口到注水井口，注水井口到地层	—	合理计划安排保养时间
时间资源	停泵前、停泵后、倒泵	—	—
功能资源	泵管压差	—	—

（6）因果链分析如图 2-12 所示。

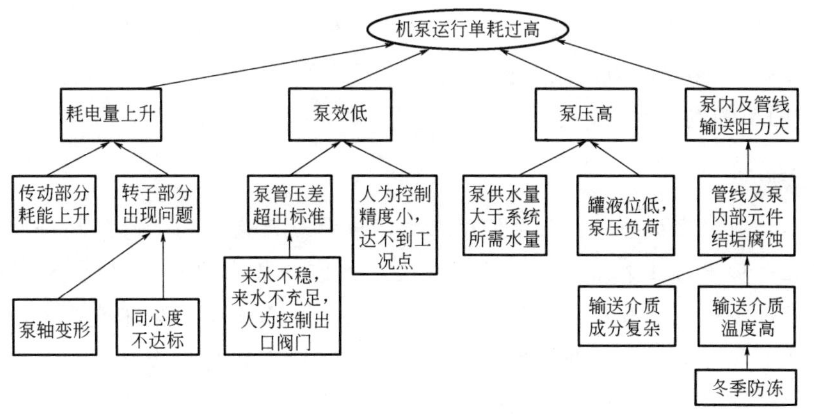

图 2-12　机泵运行单耗过高因果分析图

通过此案例可以看出：以上分析从单耗这一个点上，分析泵（面）存在的问题，再深入分析系统（体）存在的问题，即从泵的元件，分析泵的运行，直至与泵相关联的输送管网及介质。分析出六项根本原因和六方面的资源，这就为以后解决问题提供了正确的方向。所以说看问题看得越清楚，分析问题分析得越透彻，解决问题才能更有方法、更彻底。

3. 由表及里看问题

大部分人喜欢谈论现象而忽略本质。现象是表面的、异变的、肤浅的；而本质是深层次的、稳定的、深刻的。透过现象看本质的根本就是要有对比分析和逻辑推理。了解现象一般智力就可以，研究本质需要智慧。

爱因斯坦曾说过，“洞察力好比下棋，生手自以为想了好几步，熟手看来却很平常；生手挖空心思，熟手则灵活自如。下棋如此，科学研究也如此。要问原因，无他，熟手的才干处于较高的水平。科学的洞察力表现在较快地透过现象抓住本质，迅速地找出表面上不同事物的共同原因或彼此间的联系。这离不开知识和实践的积累，更要求较高的观察综合力和判断力。没有渐变，不会有质变；没有数量，就谈不上质量。平日里多学习积累和实践，才可能有高水平的发现。”

人们总想透过现象看到本质，却常常变成，把现象等同于本质，只认现象，却忘了它背后所蕴藏的本质。表象是事物不在面前时，人们在头脑中出现的关于事物的形象。大多数人在生活中往往没有定义问题就立即行动，结果在错误的方向上浪费了太多时间。头疼就医头，手疼就医手，就是最简单的例子。

物业经理被告知，业主们现在抱怨电梯速度慢，马上想到挂一面镜子在电梯里好让乘客觉得时间过得快（乘客一般在电梯里照镜子）。然而没过多久，很多人在镜子里涂鸦，导致其他人觉得大厦环境差，这时候物业经理又提出在电梯里放水彩笔，直接让乘客自己涂鸦呗，反正都是要让乘客觉得时间过得快而已，问题又得到解决了。又没过多久，很多人投诉电梯里乱涂乱画，搞得电梯脏兮兮的，你看又有问题了。直到有一天维修人员在给电梯做检修，发现原来一只继电器损坏，导致电梯运行速度降低，如图 2－13 所示。

通过此案例可以看出：面对问题，本质上应该解除故障提高电梯的速度，而不是去解决乘客的抱怨，这也侧面说明问题的本质和表面发生的现象之间的逻辑关系。

图 2-13　电梯问题示意图

第四节　问题的转化

问题就其转化方向，大体分为四个阶段：一般问题、主要问题、重要问题和关键问题。其转化过程中是从一般向关键转化。

一、一般问题

一般问题在工程技术领域普遍存在。机械设备的磨损、材料的消耗等属于这类问题。一般性问题是客观存在，同时也是不可避免的。

例如，设备磨损问题，通常其解决思路中，补偿是常规方式。补偿是指设备发生磨损后会造成设备的原始价值降低，需要进行设备磨损的补偿，以恢复设备应有的生产力。设备磨损补偿的方式：根据磨损形式的不同，补偿方式也不同，一般有修理、现代化改装和更新三种。设备有形磨损的补偿，可以是修理或更新；无形磨损的补偿，可以是现代化改装或更新。同时，修理、改造属于局部补偿，更新属于完全补偿。

二、主要问题

问题存在于系统中，通过技术手段可以进行控制，但是随设备、设施的运行时间，控制手段有被弱化的风险，这类问题可称为主要问题。在工程技术领域中这类问题比较常见。

工程技术是原始人从制造工具开始的。从制造粗笨的石刀到日益精巧的石器加工，逐步学会利用自然火，并保留火种，又经过了几十万年的摸索，终于用摩擦的方法，实现了人工取火。火的发现和使用，对人类文明的发展起了巨大的推动作用。18 世纪 60 年代开始的工业革命，是人类历史上使用铁器之后的第一次技术革命。它开始于纺织工业的机械化，以蒸汽机的发明和广泛使用为主要标志，从而促进了近代工程技术的产生和发展。英国工匠瓦特应用布拉克工程技术的“比热”和“潜热”理论作指导，改进了纽柯门蒸汽机，解决了气缸漏水的问题，发明了冷凝器。后来他又发明离心调速器和飞轮，这样才从理论上和实际上加以完善，提高了蒸汽机的效率，并使蒸汽机成为适用于一切工业部门的原动机，从此工作机便以蒸汽机作为主要动力。恩格斯指出：“蒸汽和新的工具机把工场手工业变成了现代的大工业，从而把资产阶级社会的整个基础革命化了。”

通过此案例可以看出：“蒸汽机”的发明也存在着主要问题，如“气缸漏水”等，这类问题的解决为下步的技术发展提供了重要保障。

三、重要问题

重要问题是相对于主要问题而言的，在主要问题中存在着重要问题，重要的问题是主要问题中分析、总结和提炼得到的，以期找准问题的解决次序。

19 世纪 70 年代是电力时代的开始。电力的应用是继蒸汽机的使用之后的第二次技术革命。这次技术革命固然是大工业对动力提出的新的要求，但它的出现不是直接来源于生产，而是来源于科学实验，来源于对电磁现象研究的结果。电和磁是早在两千多年前就已发现了的自然现象，但在 19 世纪以前，人们把它们两者看作是各不相关的。到了 19 世纪，伏特首次制成了化学电池，奥斯特发现了电流的磁效应，电和磁的研究得到迅速开展。法拉第发现了电磁感应定律，它是发电机的理论基础。皮克希按照电磁感应定律，用永久磁铁作转子，制成了发电机。阿尔特涅克又发明了鼓状转子，发电机就进入了实用阶段，有实用价值的电动机已经制成，从此开始用电力代替蒸汽动力。19 世纪 80 年代又解决了远距离输电的问题，从实用发电机和电动机的制造，到配电网络和远距离输电在技术上的成功，电力工业便开始建立起来，开辟了电气化的新时代。

莫尔斯发明了电报，贝尔发明了电话。19 世纪末出现的无线电技术，是在原来已经广泛使用的有线电报和电话之后，又添加了更为有力的通信工具。这样，人类历史上就出现了以电为基础的现代物质文明，广泛应用于动力、照明、通信等社会生产和社会生活各个领域。

通过此案例可以看出：一系列重要问题的技术突破和解决、应用使整个工业生产面貌发生重要巨变，所创造的社会生产力比蒸汽时代要高得多。

在石油、化工、电力、冶金、制药等行业中广泛应用的柔性石墨金属波齿复合垫片（简称波齿垫），是以上下表面加工成相互错开的波齿状同心圆沟槽的金属环为骨架，并复合一定厚度和密度的柔性石墨材料而成的一种新型柔性石墨复合垫片。它具有金属线接触密封和多道石墨环密封的双重功能，具有良好的可压缩性、回弹性和密封性能等。波齿垫的骨架厚度一般为 2~3mm，刚性差、易变形。加工超过 ϕ500mm 以上的波齿垫时，波齿垫骨架是使用钢条在自动弯环机上弯环加工，用氩弧焊机将断口焊接，磨平焊口成型。弯环加工过程中，钢条产生极大的塑性变形，波齿垫骨架内部残留较大内应力，加上波齿垫骨架材料的焊接应力、韧性等因素的影响，或受到冲击、振动容易产生碟形，且直径越大比例越高，越影响下一道工序的加工质量，严重时造成废品（引自《一线创新成果案例集 · 炼油专业》锦西石化王尚典案例）。

通过此案例可以看出：石墨金属波齿复合垫片加工难度大的一般问题是波齿垫骨架碟形变形；但深入分析发现，造成波齿垫骨架蝶形变形的重要问题，其实是制造过程中波齿垫骨架内部残留较大内应力造成的。

四、关键问题

关键问题也称“核心问题”，是相对于重要问题的更深层次，解决关键问题可以促进整体技术进步，最大的极致是改变人类的生活方式。

在人类发展至20世纪40到50年代，出现以原子能工业、电子计算机和空间技术为主要标志的第三次技术革命。这次技术革命的内容比前两次技术革命更为丰富，影响更为深远。它还包括自动控制、遥感、激光以及合成材料等技术，同时又产生了新型的综合性的基础理论——控制论、信息论和系统论等。

电子计算机正向微型、网络、智能模拟等方面发展。电子计算机广泛应用于自动控制，促使工业生产和工程技术迅速实现自动化。随着电子计算机技术的发展，特别是微型电子计算机大量出现，用电子计算机进行自动控制也越来越广泛，在宇宙空间、工业生产、交通运输和商业部门等方面，建立起各种各样的自动机、自动仪表、自动化工厂和车间、大型自动化系统，不仅节省了人力，提高了劳动生产率，使工厂企业得到根本的技术改造，而且还创造出具有一定人类智能的机器人，可以用它在海底、高山以及其他人类无法工作和生活的地方进行自动化生产、收集资料。

通过此案例可以看出：随着计算机各关键问题的解决，使计算机实现小型化、智能化，目前，国内石油天然气开采领域内，如海洋石油开采、采气的成套设施设备都具有较高的自动化程度，相比较陆上采油设备设施的自动化程度较低，与其开采环境和方式有关，但是物联网技术的应用，也在一定程度上解决从技术到管理方面的关键问题。

案例

油气产量计量，是油井生产动态管理不可缺少的步骤。大宛齐油田井数多，计量汇管及阀组相对较少，往往在单根阀组干线上搭头多口油井，因而在阀组处难以实现单口井的精确计量，如需实现单井精确计量必须关停阀组干线上的其他搭头油井，此方法产量损失大，因此，只能采用单井车载计量装置的方式对其进行产量计量。大宛齐油田具有井浅、地层疏松等特点，一般井深800m，生产时易出砂，常常造成井底和泵筒内存在大量的积砂，一旦停泵，极易造成卡泵。特别是大排量螺杆泵井，此类问题极其突出，采用单井车载计量装置的方式对单井进行计量时，必须停止螺杆泵来连接计量流程，虽然停机时间短，但因为地层出砂量大，在停泵后往往容易造成卡泵现象，费时、费力、费钱，还影响原油上产。

为了解决螺杆泵停泵计量频繁卡泵的现象，对该问题进行研究和讨论，发现造成螺杆泵井卡泵的原因主要有以下两种：

（1）经计量后的液体从套管进入井底，对井底有一个冲击力，容易把井底的沉积物击起，堵在泵的吸入口。

（2）被击起的沉积物进入泵筒内，使液体含砂量增加，在停机后拆卸流程时，泵筒内的砂子在重力的作用下下沉，堵塞泵的吸入口及泵体，造成螺杆泵卡泵（引自《一线创新成果案例集·采油采气专业》塔里木油田张祎案例）。

通过此案例可以看出：大宛齐油田生产现状及其地层的特点，造成油井因量油而砂卡的问题，现场工人通过对问题的研究和讨论后，找到了造成砂卡的核心问题，就是连接量油管线而停机打破了螺杆泵井的平稳运行状态，如何保持螺杆泵井始终平稳运行这一核心问题就成了岗位工人技改革新的攻关方向。

技改革新的核心是发现问题，关键是做好问题的分析及转化。生产实际中，我们总是面临着各种各样的问题，纷繁复杂、种类多样，覆盖领域广、涉及层面多。做好技改革新，就要从更高层面认识问题、发现问题，更要从宏观理论的问题中找寻到实际生产过程中的现实问题，并能够应用创新的方法手段，分析问题、解决问题，推动问题转化，不断推动创新工作提档升级。

第三章

开展技改革新需要丰富的现场经验和专业的理论知识，更需要掌握一定的创新方法和技巧，有助于提高技改革新的研发速度和研发质量。据不完全统计，迄今为止，国内外总结归纳出的创新技法有1000多种，较为广泛应用的有300多种，成体系成系统的有TRIZ创新方法，简单常用的有头脑风暴法、逆向构思法、灵感启示法等非逻辑型方法，还有奥斯本检核表法、和田十二法等设问型技法。

第一节　TRIZ理论在技改革新中的应用

1946年，苏联科学家根里奇·阿奇舒勒（1926—1998）开始了TRIZ的研究工作，经过对世界上250多万件专利文献加以搜集、研究、整理、归纳、提炼，建立了一整套系统化、实用性的解决发明问题的理论、方法和体系。相对于传统的创新方法，TRIZ理论具有鲜明优势，它能够打破思维定势、拓宽思路、正确地发现产品或系统中存在的问题，激发创新思维，找到具有创新性的解决方案。

一、TRIZ理论体系

TRIZ的含义是“发明问题解决理论”，其理论体系如图3-1所示，包含着许多系统、科学且富有可操作性的创造性思维方法和发明问题的分析方法。TRIZ理论几乎可以用于产品的整个生命周期，包括从项目的确定到产品性能的改善，直至产品进入衰退期后新的替代产品的确定。

TRIZ理论体系主要包括以下六个方面。

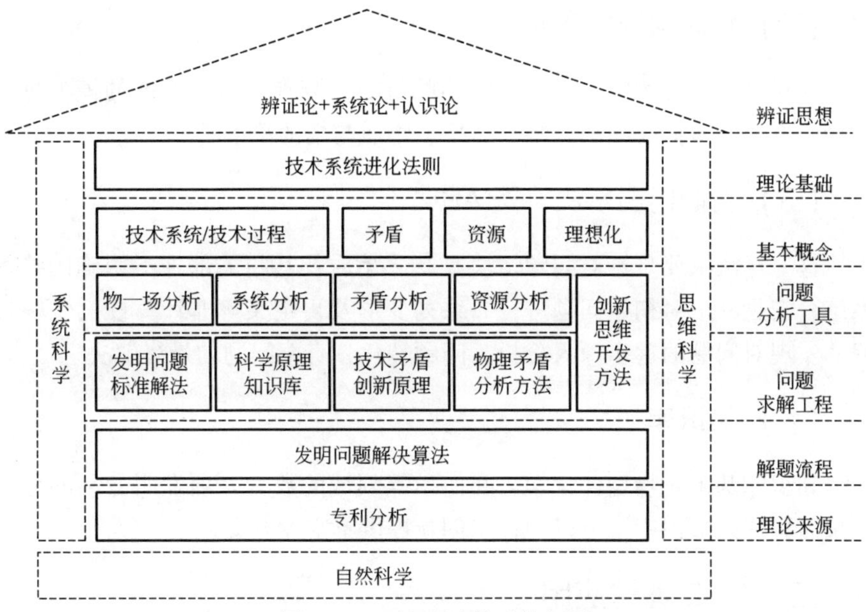

图 3-1　TRIZ 理论体系构架图

（一）创新思维方法与问题分析方法

TRIZ 理论中提供了如何系统分析问题的科学方法，如九屏幕法等；而对于复杂问题的分析，包含了科学的问题分析建模方法：物—场分析法，它可以帮助人们快速确认核心问题，可以快速发现根本矛盾所在。

（二）技术系统进化法则

针对技术系统进化演变的规律，在大量专利分析的基础上，TRIZ 理论总结提炼出了 8 个基本进化法则。利用这些进化法则，可以分析确认当前产品的技术状态并能够预测未来的发展趋势，从而开发出富有竞争力的新产品。

（三）技术矛盾解决原理

不同的发明创造往往需要遵循共同的规律。TRIZ 理论将这些共同的规律系统地归纳成 40 个发明原理，针对具体的技术矛盾，可以基于这些创新原理、结合工程实际寻求具体的解决方案。

（四）创新问题标准解法

针对具体问题的物—场模型的不同特征，分别对应有标准的模型进行处理的方法，包括模型的修整、转换、物质与场的添加等。

（五）发明问题解决算法 ARIZ

这一算法主要是针对问题情境复杂、矛盾及其相关部件不明确的技术系统。它是一个对初始问题进行一系列变形及再定义等非计算性的逻辑过程，实现对问题的逐步深入分析，问题转化，直至问题的最终解决。

（六）知识库

知识库基于对物理、化学、几何学等领域的数百万项发明专利的分析结果而构建的知识库，可以为技术创新提供丰富的方案。

二、TRIZ 理论应用

TRIZ 理论对较为复杂或具有一定难度的工程技术问题，具有很强的指导作用。如图 3-2 所示，TRIZ 解决问题的一般流程如下：

（1）将待解决问题通过分析转化为 TRIZ 中的问题模型。

（2）针对不同的问题模型，应用不同的 TRIZ 工具，得到解决方案模型。

（3）将解决方案模型应用到具体问题中，得到问题的解决方案。

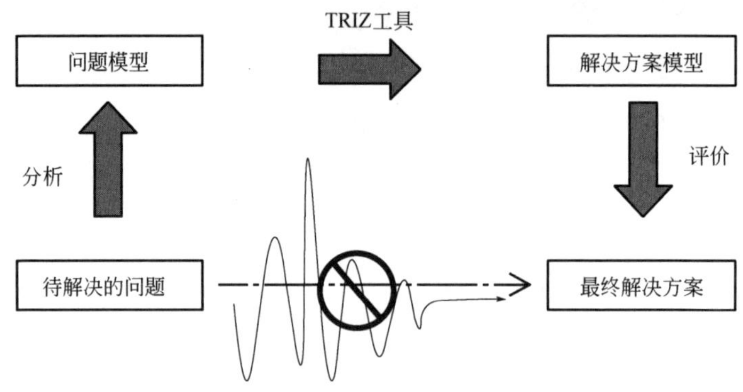

图 3-2　TRIZ 解决问题一般流程

TRIZ 理论体系中将问题主要分为“标准发明问题”及“非标准发明

问题”。标准发明问题是指可以转化为标准 TRIZ 模型的问题，标准的 TRIZ 模型包括技术矛盾、物理矛盾、物—场模型、功能模型等。非标准发明问题是指无法转化为标准 TRIZ 问题模型的发明问题，这也意味着非标准发明问题不能用标准 TRIZ 工具直接解决，通常使用 ARIZ 算法进行解题。解决“标准发明问题”的一般步骤见表 3-1。

表 3-1　解决“标准发明问题”的一般步骤

类别	主要工具	主要项目	内容简介
突破惯性思维的方法	九屏幕法		对系统从结构、时间等多维度进行全面、系统的分析，寻找资源
	最终理想解 IFR		设定解题最理想目标，以目标为导向，分析解决问题的方向
	聪明的小矮人法 SLP		用拟人的方式将系统划分为多种不同的小人，通过预演小人的解题方式，展开拟人化创新思考
	金鱼法		对解题目标进行“幻想—现实”的分析，利用多次分解“幻想部分”的方式，最终寻找到可以实现的解题方向，用以拓展解题思维
	STC 算子		从“尺寸、时间、成本”三个维度，对系统进行“无限大、无限小”的思维实验，用以突破思维惯性，寻找创新突破口
问题描述	项目概述	项目来源	待解决课题的主要来源，用以说明难题所处于的领域、行业、难度的等级
		待解决问题背景	对待解决问题进行背景情况说明，整理来自各方面的信息，明确问题所在节点
	发明问题初始形势分析	当前系统的功能及组成	说明存在问题的部分主要执行什么功能，及其组成结构
		当前系统的工作原理	对此系统的工作原理进行说明
		存在的主要问题	明确存在的主要问题
		技术参数	在此系统内，与问题相关的各项技术参数
		问题解决目标	明确解题目标，划清解题界限范围
		限制条件	在创新过程中不可逾越的限制条件，划清创新边界
		专利检索	待解决问题是否存在解决方案，对已经存在的解决方案进行说明，对比其优缺点，明确解题路线

续表

类别	主要工具	主要项目	内容简介
分析问题的工具体系	系统功能分析	组件分析	基于功能,将系统组件和超系统组件一一识别出来
		相互作用分析	识别两两组件之间是否存在相互作用
		功能分析	对存在相互作用的功能载体和功能客体进行功能水平说明(主要分为过度、不足、一般、有害)
		功能模型	基于功能分析建立可视化模型图
	因果分析		对问题进行深入分析,寻找问题的根本原因,通过分析"与""或"关系明确解题路径
	资源分析		对当前系统已经具备的各项资源列表说明,为解决问题创造条件
解决问题的工具体系	技术矛盾与发明原理	定义技术矛盾	系统中对同一组件存在两个相反参数的需求进行分析(两个参数如果其中一个得到改善,另一个将被恶化,反过来分析依然存在此问题)
		39 个工程参数	明确改善的参数和恶化的参数
		矛盾矩阵	对比 39 个参数查找矛盾矩阵,得到 40 个发明原理的相应序号
		40 个发明原理	对应矛盾矩阵提供的序号,查找相应序号的发明原理,思考解决方案
	物理矛盾与分离原理	定义物理矛盾	对系统中同一参数存在两种相反的需求的情况进行分析
		四大分离原理	利用"时间分离、空间分离、条件分离、系统分离"解决物理矛盾
	物—场模型与标准解法	物—场模型	对存在问题的组件进行基于"物—场"模型的分析,找到解决方案
		76 个标准解	用来解决相似的标准问题和复杂问题的 76 种"物—场"模型的标准解法
	功能裁剪		在功能模型的基础上将系统某些组件去除,但保留组件的功能
	功能导向搜索 FOS		以功能为导向对全部专利样本实施的大数据分析工具,可以实现部分替代人工
	科学效应库		查找学科效应表下的各种可用的科学效应和现象,技术创新中的 30 种功能及其对应的 100 个科学效应和现象

续表

类别	主要工具	主要项目	内容简介
发明问题解决算法	ARIZ		分步骤解决问题的过程,每个步骤都有相适应的工具
技术系统进化法则	提高理想度法则		系统的进化方向是提高理想化程度
	技术系统进化的 S 曲线		对当前系统所处阶段进行判断,预判下一步发展趋势,制定发展策略
	完备性法则		分析当前系统是否存在完备性缺陷
	能量传递法则		系统的进化方向是缩短能量在系统内流经的路径
	协调性进化法则		系统参数之间的相互协调是任何有效系统存在的必要条件
	动态化进化法则		系统向着提高可控性的方向进化,其结构和参数从刚性变为柔性
	子系统不均衡进化法则		不同的子系统组件的进化速度不同,系统矛盾因此而产生并进化
	向微观级进化法则		系统往往会朝着分割组件的方向进化
	向超系统进化法则		系统在整个生命周期内,从单系统进化为双系统或多系统,或不同系统的组合
方案整理与评价	技术方案汇总		汇总解题过程中发现的所有解题方案,对解题方案点评优缺点
	归纳与整理		通过“方案评分”表,对所得方案进行归纳,确定理想度较高的方案,拟定具体实施方案

(一) 创新思维工具

在日常生活和工作中，人们习惯于依赖个人经验，无法跳出框外，这种状态称为“思维惯性”。如果人们重复面对几乎相同或略有差别的情境，那么思维惯性是有利的，但如果面对有着本质差别的情境，那么思维惯性就是有害的。因此，需要一些工具来突破思维惯性。突破思维惯性的关键是对问题本质有深入准确的认识，这是创新性解决问题的前提。TRIZ 理论包含九屏幕法、STC 算子法、小矮人法、金鱼法、最终理想解法等多种创造性思维工具，如图 3-3 所示。下面重点介绍九屏幕法、STC 算子法、最终理想解法。

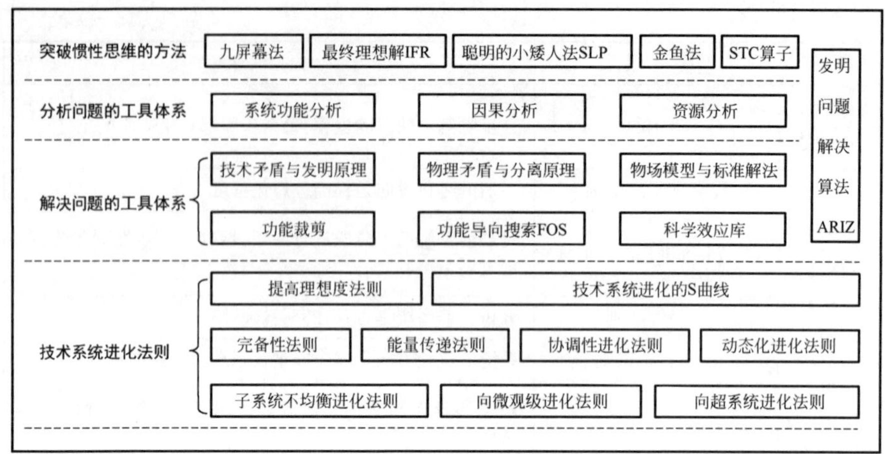

图 3-3　TRIZ 工具集

1. 九屏幕法

九屏幕法可以拓宽思路，寻找更多可利用的资源；突破思维定势，找到新的角度提出创新方案。九屏幕法也称为天才的思维方法，常见的九屏幕如图 3-4 所示，分为“横向伸展的九屏幕”及“纵向伸展的九屏幕”两种模型。

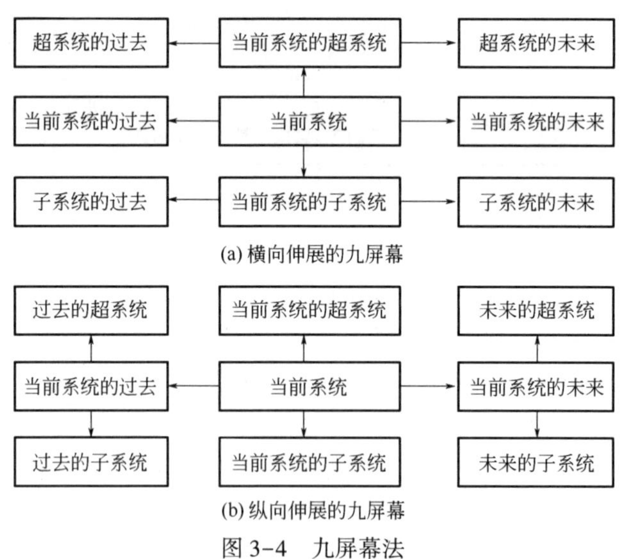

(a) 横向伸展的九屏幕

(b) 纵向伸展的九屏幕

图 3-4　九屏幕法

概念解析：

(1) 系统。所谓系统，是指具有系统特征的部件及联系的总和，它是构成系统的各个要素和要素间关系的总和。

(2) 超系统。任何系统都不是独立存在的。系统之外的高层次系统称为超系统，每个系统都要纳入超系统中，成为其中的一部分并与其他部分相互作用。

(3) 子系统。系统之内的低层次系统称为子系统，系统本身是由若干个相互作用的子系统组成。

以抽油机为例说明系统、子系统、超系统的组成与彼此之间的关系。如果把游梁式抽油机看作是一个系统，电动机、减速箱、抽油机底座、驴头等是抽油机的子系统；地面集输系统就是抽油机的一个超系统，环境、井场等也是抽油机的超系统。

“过去”和“未来”的屏幕是以“时间”为轴，这些事件是制造过程中的“先前”和“后续”操作，或者是系统寿命周期的“先前”和“后续”阶段，从防止问题出现和消除问题不良后果的解决问题角度出发，我们应该对这些事件进行考虑，因为它们可以进行改变，这样问题在将来就不会出现或潜在损害就会被消除。

“超系统”和“子系统”屏幕是以“系统的层次”为轴，从防止问题出现和消除问题不良后果的解决问题角度出发，考虑超系统和子系统的组件，就能抵消所探讨问题的不良作用，或者消除它的不良后果。

九屏幕的思维方式能够帮助我们从结构、时间等多维度对问题进行全面、系统的分析，不仅要研究问题的现状，还要考虑与之相关的过去、未来和子系统、超系统等多方面状态。各个屏幕显示的信息并不一定都能引出解决问题的新方法，但会为解决问题提供有用的资源。每个屏幕对于问题的总体把握都将是有所帮助的。

2. STC 算子法

STC 算子法（尺寸—时间—成本算子方法）是一种让思维进行有规律的、多维度的发散方法，称为极限化思维方法。它比一般的发散思维和头脑风暴能更快地得到想要的结果。S（Size）——尺寸，T（Time）——时间，C（Cost）——成本，STC 字面的意思是单独考虑尺寸、时间、成本的一个因素，而不考虑其他的两个因素。引申的意思就是一个产品由诸多因素组成，单一考虑相应因素，而不是统一考虑。

例如，将故障机泵送入维修车间是常规的设备维修方法，但工作量大，如何更加方便快捷地维修机泵呢？

为了解决这个问题，使用 STC 算子法，从尺寸、时间和成本这三个角度考虑问题，做出 6 个思维的尝试，如表 3-2 所示。

表 3-2　STC 算子法

STC 算子	解决方案
尺寸无穷大	与尺寸无穷大对应的解决方案
尺寸无穷小	与尺寸无穷小对应的解决方案
成本无穷大	与成本无穷大对应的解决方案
成本无穷小	与成本无穷小对应的解决方案
时间无穷大	与时间无穷大对应的解决方案
时间无穷小	与时间无穷小对应的解决方案

尝试 1：假设机泵的尺寸趋于零。在这种情况下机泵运输很容易。那么其中一种解决方案就是设计一种迷你型机泵。

尝试 2：假设机泵的尺寸趋于无穷大，在这种情况下机泵无法运输，可以建造通向机泵的道路和桥梁。将这种方法转移到常规尺寸的机泵上，就可以得出一个解决方案，设计一种具有专用维修通道的机泵，这样就可以简化维修难度。

尝试 3：假设维修的成本费用趋于零，那么最廉价的方法就是现场拆解机泵、现场维修。

尝试 4：假设维修的成本费用趋于无穷大，没有任何限制，就可以使用昂贵的设备。这种情况下的解决方案就可以是研究一台带有电子视觉系统和机械手维修功能的智能型机泵。

尝试 5：假设维修的时间趋于零，要求在最短的时间内恢复生产，则需要考虑预先安装一台备用机泵。

尝试 6：假设维修的时间没有任何限制，在这种情况下，则可以考虑对机泵所有零部件进行全面系统的维修，将一切已经发生和可能发生的故障全部清除，总结经验和方法，这样在面对其他机泵维修问题时难度将大大降低。

通过不同的角度看待问题，有助于人们突破思维习惯的束缚，让许多看似很难、无从下手的问题变得简单。

3. 最终理想解法

产品处于理想状态的解称为最终理想解（ideal final result，IFR）。TRIZ 解决问题之初，就是首先确定 IFR，以 IFR 为终极目标，解决问题的效率将大大提高。尽管在产品进化的某个阶段，不同产品进化的方向各异，但如果将所有产品作为一个整体，低成本、高功能、高可靠性、无污染等是产品的理想状态。

1）最终理想解特点

（1）保持原系统的优点。

（2）消除了原系统的缺陷。

（3）系统不会复杂化。

（4）没有引入新的缺陷。

当确定了待设计产品或系统的最终理想解之后，可用这 4 个特点检查其有无不符合之处，并进行系统优化，以确认达到或者接近 IFR 为止。

2）最终理想解确定的步骤

（1）设计者的最终目的。

（2）确定理想解。

（3）实现理想解的障碍是什么？

（4）产生以上障碍的原因是什么？

（5）消除以上原因的条件是什么？

（6）创造以上条件的资源是什么？

（二）问题分析工具

TRIZ 在进行解决问题前要对问题进行详细的分析，借助问题分析工具是解决问题的关键。问题分析工具主要介绍技术系统进化法则、资源分析、因果链分析。

1. 技术系统进化法则

技术系统进化法则是 TRIZ 的核心内容之一，如果人们掌握了系统的进化规律，就能预测系统的未来发展趋势，并可应用于新系统的开发，从而避免盲目尝试，缩短开发周期，降低开发成本。

TRIZ 包括系统进化的 S 曲线及八大经典进化法则。

1）系统进化的 S 曲线

S 曲线按时间描述了一个技术系统的完整生命周期，是技术系统成熟度的预测曲线，如图 3-5 所示，横轴代表时间，纵轴代表技术系统的某个重要的性能参数。TRIZ 理论从性能参数、发明数量、发明水平、经济利润等方面的性能参数描述技术系统在各个阶段所表现出来的特点，以帮助人们有效了解和判断一个产品或行业所处的阶段，从而制定有效的产品策略和企业发展战略。

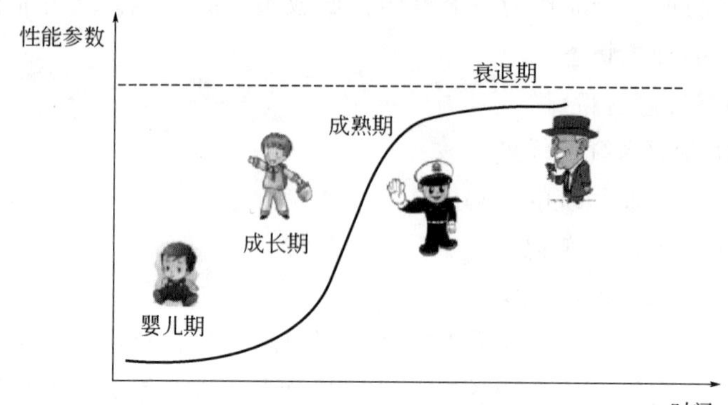

图 3-5 技术系统 S 曲线

一个技术系统的进化过程经历四个阶段：婴儿期、成长期、成熟期和衰退期，每个阶段会呈现出不同的特点，见表 3-3。

表 3-3 S 曲线的各个阶段特点

序号	时期	特点
1	婴儿期	主要指标增长非常缓慢，发明专利水平高，专利数量少，经济效益为负
2	成长期	系统在相对降低支出的同时，主要指标快速增长，专利级别开始下降，专利数量开始上升，经济收益快速上升
3	成熟期	在系统改善的情况下，主要指标增长速度放慢，专利数量仍然很高，专利级别非常低，经济收益高且稳定
4	衰退期	系统达到极限，很难再有新的突破，系统的功能参数、专利数量等级以及利润下降，将被新的技术系统代替，会有新的 S 曲线出现

2）提高理想度法则

技术系统沿着提高理想度的方向进化。TRIZ 理论中最理想的技术系统是：不存在物理实体，也不消耗任何资源，但是却能够实现所有必要的功能，即“功能俱全，结构消失”。

$$\text{理想度}=\frac{\sum \text{有用的功能}}{\sum \text{有害的功能}+\sum \text{花费}}$$

提高理想度法则是技术系统进化法则的核心，可以从技术系统本身、技术系统子系统、技术系统的超系统和物质四个方面来进行提高。

3）完备性法则

一个完整的系统根据作用分为四个部分，外加一个能量源。系统的四个部分（子系统）为：动力装置、传输装置、执行装置和控制装置。技术系统存在的必要条件是基本要素都存在并具有最基本的工作能力，利用完备性法则可以对不完善的技术系统进行优化。

4）能量传递法则

通过这个法则，可以判断技术系统的各个元件是否有存在必要（如果能量不能传递到某个元件，要么这个元件就没有价值，可以除掉；要么这个元件不能工作，没有达到预期的功能），通过分析能量的传递效率来提高技术系统的运行效率。

5）协调性进化法则

前面的进化法则都是从技术系统的各个部分或者某个方面来进行技术系统的演化，实际上整个系统，包括超系统，都需要相互之间协调发展，这种协调包括外形的协调、连接的协调、位置的协调等，通过对系统、子系统和超系统之间的协调性分析，可以对不协调的地方进行改善，从而达到更好的协调性，也就取得了技术系统的改进。

6）动态化进化法则

对于物理存在的技术系统，存在着柔性化、可移动性和可控性的要求，这三个进化法则合在一起就是技术系统的动态化进化原则。提高柔性化是指系统会向着更灵活、更方便的方向进化，比如网络从同轴到双绞线再到无线，柔性化揭示的是系统元件物质和结构的进化法则。提高可移动性进化法则预示着技术系统会向着不断增强整体移动性的方向发展，典型的例子就是吸尘器的进化。提高可控性法则是系统会沿着增强系统及子系统间的可控性方向来发展，一般的路线是“直接控制→间接控制→反馈控制→自我控制”，典型例子就是声控开关的进化。动态性进化法则是从构成系统的元件材质和功能完备性两个方面来进行技术系统的改进和完善。

7）子系统不均衡进化法则

将一个技术系统分解成多个子系统，目的是可以分析这些子系统，看看这些子系统本身的进化，子系统之间的进化一般来讲都是不均衡的，通过对这种不均衡进行分析，可以改进、进化落后的子系统，从而达到改进整个系统的目的。类似于木桶原理，一个系统的短板往往是进化最落后的子系统，通过找出短板子系统，就可以实现技术系统的改进目的。

8）向微观级进化法则

技术系统及其子系统的尺寸大小也是一个可以改进的地方。技术系统或者其子系统一般是向着尺寸减小的方向进化。

9）向超系统进化法则

如果将一个系统放到一个更高级的系统中（超系统）去思考，可以得到很多意外的惊喜，这是向超系统进化法则。法则有两层含义，一种是当前技术系统要有效地整合超系统的资源，比如车载收音机，其电源可以使用自带电池，但更好的办法是利用车里的能源系统；另外一种是融合到超系统中，比如收音机的一个超系统，人在驾车中听收音机，收音机融合到超系统中，就成了车载收音机。这种进化法则不仅适用于制造加工，也同样适用于软件，通过不断地功能融合以达到创新的目的，Google 的眼镜、苹果的手表就是这种进化的典型。

2. 资源分析

资源是指系统及其环境中的各种要素，能反映诸如系统作用、功能、组分、组分间的联系结构、信息能量流、物质、形态、空间分布、功能的时间参数、效能以及其他有关功能质量的个别参数。从技术创新的角度讲：资源是可获得的，但是又是闲置的，通常是不可见的物质、能量、性能等在系统中能够用来解决问题的东西。

资源分析就是要寻找并确定各种资源，使这些资源与系统中的元件组合来改善系统的性能，生成通往最终理想解的定向转换。

1）资源的分类

按自然、空间、时间、系统、物质、能量、信息和功能等，将资源分为七类：物质资源、能量/场资源、信息资源、空间资源、时间资源、功能资源、系统资源，见表 3-4。

表 3-4　资源分类

序号	类型	意义
1	物质资源	任何用于有用功能的物质
2	能量/场资源	系统自身存在的或能够产生的场或能量流
3	信息资源	系统自身存在的或能够产生的信号
4	空间资源	位置、次序、系统本身及其超系统
5	时间资源	系统启动前、工作后，两个循环之间的时间
6	功能资源	系统或环境能够实现辅助功能的资源
7	系统资源	当改变子系统之间的连接、超系统引进新的独立技术时，所获得的有用功能或新技术

2）资源的利用

设计过程中所用到的资源不一定明显，需要认真挖掘才能成为有用资源。下面是一些资源利用的通用建议：

（1）将所有的资源首先集中于最重要的动作或子系统；

（2）合理地、有效地利用资源，避免资源损失、浪费等；

（3）将资源集中到特定的空间与时间；

（4）利用其他过程中损失的或浪费的资源；

（5）与其他子系统分享有用资源，动态地调节这些子系统；

（6）根据子系统隐含的功能，利用其他资源；

（7）对其他资源进行变换，使其成为有用资源。

3）资源寻找路径

为了便于寻找和利用资源，可以利用资源寻找路径，如图 3-6 所示。

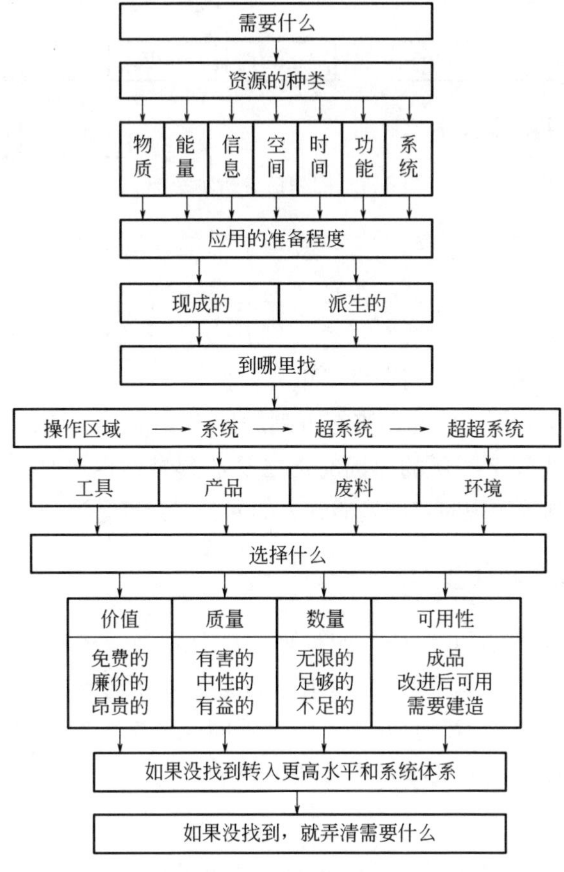

图 3-6　寻找资源路径

3. 因果链分析

因果链分析是一种识别解析工程系统关键原因的分析手段，与其他工具相比，重点是在操作区域、系统内分析问题的原因，具有很强的实用性，多数情况下一般不分析制度、人、环境等超系统因素。应用因果链分析主要目的：一是通过分析，寻找问题产生的关键原因；二是为解决问题寻找入手点。

因果链分析是通过分析造成问题的原因，对原因进行层层分析并构建因果链条，指出事件发生的原因和导致结果的分析方法，通常由若干条链条组成，如图 3-7 所示。

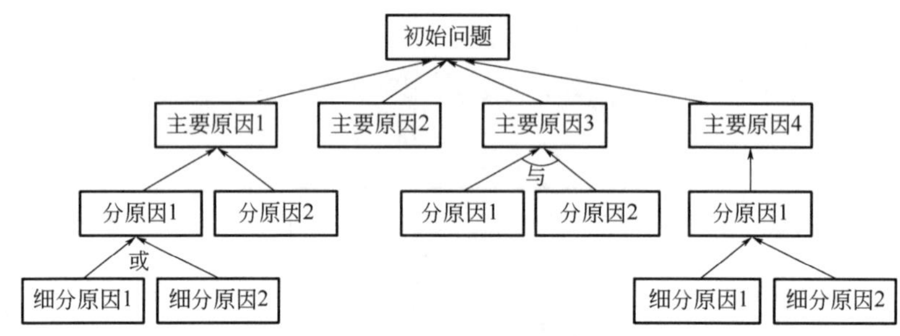

图 3-7　因果链分析示意图

在分析实际项目的过程中，一般一个结果是由多个原因造成的，这些同级别原因有不同的关系：一类是“与”关系，即几个原因同时存在，才会导致结果；另一类为“或”关系，即几个原因只要有一个存在，就会导致结果。这为识别关键原因提供了重要依据。

在一层一层分析原因时，当有下列原因出现时，不需要继续向下寻找：一是不能继续找到下一层的原因时；二是达到自然现象时；三是当达到制度、法规、权利等极限时；四是遇到人的问题时；五是遇到过大的成本时。

(三) 问题解决工具

TRIZ 的问题模型可划分为四种形式，分别为：技术矛盾、物理矛盾、物—场问题、知识使能问题。对于遇到的技术难题，应灵活应用不同的方法，得到不同的备选方案，然后从中选择最好的解决方案。下面介绍技术矛盾和物理矛盾问题模型。

1. 技术矛盾

TRIZ 理论认为，发明问题的核心是解决矛盾，产品或系统的进化过程

就是不断解决产品所存在的矛盾的过程。设计人员在设计过程中不断地发现矛盾并解决矛盾，是推动系统向理想化方向进化的动力。

1）技术矛盾定义

技术矛盾是系统中两个参数间的矛盾。如果改善一个参数，会引起另一个参数的恶化。例如，对于一个测量系统，我们希望这个测量系统的精度高以减小测量误差，可精度高则要花费更多的时间以及更复杂的流程来制造它。这里，改善的参数是测量系统的精度，恶化的参数是制造该系统所需的时间及流程复杂性。

2）技术矛盾解决

技术矛盾解决问题模型分为五个步骤。

第一步：定义技术矛盾；

第二步：确定技术参数；

第三步：查找矛盾矩阵表；

第四步：分析发明原理；

第五步：应用发明原理。

技术矛盾解题流程如图 3-8 所示。

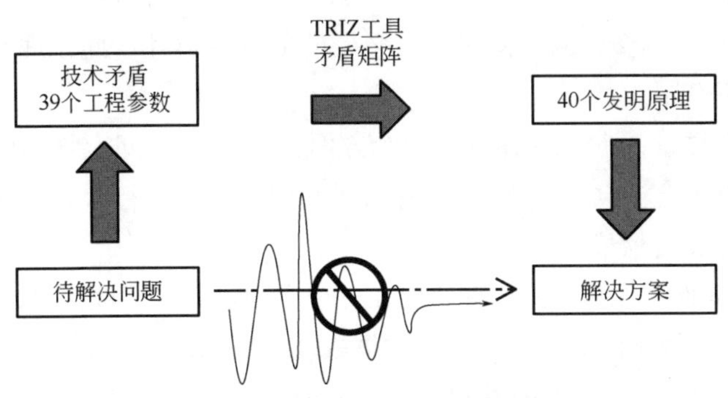

图 3-8　TRIZ 技术矛盾解题模型

3）技术矛盾应用实例——薄板玻璃的加工

问题描述：某企业需要生产大量的各种形状的玻璃板。首先，工人们将玻璃板切成长方形，然后根据客户要求加工成一定的形状。然而，在加工过程中容易出现玻璃破碎现象，因为薄板玻璃受力时很容易断裂，而且玻璃的厚度是客户订单上要求的，不能更改。如何来解决这个难题呢？

第一步：定义技术矛盾。现在存在的问题是薄板玻璃在加工过程中受力的作用，当力超过薄板玻璃承受极限时玻璃发生破碎，这是欲改善的特性。为了避免发生玻璃破碎的现象，工人们在加工过程中必须非常小心。因此，在薄板玻璃加工过程中，对加工操作就要进行严格的控制，保证玻璃受力不超过极限，这是被恶化的特性。

第二步：确定技术参数。对应到 39 个通用工程参数（附录 2），选择“32 制造力”作为改善的参数。选择“33 易用性”作为被恶化的参数。

第三步：查找矛盾矩阵表，见表 3-5。

表 3-5　查找矛盾矩阵表结果

恶化的参数 / 改善的参数		33
		易用性
32	制造力	2,5,13,16

从矛盾矩阵表（附录 4）中查找 32 和 33 对应的方格，得到方格中推荐的发明原理序号共 4 个，分别是 2，5，13，16。与发明原理序号（附录 3）对应，得到这 4 条发明原理依次是：2-抽取原理、5-组合原理、13-反向作用原理、16-未达到或过度的作用原理。

第四步：发明原理的分析。

2-抽取原理。此原理体现在两个方面：(1) 从物体中抽出产生负影响的部分或属性；(2) 从物体中抽出必要的部分或属性。此原理对问题的彻底解决贡献有限。

5-组合原理。此原理体现在两个方面：(1) 在空间上将相同物体或相关操作加以组合；(2) 在时间上将相同或相关操作进行合并。此原理对问题的彻底解决贡献最大。

13-反向作用原理。此原理体现在三个方面：(1) 用相反的动作，代替问题定义中所规定的动作；(2) 让物体或环境，可动部分不动，不动部分可动；(3) 将物体上下颠倒或内外翻转。此原理对问题的彻底解决贡献有限。

16-未达到或过度的作用原理。此原理主要体现在如果所期望的效果难以百分之百实现，稍微超过或稍微小于期望效果，会使问题大大简化。此原理对问题的彻底解决贡献有限。

第五步：发明原理应用。

综合以上四条发明原理的分析，5-组合原理是最具有价值的发明原理。

解决方案：将多层薄板玻璃叠放在一起，从而形成一叠玻璃，而且事先在每层玻璃面上洒一层水或涂一层油，以保证堆叠后的玻璃间可以形成相当强的黏附力。一叠玻璃的强度会远大于单层玻璃的强度，在加工中就可以承受较大力的作用，从而改善了薄板玻璃的可制造性。当加工完成后，再分开每层玻璃，从而获得了客户要求的产品。

2. 物理矛盾

1）物理矛盾定义

物理矛盾与技术矛盾不同，在技术系统中某个特征或参数提出相反的要求，是一种“自相矛盾”的矛盾，即同一参数内的矛盾。例如，过滤网孔眼应该尽量小，满足过滤效果好的要求；孔眼又应该大，满足防止堵塞以及便于清理的要求。常见的物理矛盾见表3–6。

知识拓展

表3–6　常见的物理矛盾类型

类别	物理矛盾			
几何类	长与短 圆与非圆	对称与非对称 锋利与钝	平行与交叉 窄与宽	厚与薄 水平与垂直
材料及能量类	多与少 时间长与短	密度大与小 黏度高与低	导热率高与低 功率大与小	温度高与低 摩擦系数大与小
功能类	喷射与堵塞 运动与静止	推与拉 强与弱	冷与热 软与硬	快与慢 成本高与低

2）物理矛盾解决

物理矛盾解决问题模型分为三个步骤。

第一步：定义物理矛盾；

第二步：分析分离原理；

第三步：应用分离原理。

物理矛盾解题流程如图3–9所示。

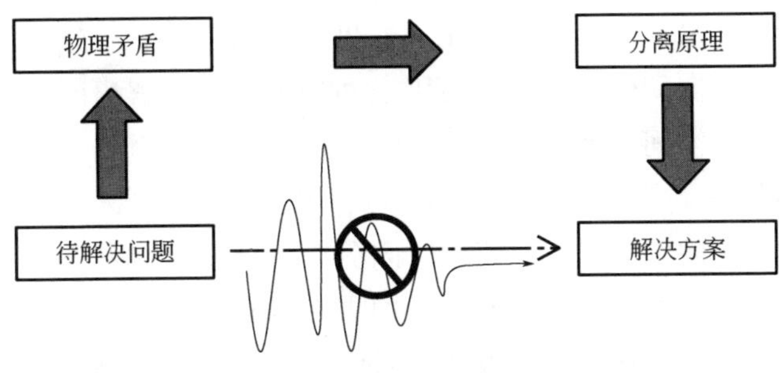

图3–9　物理矛盾解题模型

3）物理矛盾应用实例——提高测井仪井下偏心器的可靠性

成果研制人：中国石油集团测井有限公司技术中心侯学理。

问题描述：面对日益复杂的测井评价需求，贴井壁型测井仪（图 3-10）应用广泛。为了达到仪器井眼偏心测量的效果，井下偏心器成为必不可少的关键部件。测井仪偏心器主要利用弹簧弓在井内压缩形变持续产生的内应力，从而转换成垂直于井轴方向的侧向力，达到挤出探头与地层间泥浆液、直接探测地层的目的。

图 3-10 贴井壁型测井仪

存在的主要问题：偏心器在 6~8. 5in 井径条件下对测井仪提供的推靠力过大，造成仪器遇阻、遇卡的施工风险概率增加。

第一步：定义物理矛盾。

弹簧推力应该大，以满足仪器紧贴井壁要求；弹簧推力又应该小，以满足降低仪器遇阻、遇卡要求。

第二步：分析分离原理。

TRIZ 理论按照空间、时间、条件、系统级别，将分离原理概括为空间分离、时间分离、基于条件分离、整体与部分分离四个。

（1）空间分离是将矛盾双方在不同的空间上分离开来，以获得问题的解决或降低解决问题的难度。使用空间分离前，先确定矛盾的需求在整个空间中是否都在沿着某个方向变化。如果在空间中的某一处，矛盾的一方可以不按一个方向变化，则可以使用空间分离原理来解决问题，即当系统矛盾双方在某一空间出现一方时，空间分离是可能的。

（2）时间分离是将矛盾双方在不同的时间段分离开来，以获得问题的解决或降低解决问题的难度。使用时间分离前，先确定矛盾的需求在整个时间段上是否都沿着某个方向变化。如果在时间段的某一段，矛盾的一方可以不按一个方向变化，则可以使用时间分离原理来解决问题，即当系统矛盾双方在某时间段中只出现一方时，时间分离是可能的。

（3）基于条件分离是将矛盾双方在不同的条件下分离，以获得问题的解决或降低解决问题的难度。基于条件分离前，先确定矛盾的需求在各种条件下是否都沿着某个方向变化。如果在条件下，矛盾的一方可以不按一个方向变化，则可以使用基于条件分离原理来解决问题，即当系统矛盾双方在某一条件只出现一方时，基于条件分离是可能的。

（4）整体与部分分离是将矛盾双方在不同的系统级别分离开来，以获得问题的解决或降低解决问题的难度。当系统或关键子系统的矛盾双方在子系统、系统、超系统级别内只出现一方时，整体与部分分离是可能的。

第三步：应用分离原理。

（1）空间分离原理。经过分析，发现在弹簧压力大的时候，发生遇阻、遇卡的原因是弹簧弓的外凸形结构造成的，因此假设将这种外形结构与垮塌的井壁空间分离开来，则可以有效解决这个问题。拟采用一定软度的橡胶把弹簧弓实心包裹，避免了弧形的弹簧弓接触到凹形的井壁，原理如图 3-11 所示。

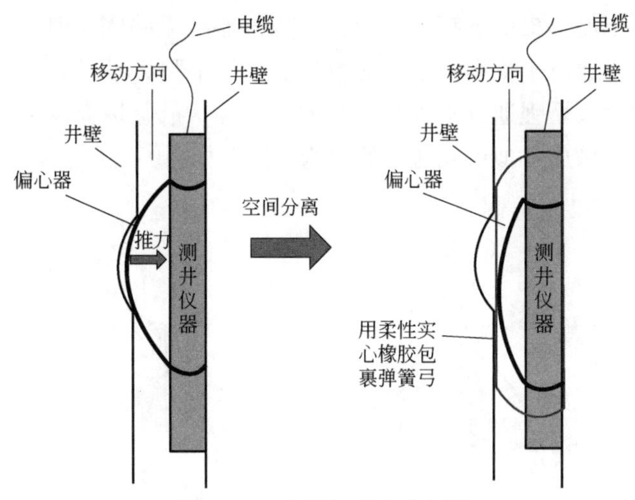

图 3-11　空间分离原理应用

（2）时间分离原理。由于仪器在下放的时候不需要推靠井壁，且仪器在上提的过程中，只有在仪器遇阻、遇卡时，即受到井壁对偏心器施加较大的剪切力时，才需要减小推力。因此，拟采用一种柔性钢丝，用于改变弹簧弓的外形，只有在仪器下放和遇阻、遇卡时对弹簧产生额外的拉力，改变弹簧的张开度，达到快速下放或解卡的目的。当仪器正常上提测井时，可以监控地面拉力值，若没有明显增大，则使钢丝处于自由状态，原理如图 3-12 所示。

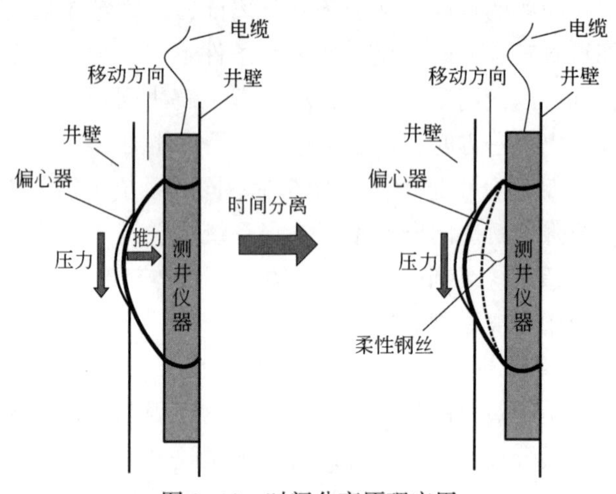

图 3-12　时间分离原理应用

（3）基于条件分离原理。由于偏心器弹簧弓是一种纯刚性结构，在这种结构条件下能够提供足够大的推力实现仪器贴靠井壁。但是，刚性的结构使得弹簧弓通过不规则井壁的能力降低。如果弹簧弓具有一定的柔性外形，则可以大大增强通过不规则井壁的适应性。借鉴坦克履带的特性，可以将弹簧钢板做成类似坦克履带的结构，原理如图 3-13 所示。

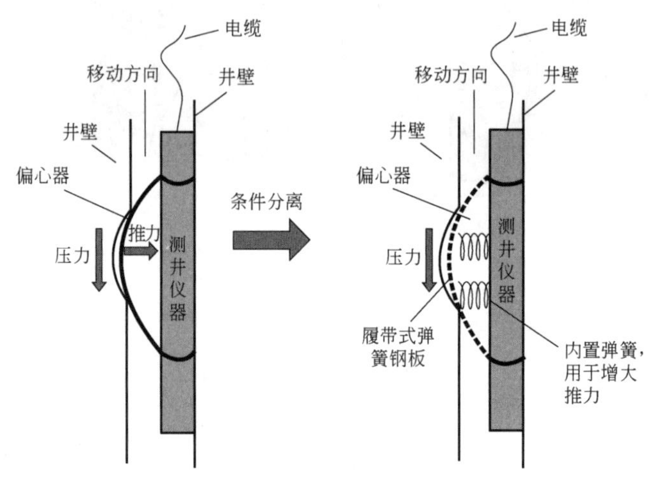

图 3-13　条件分离原理应用

（4）整体与部分（系统级别）分离原理。如果把偏心器系统想象成为超系统仪器的一部分，即偏心器具有和仪器一样的长度，则带来的优势是偏心器弹簧弓的跨度大大加长，这有利于降低仪器遇阻、遇卡的风险，不足之处是降低了仪器的推力，但是可以在弹簧弓内部增加弹力环用于提升推力，原理如图 3-14 所示。

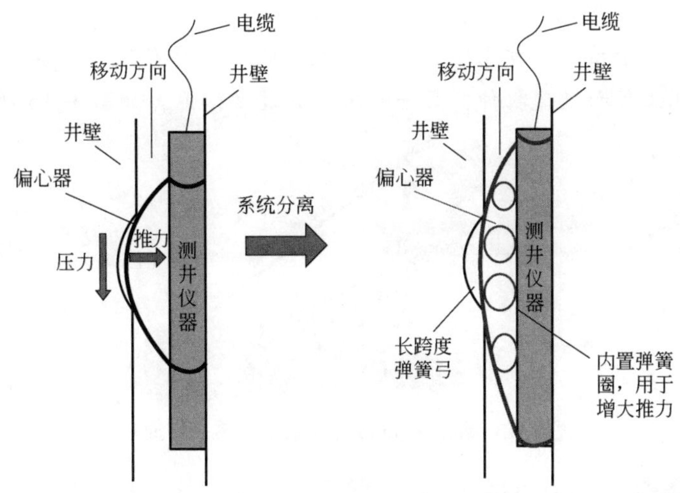

图 3-14　系统级别分离原理应用

三、TRIZ 理论应用实例

案例

降低抽油机皮带损耗的研究

成果研制人：大庆油田有限责任公司　赵　爽　胡延军　邢书龙

一、项目情况介绍

游梁式抽油机是油田主要的采油设备，有着不可替代的重要作用。抽油机皮带系统作为抽油机唯一的传力机构，经常出现磨损断裂、打滑空转等问题，造成抽油机停止运行，直接影响原油的开采生产。抽油机皮带为大庆油田主要耗材之一，年消耗 2.16 亿元左右，是石油开采过程中重要的成本因素之一。

二、项目来源及问题分析求解

（一）问题描述

抽油机皮带存在如下主要问题：

(1) 皮带磨损严重;

(2) 皮带打滑或断裂;

(3) 移动电动机后产生的后续问题。

通过皮带系统工作原理可知，其主、从动轮存在较大速度差，进而造成一侧工作面过度拉伸，另一侧工作面过度松弛，如图 3-15 所示。

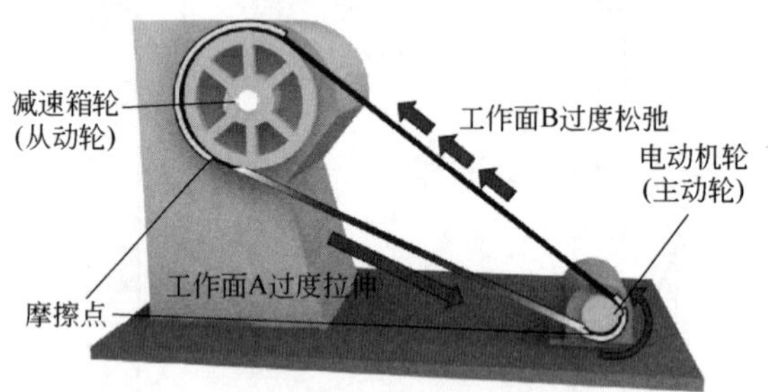

图 3-15　抽油机皮带传动系统简易工作原理

(二) 问题初步分析

通过检索专利库，发现没有直接解决此问题的有效方案。通过最终理想解，设定研究目标为“皮带自己提高能效”。因此进行九屏幕分析，确定当前系统为“抽油机皮带传动系统”。深入分析后获取了基于九屏幕的资源列表，找到可用资源 105 项。依据以上资源，确定当前技术系统的组成列表，通过相互作用列表，形成功能清单，通过功能清单确定需要改善的功能为“电动机轮和减速箱轮对皮带的张紧力的影响问题”。通过功能模型分析发现在电动机轮和减速箱轮对皮带张紧力不足的同时，存在超系统中的雨、雪、温变对当前作用对象存在有害作用。针对功能分析结果进行因果链分析，确定主要原因为:

(1) 电动机启动过程转速高。

(2) 减速箱重量大无动力输出。

(3) 抽油机皮带不具备调节功能。

因此形成了三个方向的解决方案，通过雷达图分析确定其中“辅助轮上顶式支撑结构”为实施方案。

(三) 问题解决工具的选取与分析

应用 TRIZ 理论深入理解本课题内涵，在实施方案满足基本功能需求的前提下，应用系统完备性法则，深入完善系统（实施方案）存在的功能不足与缺陷，建立系统基本要素模型，深入挖掘方案完整度空间。争取实现在不改变抽油机自身结构的基础上，提升生产时率，实现抽油机机采系统的“技术进化”；为此我们对当前成果进行了组件功能等级划分和过程功能分类；明确研究方向及研究重点。

（四）技术方法及评价

抽油机皮带传动系统增加支撑点后，存在能耗较大问题。为了有效提高其生产功能，以功能分析为基础，进行了技术矛盾分析，确定矛盾对后，通过矩阵列表，查找 39 个工程参数，获取了四个发明原理的启示，形成了三个解决方案。

根据因果链分析发现的主因，针对启动时支撑杆受力较大问题进行了物理矛盾分析，以达到完善支撑功能的目标，在确定物理矛盾参数为支撑力强弱问题后，结合资源分析运用四大分离原理进行解题，最终确定弹簧支撑结构方案，同时适用于四大分离原理的实用方案。

通过物—场模型分析完善运输功能问题，解决停机后安全检修问题，应用“破坏物—场模型标准解 S1. 2. 1”形成皮带安全卡具方案。为了获取完整度更高的解决方案，我们补充了方案的测量功能，解决皮带轮张紧力调节及耗电量问题，通过标准解“检测测量标准解 S4. 2. 1”形成三个方案，通过 IFR 分析，确定将电子压力传感装置的显示数值抽取为“刻度标尺”，利用系统自身资源解决问题，形成可实施方案十七。继续深入挖掘方案提升空间，通过人机工程学分析，解决扳手调节困难的问题，同时完善校正功能。通过“建立物—场模型标准解 S1. 1. 1”形成两个可实施解决方案。

（五）最终方案遴选及分析结论

最终本课题获取解决方案 19 项，其中可行性方案 7 项，专利预案 6 项，发明专利 6 项，实际应用方案 7 项。其中：磁感轮、反向皮带、穿孔皮带、分组皮带、莫比乌斯环皮带、热膨胀皮带为发明专利预案。

三、预期成果及应用

本课题成果 2017 年荣获中国企业创新方法大赛二等奖，2017 年荣获中国石油天然气集团有限公司一线创新成果三等奖，2017 年收录中国石油天然气集团有限公司《一线创新成果案例集》，2016 年荣获大庆油田重大技术革新一等奖，2015 年荣获大庆油田有限责任公司第六采油厂革新成果一等奖。本课题是实现更换皮带时避免调节电动机位置、雨雪天气自适应补充皮带弹性应力、安全检修防溜车、电动机功耗测算、避免四点一线校准工序、有效延长皮带使用寿命于一体的功能俱全、完整度高、实用性强的优秀成果。成果应用后抽油机皮带使用寿命由2个月提升至4个月，年皮带用量从每年6条降低至每年3条，单井年创效1800元。在油田全面推广将产生每年1.08亿元的巨大效益，产生的经济效益和社会效益突出。本成果成本低、便于制造、便于安装应用，在不增加新型机采设备的前提下，以最低的投资成本获取最有效的创效效益，极大地发挥了游梁式抽油机创效潜力，对石油行业具有深远影响。详细解题流程见附录1。

提高高压油水井带压开孔装置的安全性

成果研制人：吉林油田分公司　王瑞东　陆　辉　李　肃

一、问题背景

国内油田开采过程中存在大批探评井、报废封井。由于原封井帽子无法直接打开，造成录取井筒内压力、捞油施工、再恢复利用等工作无法进行，且存在较大的安全隐患。由于井筒内压力不明，所以带压开孔工作对于耐压装置的要求十分苛刻，带压开孔装置要求必须满足相当高的承压压力，以保证安全生产。目前，国内陆上油田存在上述施工要求的井况大致2万口。

二、问题分析

油水井由于生产原因进行封井，目前封井采用2种封井帽子：一种是带有泄压开关的新式封井帽子，由专用工具打开；另一种无泄压开关的封井帽子，即为本项目攻关难点。由于井内封存高压油气，影响常规施工作业，盲目打开封井帽子易造成人员伤亡和环境污染事故。

三、问题探究

目前采用的带压开孔装置主要由电力或液压驱动。由于国内油田的大部分工程或地质封井分布点散面广，不具有提供动力源的能力。要实现将井内封存的压力有控制的录取与外排，是解决问题的难点。

四、解决方案及成果

创新结构原理及特点：

(1) 利用采油井口密封器原理，制作高压密封舱；

(2) 利用钻床原理，制作开孔钻头及连接器；

(3) 利用电动机顶丝原理，制作径向动力装置；

(4) 利用水力传压原理，保证安全环保操作。

本装置依据TRIZ理论设计，通过技术矛盾的分析与解决，逐步优化方案设计，形成独特的专利技术工具和产品。

本装置全部采用采油厂生产废旧物资组装而成，制作成本仅需200元/套。采用清蜡阀门作为一级防喷保护装置，胶皮密封填料作为二级防喷保护装置，且地面试压最高达20MPa，现场钻穿7.72mm套管，时间为10min，且本装置体积小，可现场组装，二人即可完成操作。投入生产6个月内进行高压带压开孔操作18口，节省外委施工费用17万元，实现捞油增产80t，创效近24万元，推广前景广阔，按国内油田工作需求上看，可创造近亿元的经济效益。

高含水条件下的抽油机井口填料密封问题的解决

成果研制人：大庆油田有限责任公司　汤　凯　杨海波　牛文娟

一、问题的背景

抽油机是石油石化行业主要地面采出设备，地面密封部位在井口位置，通过在填料函加入填料和光杆形成有效密封，更换密封填料是采油工的日常工作。现在行业中常用密封填料材质采用整体式橡胶或衍生物。大庆油田主要区块目前进入中后期开发，采出液含水超过95%，三元复合驱开采后介质呈现一定碱性，密封填料消耗增大，介质严重泄漏，密封填料更换周期已经少于7天，只能依靠加大人工维护解决，用工压力、环保压力巨大。目前行业中采取一些措施解决该问题，但从成本、设备、工艺、技术等方面均不完全适用于当前问题系统。

因此对新系统提出要求：

(1) 消除井口明显的泄漏情况，减轻环保压力；

（2）密封填料更换周期恢复到正常水平，减轻生产管理难度；

（3）要控制成本。

二、问题的分析

首先通过因果链分析挖掘隐藏于初始问题背后的各种缺点，提出初步解决方案1~7，其中四项具备实施可行性，列入下步研发。分析系统组件和超系统组件的构成，通过绘制功能模型图可知，在超系统采出液条件不变下，密封填料磨损加大，与光杆的间隙变大导致采出液泄漏，从而导致恶性循环。关键问题的确认，并导出功能缺陷列表，除1项权限问题，将其余7项关键问题列为重点解决方向。

运用ARIZ-85C算法解决问题，首先做技术矛盾分析，确定改善和恶化的参数，得出四条发明原理，例如获得预先作用原理，增强填料易磨损区域的耐磨特性；相变原理，改善材料性能等；通过物—场模型获得推进方案，在S1和S2之间引入固体润滑材料S3来消除有害作用，或在S2加入S3修补剂来修复S2的不足与损伤；再对问题模型进行分析，确定攻关区域，问题出在填料—光杆—采出液之间，而时间发生在填料与光杆发生磨损后，获得方案是对密封填料盒内部增加弹簧蓄能机构，延长填料被加压的时间；确定当前系统物质与场资源，引入*X*因子措施，提出可实施方案18~28；运用标准解，寻找冲突区可用资源，利用分离原理解决矛盾，提出可实施方案29~33；建立小人法模型，得到方案34，在常规橡胶填料中引入吸水树脂材料，改善填料性能；利用物质+物质的组合资源形成解决方案，提出可实施方案35~39；利用空间或空间+物质的组合资源形成解决方案，提出方案40~42；利用派生资源形成解决方案43；应用电场形成解决方案44；运用TRIZ知识库，获取概念“密封与磨损”，组成效应链。查找功能代码表，查找效应，将所有列举效应进行比对分析，获得可实施方案45~58。

三、问题探究

团队创建基于STC算子的方案评估方法，方案分别按照空间、时间和成本三个方面的参数进行相对值量化，对比各解决方案的差异，确定最接近要求的理想方案如图3-16所示。通过STC评估，对符合要求的方案优化整合成合成材料方案59，该方案最大的特点是将有害资源（水）转化为廉价的有益的资源，补充填料磨损，实现以水堵水，达到

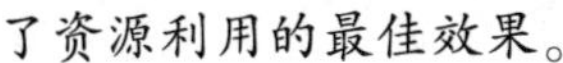
了资源利用的最佳效果。

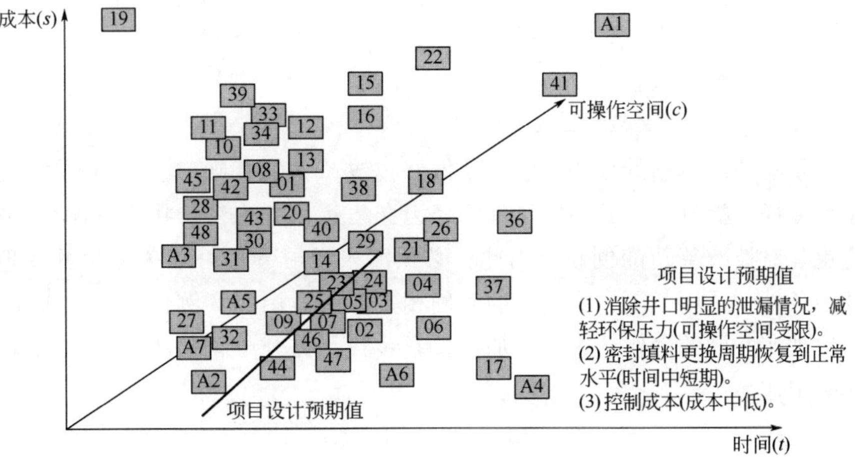

图 3-16　基于 STC 算子的方案评估态势图

对选定的方案研发需求，运用 SOOPAT 实施专利检索分析，通过高效提炼信息综合分析，新的密封填料材料设定应为“吸水树脂+混合共聚物+颗粒状橡胶填料”构成的复合体。本项目的研发实质是梳理了井口全系统 9 大密封问题及对策之一，该研发过程，现已经提交国家发明专利申请 5 项，实现初步专利布局。方案后期实施过程问题，填料出现强度不足、吸水差等问题，通过引用物场分析模型均获得有效解决。

四、解决方案及成果

本项目遵循 ARIZ-85C 算法分析流程，对技术矛盾进行分析整理，应用标准解、物场分析、资源分析、小人法以及各种组合资源方式形成系列解决问题方案 59 个，初步专利预案 44 项，所有方案基本满足解题要求。基于方案 59 研发的系列复合密封填料技术在大庆油田××三元复合驱块完成实验性应用 2300 余井次，取得颠覆性的试验效果，密封填料更换周期延长 6~15 倍，基本解决了现有密封填料体系各类通病，并解决了行业老大难环保问题。以此技术为基础而组建了密封填料专业化维护班组，改变传统作业模式，每年减少人工费支出 700 余万元，增产创效超过 3000 万元以上，为企业节约了大量人工和材料成本。项目中获得的系列方案也受到业界同行的重视，高效的密封填料拆装工具、泄漏采出液回收装置、光杆金属损伤修补、光杆化学封闭保护等多项技术已在多个油田得到不同的方案应用。研发过程提出的往复式机械密封、电磁密封填料盒、电动密封填料盒等方案现已与国内大学院校开展合作研发，应用前景广阔。

了解技改革新的攻关方法，是做好技改革新的基础。解决问题的方法多种多样，提升工作的手段措施千条万条，运用好方法、找到好途径，本身也是对技改革新的创新。因此，必须深入学习领会好攻关方法的原理、使用条件、适用范围，更清晰的明确相关方法适用的实例，融会贯通成为解决现实问题的最优选途径，加快革新步伐，提升革新层次，更好的服务实际工作。

第二节　技改革新其他常用方法

在众多技改革新方法中，选取使用频率较高的非逻辑型方法，包括头脑风暴法、逆向构思法、灵感启示法等，以及易于掌握、易于传播、易于普及的设问型技法，如奥斯本检核表法、和田十二法等，进行简要介绍。

一、非逻辑型创新方法

非逻辑型创新方法主要特性是无序的、发散的，常用的主要包括头脑风暴法、逆向构思法、灵感启示法。

（一）头脑风暴法

头脑风暴法是指一群人开动脑筋、创造性地思考与联想，并各抒己见，在短暂的时间内产生大量创造性设想。其要义是信息互补、联想反应，无拘无束、热情感染，竞争激励、活跃思维。

头脑风暴法一般适合解决相对简单的问题。应用头脑风暴法的原则是：

（1）自由畅想原则。参与人员敞开思想，不受任何束缚，多种角度去考虑问题，独立思考，畅所欲言，敢于提出似乎荒唐可笑的看法，抛开任何清规戒律，想到就说。

（2）延迟批评原则。讨论中对任何人的发言不加评论。

（3）以量求质原则。设想要求多多益善，尽可能地多收集畅想方案。每 100 个设想中，总有可取的；每 1000 个设想中，总有优秀的；每 10000 个设想中，总有非凡的、杰出的、伟大的。

（4）综合改善原则。通过对讨论收集的众多设想进行分析、综合和改善，获得有价值的方案。

（二）逆向构思法

逆向构思法顾名思义就是对司空见惯的似乎已成定论的事物或观点反过来构思的一种创新方法。敢于“反其道而思之”，从问题的相反面深入地进行探索，寻找问题的解决方法，可以从事物的功能、结构和因果关系这三个方面作反向思维。

解决问题时，我们习惯于沿着事物发展的正方向去思考问题并寻求解决办法，其实，对于某些问题，从结论往回推，倒过来思考，从求解回到已知条件，反过去想常常会取得意想不到的效果。

（三）灵感启示法

灵感启示法是最直观的解决问题的方法之一，顾名思义就是由周围环境中的事物、现象引发产生的灵感、创意的过程。对于要解决的问题，可以借助周围环境或把和其形似的、相连的、相对的、相关的或某一点上有相通之处的事物加以借鉴引用。

二、设问型技法

发现问题与提出问题等于成功了一半。巧妙的设问可以启发想象、开阔思路、引导创新。设问型技法实际上就是针对所关注的对象，提供一份能突出重点、抓住关键、引导思考的提纲，按此逐项对照着去思索，摆脱主观的局限和习惯性思维束缚，从各个角度较为系统、周密地进行思考，有效探求较好的创新方案。

（一）奥斯本检核表法

检核表法是设问型技法的一种，是用一张一览表对需要解决的问题逐级校核，从不同角度诱发创造性设想。检核表法思想提出比较早，创造学家创造出多种各具特色的检核表法，其中最著名的就是奥斯本检核表法。奥斯本检核表法将问题列成一张检核表，将创造性课题与表中问题逐一对照，启发思考，对产生的想法分析比较，选出有价值的设想，检核表见表3-7。

表3-7　奥斯本检核表

序号	角度	检核问题
1	能否他用	现有的事物，包括材料、方法、原理等还有没有其他的用途，或者能否稍加改造扩大它们的用途
2	能否借用	现有的事物能否借鉴移植别的思路与技术，能否模仿别的事物，怎么模仿；现有的发明创新能否引入其他方面的创新成果
3	能否改变	现有的事物能否做适当的变化，如改变颜色、味道、声响、形状、型号等
4	能否扩大	现有的事物能否扩大，增加一些东西，延长时间、长度，增加寿命、价值、强度、速度、数量等
5	能否缩小	现有的事物能否缩小，取消某些东西，使之变小、变薄、减轻、压缩、分开、流线化等
6	能否替代	现有的事物有无代用品，以其他原理、能源、材料、元件、工艺、动力、方法、符号、声音等来代替
7	能否调整	现有的事物能否做适当调整，如改变布局、改变型号、调整计划、调整顺序等
8	能否颠倒	现有的事物能否从相反的角度重新考虑，能否正反颠倒、上下颠倒、主次颠倒、位置颠倒、作用颠倒等
9	能否组合	现有的事物能否加以适当组合，如原理组合、方案组合、材料组合、部件组合、形状组合、功能组合、目的组合等

（二）和田十二法

和田十二法是由我国学者许立言、张福奎借用奥斯本检核表法的基本原理总结而成的一种创新技法，又称聪明十二法。

（1）加一加：可以在这件东西上添加些什么吗？需要加上更多时间或次数吗？把它加高一些、加厚一些行不行？把这样东西与其他东西组合在一起会有什么结果？

（2）减一减：可以在这件东西上减去些什么吗？可以减少时间或次数吗？把它降低些、减轻些行不行？可以省略、取消什么吗？

（3）扩一扩：使这件东西放大、扩展会怎么样？

（4）缩一缩：使这件东西压缩、缩小会怎么样？

（5）变一变：改变一下形状、颜色、音响、味道、气味会怎么样？改变一下次序会怎么样?

（6）改一改：这件东西还存在什么缺点，还有什么不足之处需要加以改进？它在使用时是否给人带来不便和麻烦，有解决这些问题的办法吗？

（7）联一联：某个事物、某件东西或事情的结果跟它的起因有什么联系？能从中找到解决问题的办法吗？把某些东西或事情联系起来，能帮助我们达到什么目的吗？

（8）学一学：有什么事物可以让自己模仿、学习一下吗？模仿它的形状、结构会有什么结果？学习它的原理、技术又会有什么结果？

（9）代一代：有什么东西能代替另一样东西？如果用别的材料、零件、方法代替另一种材料、零件、方法行不行？

（10）搬一搬：把这件东西搬到别的地方，还有别的用处吗？这个想法、道理、技术搬到别的地方也能用得上吗？

（11）反一反：如果把一件东西或一个事物的正反、上下、左右、前后、横竖、里外颠倒一下会有什么结果？

（12）定一定：为了解决某个问题或改进某件东西，为了提高学习、工作效率和防止可能发生的事故或疏漏，需要规定些什么吗？

第三节　技改革新其他常用方法应用案例

每一个理论或实践的研究都离不开应用案例，技改革新更应该注重在生产中的实际应用。明确每种常用技改革新方法的应用领域、应用层次和实际效果，才能更好地在实际生产中使用，与此同时，更能促使技改革新水平不断提升。

一、头脑风暴法应用案例解析

电线除冰问题破解

美国北方冬季寒冷，大雪积压在电线上，存在将电线压断的危险，如图 3-17 所示。电力部门紧急召开了智力激励会，会上各种意见层出不穷，有人提出了这样一条意见：“还不如带把大扫帚，坐直升机上去扫雪。”这句看似玩笑的话引起了一个工程师的注意，一种简单可行而

图 3-17　大雪积压电线

且高效的清雪方案产生：如果能在大雪过后，即刻派出直升机沿电线飞行，用螺旋桨产生的气流扇雪，就可以实现清雪功能，在该工程师提出上述创意后，又有人提出了如“扫雪飞机”“特种螺旋桨”之类的想法。智力激励会后，专家对各种方案进行了分析，最后确定采用扇雪的方案，一种专门清扫电线积雪的小型直升机诞生了。

案例点评：在解决电线除冰问题过程中，在“带着扫帚坐直升机扫雪”这个看似荒唐的想法上，小组成员互相启发，将更多的创新创意综合整理，进一步改善，从而形成了有价值的问题解决方案。

井下测试仪器清洗机的研制

成果研制人：大庆油田有限责任公司　路明亮

针对问题：注水井分层测试操作中，测试仪器在井内起下过程中，仪器表面会粘附大量油水混合物，影响测试的精准度。为保证测试准确度，需要对测试仪器进行清理，现场测试工人用擦布人工擦拭，不仅劳动强度增大，缝隙处还很难清理，如图 3-18 所示。为了解决这类问题，研制了井下测试仪器清洗机。

图 3-18　人工清理井下测试仪器

研发过程：为清洗仪器缝隙处的油污，班组成员想到的办法是将热水加压，将油污喷净，于是用锅炉车冲洗，可是冲洗出的油污造成了井场的二次污染，这种办法是行不通的。为保证测试精度，班组成员采用原始的笨方法，在现场将测试仪器零部件拆开，逐件擦拭，然后再逐件组装，不仅费时费力，拆卸和组装过程中，也对测试仪器造成了一定的损伤。

是否能找到一种简单快速清洗测试仪器的方法呢？面对问题，班组召开讨论会，会上有人开玩笑地说："仪器在井下能洗个热水澡就好了，出来就干净了。"这句看似玩笑的话使大家茅塞顿开，一种简单可行的"井下测试仪器清洗机"方案产生了，给仪器洗澡在井下不好实现，可以在地面实现。要想给测试仪器洗澡就要具备三方面条件：一是要有热水；二是要有冲洗室；三是污水要能回收。围绕如何给仪器洗澡，班组成员讨论出30多条方法，经过方案的完善，研制了井下测试仪器清洗机。

结构原理：井下测试仪器清洗机主要由水箱、喷淋冲洗室、过滤器、高温高压水泵、加热管、测温管、电器控制箱、放空阀门、推车架体总成组成，如图3-19所示。

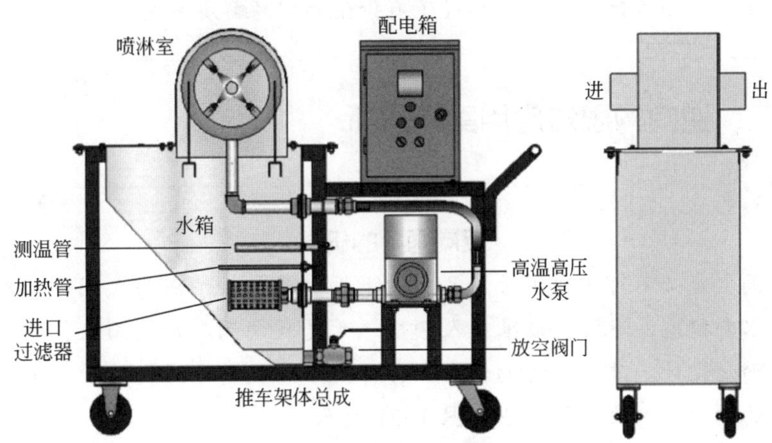

图3-19 井下测试仪器清洗机结构

使用时，将水箱注满水通电加热，水温设置在70~80℃，加热结束后启泵，热水通过过滤器进入水泵变成高压水，通过喷淋室的4个高压旋转喷头喷出，在仪器的进、出口有两组挡水毛刷防止水溅出。将准备清洗仪器的一端放入喷淋室的进口，随着仪器的不断顶入挡水毛刷被推开，高温高压水对仪器开始加温清洗，清洗干净的仪器在喷淋室的出口慢慢拉出，清洗工作结束，清洗出的杂质通过水箱的底部阀门排出，现场使用如图3-20所示。

图 3-20　井下测试仪器清洗机现场应用

应用范围：可在测试班组中推广使用，具有很大的经济效益和社会效益。

应用效果：井下测试仪器清洗机清洗一支仪器时间为 1min 左右，大大提高了工作效率，降低了岗位工人劳动强度，降低了仪器的损坏率，保证测试的精准度。

案例点评：在如何解决“清洗井下测试仪器”这个问题中，班组成员通过头脑风暴，各抒己见，在“给井下测试仪器洗澡”这个想法上，互相启发，将更多的创新创意综合整理，进一步改善，从而形成了有价值的问题解决方案。

二、逆向构思法应用案例解析

反向雨伞的研发

雨伞是必不可少的生活用品，但下雨时雨伞收纳成为大问题，伞面的雨水会把地面淋湿，让很多人烦恼。于是反向雨伞应运而生，它颠覆传统雨伞设计，改变传统雨伞向上撑开向下合拢的方式，把雨水节流在雨伞的内部，解决问题方法如图 3-21 所示。

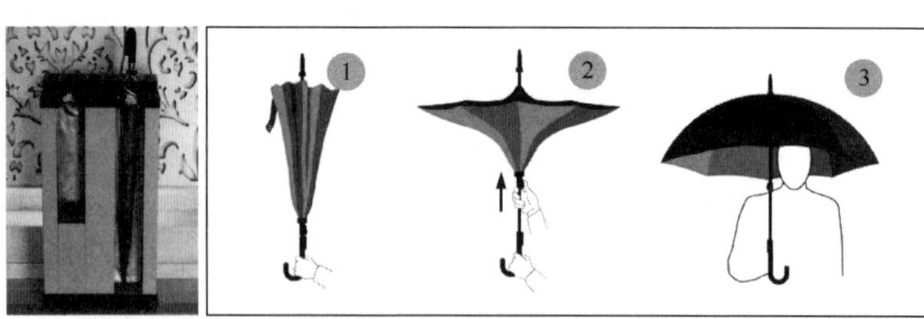

图 3-21　反向雨伞的研制方法

案例点评：反向雨伞的研发应用逆向构思法，改变了传统雨伞的打开方式，解决了雨水收纳的问题。

内喷提碗式钻杆滤清器的研制

成果研制人：大庆油田有限责任公司　刘　伟

针对问题：内喷提碗式钻杆滤清器作用是在钻进施工过程中，过滤钻井液中的杂质。目前使用中存在的问题是，钻井液流经钻杆滤清器后，改变了钻井液运动方向，造成钻杆母接头水眼内壁被刺伤如图3-22所示，增加了钻井生产成本。针对存在问题研制了内喷提碗式钻杆滤清器。

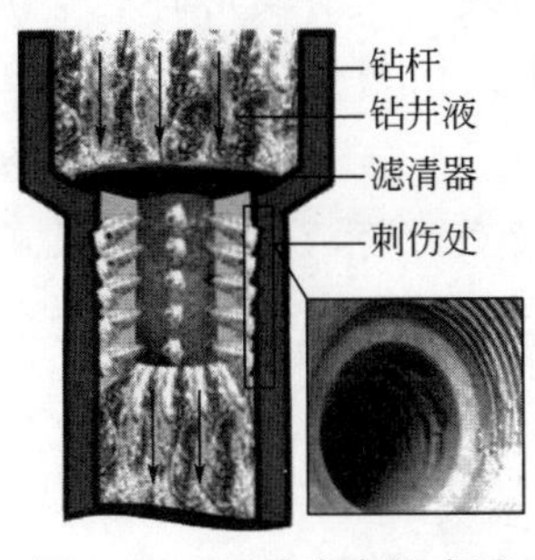

图3-22　母接头水眼内壁刺伤实物图

结构原理：内喷提碗式钻杆滤清器由内筒盖、内筒、托环组成如图3-23所示。工作时，钻井液按照内筒、托环孔眼作径向流动，即可以改变钻井液流动方向，又发挥过滤钻井液中固相颗粒作用如图3-24所示。可根据需要适当调整尺寸，满足不同尺寸钻具需要。

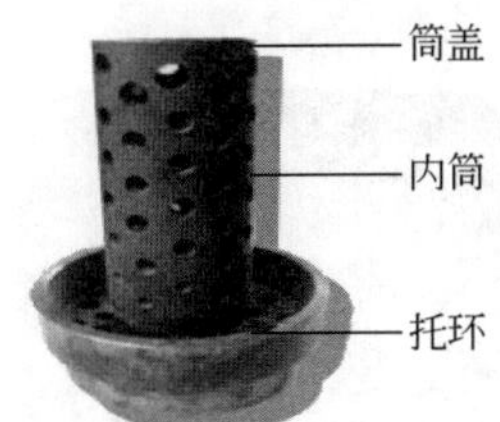

图3-23　内喷提碗式钻杆滤清器工作原理

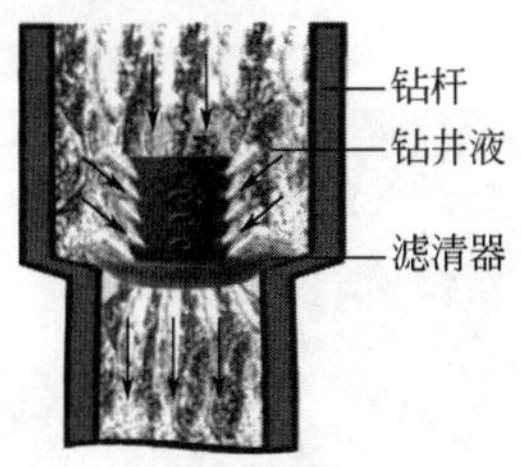

图3-24　内喷提碗式钻杆滤清器工作原理

适用范围：适用石油钻井用ϕ127mm钻杆及其他钻具。

应用效果：该工具在大庆油田各钻井公司已全面推广应用，年使用1500余支。与原滤清器相比，平均每年节省滤清器1500余支。节约成本投入160余万元。推广应用后，未发生因过滤钻井液导致钻杆接头被刺坏情况。

案例点评：成果“内喷提碗式钻杆滤清器”的研制过程中，巧妙地应用逆向构思法，将原本在钻杆中正向安装的滤清器变为逆向安装，减缓了钻杆母接头水眼内壁被刺伤，就在“一颠一倒”中为企业节约成本。

三、灵感启示法应用案例解析

免缝合手术拉链的研制

医生外科手术后对刀口采用缝针的方法进行缝合，患者要承受很大痛苦，还会留下不美观的疤痕，同时医生工作强度增大。实用新型专利《一种外科手术用的免缝合手术拉链》有效解决该问题，免缝合手术拉链由面料层、药浸布层、胶布层和塑料膜层构成，胶布层由两块对称的胶布通过采用生物材料制成的拉链连接而成。使用时将两块胶布贴敷在患者的刀口两边，再通过拉链拉合而使刀口缝合，适用于各种外科手术的刀口缝合领域，如图 3-25 所示。

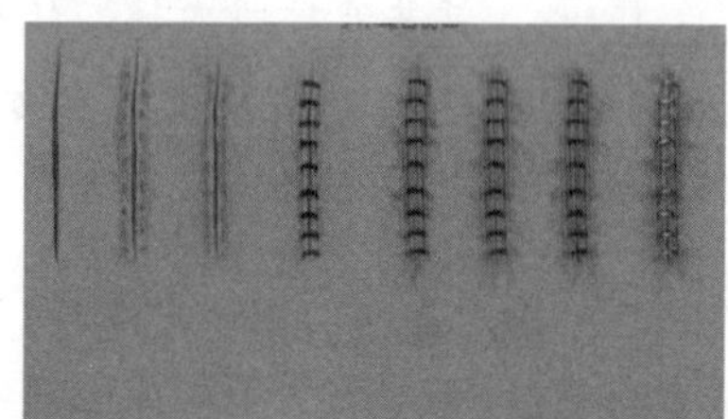

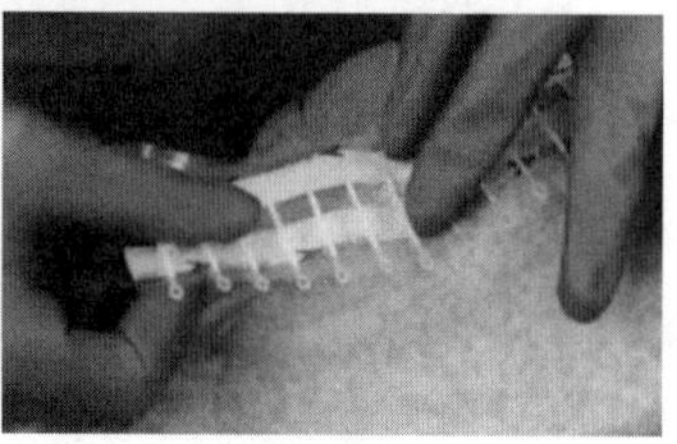

图 3-25　免缝合手术拉链的研制方法

案例点评：该实用新型专利解决原理就是应用灵感启示法，受到生活中所用的普通拉链的启发，将拉链的原理应用于缝合术。

免攀爬测试防喷管的研制

成果研制人：大庆油田有限责任公司　段福海

针对问题：油田注水井测试时，测试工人要站在距离地面 3m 多高的防喷管平台上，将 80 多斤重的测试仪器举过头顶放入防喷管内，由于重心不稳极易发生坠落事故，时刻威胁着测试员工的安全，如图 3-26 所示。

图 3-26 投放注水井测试仪器

研发过程：为防止测试人员坠落，有人将操作平台安装防护栏，还设计出新型操作平台，可以同时站两个人进行操作。可是，无论怎样改进，测试工人始终站在离地面 3m 多高的防喷管操作平台上操作，高空坠落风险一直存在。如果能在地面上操作，就可以杜绝坠落风险。可是人不上去，怎么安装测试仪器呢？一次研制人看到农村用土方法盖房子时，人站在地面，用吊机将水泥浆送上房顶。这个简单的动作启发了研制人，将测试仪器从防喷管的底部放入，然后让管转动就可实现仪器入井，这样操作人员就不用登高作业了。免攀爬测试防喷管的初步设计方案形成，在地面实现仪器的安装，杜绝了登高作业。经过研制人不断完善和改进，实现了在地面安装测试仪器的免攀爬测试防喷管，如图 3-27 所示。

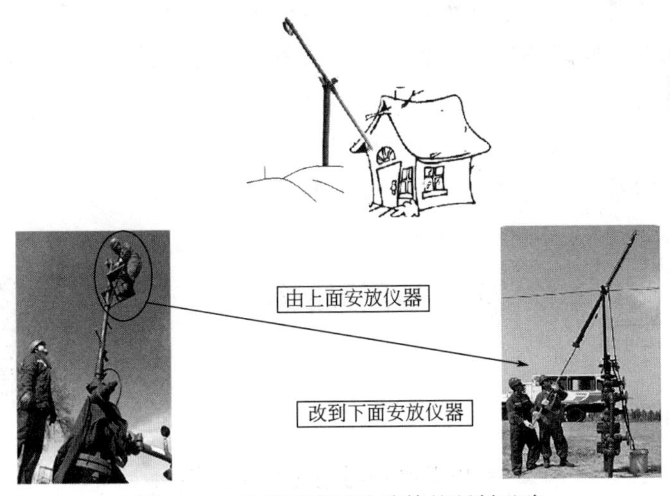

图 3-27 免攀爬测试防喷管的研制思路

结构原理：免攀爬测试防喷管由天滑轮、环保堵头、防喷管、手动伸缩杆、地滑轮、上提管滑轮、测试阀门、旋转伸缩机构、快捷爬杆等组成。使用时，首先将测试阀门用卡箍上紧，然后将手动伸缩杆插入旋转伸缩机构的座套中，用方向控制销锁定，将防喷管在伸缩杆的卡套中向上滑动，直到管的下部活接头与测试阀门相连接，把卡套的顶丝顶牢，注意地滑轮的方向指向测试车，连接好环保堵头和放空阀门的污水管并放到集液桶里，钢丝放入地滑轮中。

放入仪器：用录井钢丝拉动仪器使其进入管中，关闭仪器锁，将防喷管回原位，连接好快接活接头，按仪器的操作规定起下操作。

下放仪器：打开仪器锁后再打开测试阀门，使仪器慢慢下放井中，按照测试仪器下放相关规定操作。

取出仪器：当仪器进入防喷管后关闭测试阀门，打开放空阀门，关闭仪器锁，打开快接活接头，用旋转伸缩机构带动防喷管转动，打开仪器锁取出仪器。

应用范围：免攀爬测试防喷管能够在油田的各个测试班组中推广使用。

应用效果：免攀爬测试防喷管经耐压检验合格后，在注水井上使用3万多井次，完全实现了设计功能，表明该装置能满足所有分层测试的需要。环保堵头螺纹密封无渗漏，钢丝口喷出的水进入缓冲腔内，实现定向排出收集，无污染现象的发生，同样实现了测试在地面上操作，有效地防止高空坠落事故的发生，具有较高的经济效益和社会效益，深受广大测试员工的欢迎。

案例点评：成果“免攀爬测试防喷管的研制”设计很巧妙，受到生活中灵感的启发，杜绝了测试人员登高作业的危害。

四、奥斯本检核表法应用案例解析

采油工维修组合工具的研制

成果研制人：大庆油田有限责任公司　赵福冬

针对问题：针对油水井站日常管理过程中，采油工维修使用工具存在携带工具种类多、专业性不强的问题，研制了采油工维修组合工具。对已有工具进行了改进和整合，突出工具的实用性，最大限度地方便操作人员使用。

研发过程：采油工维修组合工具应用奥斯本检核表法创新设计的流程见表3-8。

表3-8　采油工维修组合工具检核表

序号	角度	检核问题	创新想法
1	能否他用	现有的事物,包括材料、方法、原理等还有没有其他的用途,或者能否稍加改造扩大它们的用途	(1)扳手可作为撬杠使用; (2)可作为加密封填料工具; (3)可作为电动机横向调整加力手柄; (4)可作为曲柄销子拆卸手柄; (5)可作为锁块螺栓拆卸手柄
2	能否借用	现有的事物能否借鉴移植别的思路与技术,能否模仿别的事物,怎么模仿;现有的发明创新能否引入其他方面的创新成果	(1)可借鉴多头螺丝刀结构,设计为可更换端部组件; (2)可借鉴摄影支架结构,设计为快速插接结构; (3)引入其他抽油机维修设备的功能
3	能否改变	现有的事物能否做适当的变化,如改变颜色、味道、声响、形状、型号等	(1)改变接口形状,实现加强受力的目的; (2)改变F扳手型号,可适应更多功能需求
4	能否扩大	现有的事物能否扩大,增加一些东西,延长时间、长度,增加寿命、价值、强度、速度、数量等	(1)可以增加手柄部位的长度,增加施力能力; (2)改善开口部位的材质,避免损伤连接部位; (3)减少组件的数量,简化系统,降低制造难度
5	能否缩小	现有的事物能否缩小,取消某些东西,使之变小、变薄、减轻、压缩、分开、流线化等	(1)改变扳手材质及连接结构,减轻重量; (2)流线化设计,贴合人手结构
6	能否替代	现有的事物有无代用品,以其他原理、能源、材料、元件、工艺、动力、方法、符号、声音等来代替	(1)可利用多功能扳手替代原扳手功能; (2)利用摄影器材的通用型接口设计加强扳手通用性; (3)利用扳手空腔替代扳手手柄部位,增加更多功能

续表

序号	角度	检核问题	创新想法
7	能否调整	现有的事物能否做适当调整，如改变布局、改变型号、调整计划、调整顺序等	(1)能够改变F扳手前端布局； (2)能够改变多种工具的使用顺序； (3)能够改变多种工具的连接顺序
8	能否颠倒	现有的事物能否从相反的角度重新考虑，能否正反颠倒、上下颠倒、主次颠倒、位置颠倒、作用颠倒等	(1)将作用颠倒，从安装作用颠倒为拆卸作用； (2)将主次顺序颠倒，扳手尾端功能变为主要功能部分
9	能否组合	现有的事物能否加以适当组合，如原理组合、方案组合、材料组合、部件组合、形状组合、功能组合、目的组合等	以F扳手为基础，可以将密封填料安装、电动机调整、曲柄销子拆卸、四点一线校正、平衡块拆卸功能组合

结构原理：该组合工具由组合式加密封填料工具、电动机横向调整工具、曲柄销子与衬套同步拆卸工具、四点一线校准器、安全防滑脱F扳手、平衡块锁块螺栓拆卸防转工具等组成，如图3-28所示。

组合式加密封填料工具

电动机横向调整工具

曲柄销子与衬套同步拆卸工具

四点一线校准器

安全防滑脱F扳手

锁块螺栓拆卸防转工具

图3-28　组合工具组成

应用范围：采油工维修组合工具能够在油田采油维修班组中推广使用。

应用效果：在油田推广应用800余套，如图3-29所示。整合后的工具满足了员工的使用条件，操作简单、轻便灵活、通用性高、实用性强，有效地提高了工作效率。

案例点评：该组合工具的研制过程中应用奥斯本检核表法，通过能否他用、能否借用等九个方面进行设问，得到启发，从而使工具的研发具有多功能的组合。同时满足日常维修工作中加密封填料、调整电动机、拆卸曲柄销子衬套、校准四点一线等多项操作的需要，通用性高、实用性强，有效地提高了工作效率。

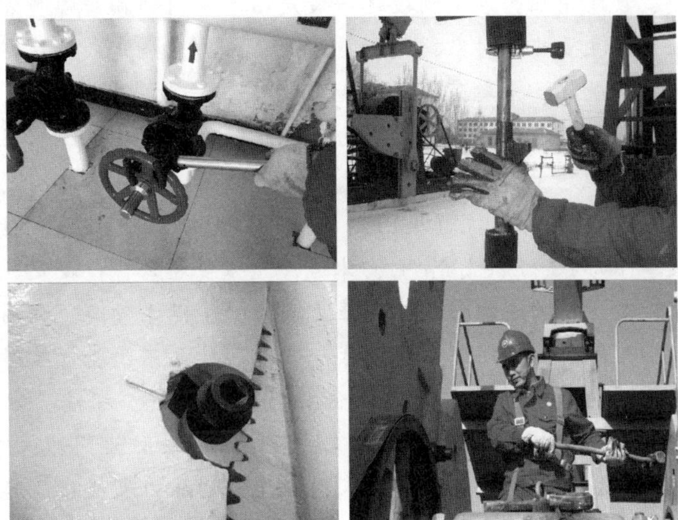

图 3-29　组合工具现场应用

五、和田十二法应用案例解析

油井专用三防压力表的研制

成果研制人：大庆油田有限责任公司　汤　凯

针对问题：针对野外不同环境中压力表丢失、破坏、冬季冻坏给正常操作和管理带来困难的问题，如图 3-30 所示，研制油井专用三防压力表。

图 3-30　革新前应用的压力表现场

研发过程：针对压力表使用防冻的问题，以往我们采取对压力表进行外部保温的方法，人为地给压力表穿上“棉衣”，效果不理想，要想解决防冻问题，就要解决热源的问题。针对压力表使用中防盗、防砸问题，现场中压力表遭到破坏一般是由于其内部扁曲弹簧管材质为铜，不法分子主要盗窃对象就是铜，为此将压力表盗走或砸坏，为了防止压力表丢失破坏，录取完压力值后岗位员工一般将压力表卸下带走，反复拆卸不但操作麻烦，还会对压力表螺纹造成过度损耗。以往解决问题的方法都不理想，如何解决压力表防冻、防砸、防破坏的问题？应用和田十二法进行设问寻找解决问题的方案。对于上述问题，通过变一变，改变一下形状、颜色、音响、味道、气味会怎么样？改变一下次序会怎么样？改变压力表的形状，使压力表能够紧贴于管道，利用管道中的介质的温度解决防冻问题；通过代一代，有什么东西能代替另一样东西？如果用别的材料、零件、方法代替另一种材料、零件、方法行不行？使用其他替代材料替代盗取对象——铜，解决防盗问题；缩一缩：使这件东西压缩、缩小会怎么样？采用微型轴向压力表及非凸起保护设计，解决防砸问题。

结构原理：油井专用三防压力表由护壳、表芯、表座、安装槽、补心、导液孔等组成，如图3-31所示。采用微型轴向压力表及非凸起保护设计，配备专用接头后可贴近井口安装，依靠井口温度传导维持压力表冬季正常工作。内部传压机构采用特殊材料替代铜，在保证压力表正常使用的前提下，杜绝了破坏，装卸采用专用扳手，具备防盗能力，加厚护壳可避免对压力表的损伤，如图3-32所示。

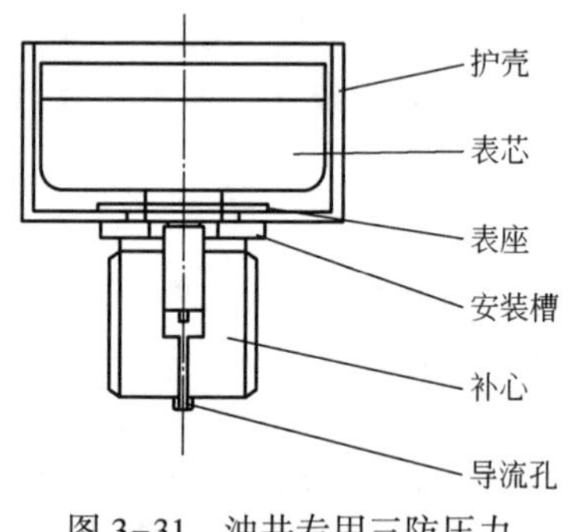

图3-31　油井专用三防压力表结构原理示意图

图3-32　油井专用三防压力表现场应用

应用范围：适用于所有油井井口压力值的录取。

应用效果：成果在大庆油田应用 2000 余套，可在−25℃以下免包扎使用，避免频繁拆装压力表和防冻包扎，不易丢失，减轻了员工的工作量。

案例点评：成果“油井专用三防压力表”的研制中应用和田十二法中的变一变、代一代、缩一缩等方法，为解决问题提供思路。改变压力表的结构，寻找可替代材质，缩小压力表体积，研制出具有“防冻、防盗、防砸”功能的“三防”压力表。

新型强磁打捞器的研制

成果研制人：渤海钻探工程有限公司　周子清　王丕政　王志兴

针对问题：目前国内的深井和复杂结构井越来越多，因工具质量或操作原因发生井下落物事故，特别是一些碎小的不规则的没有打捞部位的落物，如牙轮、刮刀片、钳牙、手工具及金属碎块等，这些落物有的落到井底，有些贴在井壁上，影响后续作业。

传统打捞井下落物的工具有一把抓、随钻打捞杯、反循环打捞篮、平底磁力打捞器等，如图 3−33 所示。但在现场使用过程中存在问题：一是井底金属落物因井底情况复杂或操作的原因常常打捞失败，反复多次打捞耗费钻井时间和打捞费用；二是现有的磁力打捞器强磁部位在工具底部，接触面积小，吸附能力和吸附面积有限，限制了打捞效果；三是如果打捞失败只能采用磨铣，如果井底落物较多（如落井三只牙轮）则可能使用多只磨鞋去磨铣，事故处理周期较长，磨铣过程中如果操作不当，碎块上返，甚至有可能造成卡钻，使事故复杂化。

图 3−33　传统强磁打捞工具

基于以上难题，需要研制出一种新型强磁打捞器，以提高井内金属落物的打捞成功率。

研发过程：原强磁打捞器打捞时，工具底部强磁面积小，吸附能力和吸附面积有限。改进中受到空间限制，如何增加打捞面积、扩展打捞空间，是解决问题的关键。应用和田十二法进行设问寻找解决问题的方案。通过扩一扩，使这件东西放大、扩展会怎么样？扩大打捞器的吸附面积；通过变一变，将原打捞器的侧面加以利用。

图3-34　侧开式强磁打捞器实物图

结构原理：新型强磁打捞器的结构如图3-34所示。该工具主要由上接头、本体、压板、永久性强磁块等组成，工具底部设计有铣齿。打捞时含磁落物将两磁极导通，落物被牢牢地吸附在超强磁打捞器侧面，该工具主要是针对落井小件金属落物，尤其是打捞落井牙轮、手工具、钳牙等进行设计，能够有效地打捞1~3只牙轮，能一次打捞出全部井底金属落物。

应用范围：新型强磁打捞器，可以打捞钻修井作业中裸眼和套管内小件金属落物，如牙轮、刮刀片、钳牙、卡瓦牙、手工具等井内可被磁化的金属碎物。

应用效果：该工具共完成近40井次井底落物打捞，创效超过400万元。累计节约钻井周期超过1000h，提高了井底金属落物打捞成功率。

案例点评：成果“新型强磁打捞器”的研制中应用和田十二法中的扩一扩、变一变方法，为解决问题提供思路。改变打捞器结构，将侧面加以利用，扩大吸附面积，使打捞器吸附面积和吸附能力增大5~6倍。当我们技改革新中遇到问题的时候，可以使用和田十二法逐条进行设问，寻求解决问题方向。

防冻堵取样器的研制

成果研制人：华北油田分公司　王振东　郭连升

针对问题：普通采油井口取样阀取样前，需要先打开取样阀放出300mL死油段后进行取样，冬季气温低，在取样阀连接短节处死油存在冻凝现象，造成取样操作困难，需要用热水浇淋解冻后再进行取样，增加操作员工的劳动强度，严重影响油井资料的正常录取。同时每口井取样放死油造成能源浪费、环境污染的问题。

研发过程：针对油井口取样阀易冻堵的问题，应用和田十二法进行设问寻找解决问题的方案。通过缩一缩得到启发，使这件东西压缩、缩小会怎么样？冻堵部位在取样阀连接短节处，通过把连接短节缩短直至去掉，改变取样阀内部结构，实现防冻堵功能，研制思路如图 3-35 所示。

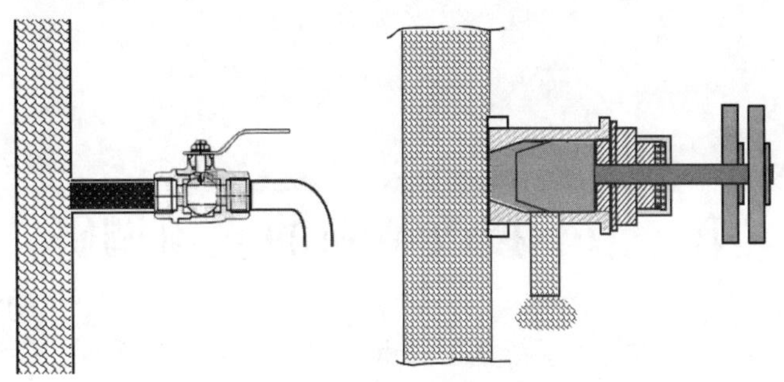

图 3-35　防冻堵取样器的研制思路

结构原理：防冻堵取样器主要由阀体、取样器密封组件、一体芯、吸入口、防盗手轮钥匙、阀座、外置排出管和设置在排出管端部的防喷溅油嘴、连接活接头等组成。

操作步骤：将本体内部吸入口与阀壁平行，再与来液方向对应，开启阀芯打开油流密封通道，使油液流出放入取样桶内；关闭密封通道，即可完成取样。

应用范围：防冻堵取样器在华北油田分公司第一采油厂推广使用。

应用效果：防冻堵取样器解决了原取样阀冬季冻堵、取样放空浪费能源、污染环境、盗油等问题，实现安全清洁生产，现场应用如图 3-36 所示。累计应用 670 套，创造经济效益 106.8 万元。

图 3-36　防冻堵取样器现场应用图

案例点评：防冻堵取样器的研制中应用和田十二法中的缩一缩方法，为解决问题提供思路，通过把连接短节缩短直至去掉，解决取样器冻堵问题。

第四章

技改革新项目的立项与评估

第一节　技改革新的立项调研

设立攻关课题是技改革新立项的重要组成部分，攻关课题设立要精准，坚持“以问题为导向”的原则，把问题作为改进点、创新点和课题点，让技改革新成果从生产实践中来，到生产实践中去。首先要开展现状调研，可通过人为因素、设备因素、材料因素、操作方法、外部环境等方面进行现场调研剖析，明确难题产生的原因及属性信息。同时还应掌握本企业或相关企业是否拥有相应的成熟技术，并通过专利论文检索，了解国内外相关技术发展趋势，掌握目前技术发展情况，避免重复研发。

现场调研剖析主要从以下五方面进行：

（1）人为因素。问题是否由员工误操作等人为因素造成的，能否通过管理和培训消除。

（2）设备因素。所使用的设备（工具）等辅助生产用具设计本身是否存在缺陷。

（3）材料因素。材料使用是否符合规定，材质的强度、硬度等是否存在问题。

（4）操作方法。生产过程是否遵循操作规程和规章制度，操作方法是否存在问题。

（5）外部环境。外部环境中温度、光线、湿度等因素是否造成影响。

对于要立项的课题，通过大量的现场调研，可为立项课题提供可靠的科学数据，开展现场调研时，也可以借鉴其他部门的调研资料。

一、课题设立的意义

技改革新首先要明确所设立课题是否以生产问题为导向，是否具有研发、改进意义。在表 4-1 “××采油厂 2019 年创新创效成果开题立项申报表”中列举了两个申请立项课题，根据所属行业特点，项目 1 是油田普遍存在问题，解决后油田通用，准予立项；项目 2 属于个例问题，不具有普适性，未准予立项。

表 4-1 ××采油厂 2019 年创新创效成果开题立项申报表

序号	项目名称	项目负责人	立题意义（研究内容）	进度安排及具体工作量	预计达到效果及经济效益评价
1	高含水条件下的抽油机井口密封填料密封问题的解决	闫××	大庆油田主力区块现已进入特高含水期，采出液含油下降、含水上升，光杆与密封填料之间的润滑能力变差，密封填料损耗增快，且光杆表面的粗糙度也发生变化，造成密封盒密封效果差，进而导致泄漏加剧。很多抽油机井“夏天一地水，冬天成冰山”，环保压力极大，已严重影响到油田生产	2019 年 6 月完成装置研制工作。2019 年 10 月完成装置现场试验工作	以此技术为基础，企业组建密封填料专业化班组，可承担千余口采出井密封填料维护作业，预计仅此一项每年可为企业减少人工费支出 700 余万元，增产创效可超过 3000 万元以上，为企业节约大量人工和材料成本
2	黄油枪挡片的研制	韩××	黄油枪内部皮碗经常会出现腐蚀、漏油、翻背，导致无法挤出黄油	2019 年 4 月完成装置研制工作。2019 年 5 月完成装置现场试验工作	延长黄油枪使用寿命，使用方便快捷

如表 4-1 所示，设立攻关课题的意义决定了这个课题是否可以立项，甚至是为课题定性，课题是“青工‘五小’类成果”“QC 成果”，还是“技改革新成果”，为下步攻关指明方向。

二、课题符合的条件

技改革新攻关课题应符合四个条件：新颖性、实用性、效益性、安全性。

(1) 新颖性。新颖性是指攻关的课题在技术上应具备先进性、前沿性，要避免重复性研发。

不符合新颖性条件无法立项的案例：温度计防护套的研制

员工小赵2019年准备申报的课题为“温度计保护套的研制”。这个课题是针对生产现场安装使用的温度计，工作中由于碰触等原因出现温度计断裂、碰碎的情况，员工小赵准备研制温度计保护套。在生产现场中已经有很多种温度计保护套，技术成熟（图4-1）。因此该课题不具备先进性、新颖性，属于重复研发，不予立项。

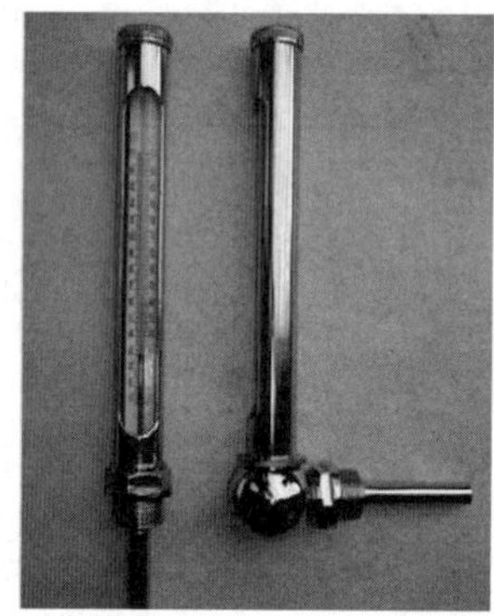

图4-1　温度计防护罩现场使用情况

（2）实用性。攻关的课题研究必须具有实用性，要以问题为导向，能够解决现场问题。在解决问题的基础上还应方便安装、操作、维护。

不符合实用性条件无法立项的案例：新型注水井过滤缸的改进

员工小赵准备申报的课题为“新型注水井过滤缸的改进”。立项审核时发现小赵设计的新型注水井过滤缸与原装置相比，操作过程更加繁琐，岗位员工拆换过滤缸芯，需要2名员工配合才能完成，费时费力。因此该攻关课题不具有实用性不予立项。

（3）效益性。技改革新的目的是为企业创造效益，没有效益的攻关课题是没有意义的。效益包括直接经济效益和间接经济效益：直接经济效益是通过技改革新后为企业带来利益的创收；间接经济效益也称作社会效益，是通过技改革新后对企业的发展所起到的积极作用或产生的有益成果。

不符合效益性条件无法立项的案例：催化烟气脱硫 PTU 污水脱氨项目改造

催化裂化装置再生系统为两段不完全再生，烟气中的氨在烟气脱硫洗涤塔中被吸收后造成 PTU 单元污水中氨氮严重超标（$3000mg/m^3$），进入污水汽提装置后，因水中含有高浓度的钠离子，导致污水汽提装置脱硫效果变差，蒸汽消耗居高不下，因此小赵提出攻关课题为“催化烟气脱硫 PTU 污水脱氨项目改造”。该攻关课题在立项时因公司无闲置溶剂再生系统，需要购置溶剂再生系统，成本变高，效益性变差，此课题不具有效益性公司不予立项。

（4）安全性。安全性是技改革新的否定项，缺少了安全保障的技改革新是禁止在现场应用的。课题的安全性判定主要包括：是否违背现行法律法规、标准规范以及关于安全环保的强制性要求，是否涉及国家明令淘汰、禁止使用的危及生产安全、环境保护的工艺、设备，涉及特种设备改造类是否取得特种设备安全监督管理部门许可等。

不符安全性条件无法立项的案例：卡箍螺栓带压平扣装置的研制

员工小赵申报的攻关课题为“卡箍螺栓带压平扣装置的研制”。这个课题是针对油水井进行作业施工以及在测试等工作中，会出现卡箍螺栓不平扣现象。根据安全环保规定要求，该项操作前必须要进行泄压，禁止带压操作。因此员工小赵的攻关课题“卡箍螺栓带压平扣装置”违反操作规程，承压设备不允许带压操作，不予立项。

通过上面四个案例可以看出，攻关课题应同时具备新颖性、实用性、效益性和安全性，才可进行立项。

三、课题检索的范围

技改革新立项前需要对攻关课题进行相关检索，通过课题检索可以避免课题重复研发。据不完全统计，各国因未查阅专利文献而使研究课题失去价值，每年造成的损失数以十亿计。攻关课题检索范围要全面，可以从三方面进行检索：本企业检索、国内外相关技术检索、相关专利论文检索。

（一）本企业检索

每个企业都会产生很多优秀的成果，为了将这部分资源充分利用，有些企业会将优秀的成果创建成果库或成果平台，供职工查询借鉴。例如，大庆油田建成“群众性创新创效集成共享信息平台”（图 4–2），信息平台集成了历年的技术革新成果、青工“五小”成果、合理化建议、“QC”成果、专利、论文和先进工作法。在技改革新成果申报前，要求申报人对攻关项目进行检索，了解该项目在本企业的研发应用情况。

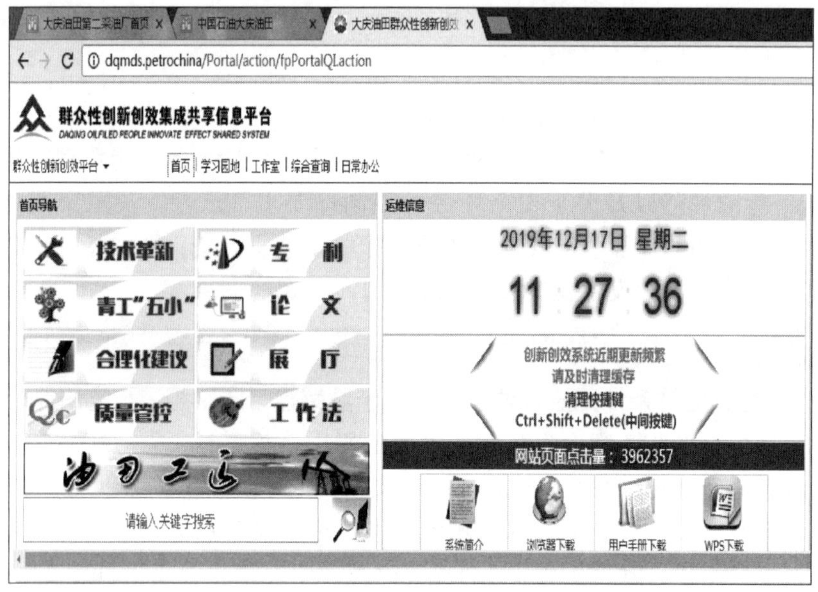

图 4–2　大庆油田“群众性创新创效集成共享信息平台”

在“群众性创新创效集成共享信息平台”中搜索关于攻关课题中的关键字，即可显示历年相关成果，对于查询成果还附有视频和图片，便于直观了解和借鉴。例如，设立的攻关课题是“抽油机新型密封填料的研制”，可在共享信息平台上搜索关键字“密封填料”，可查询到从 2009 年至 2019 年，相关技术革新成果共 9 项（图 4–3），其中 1 项成果提供了视频动画，

6 项成果提供了宣展图片。

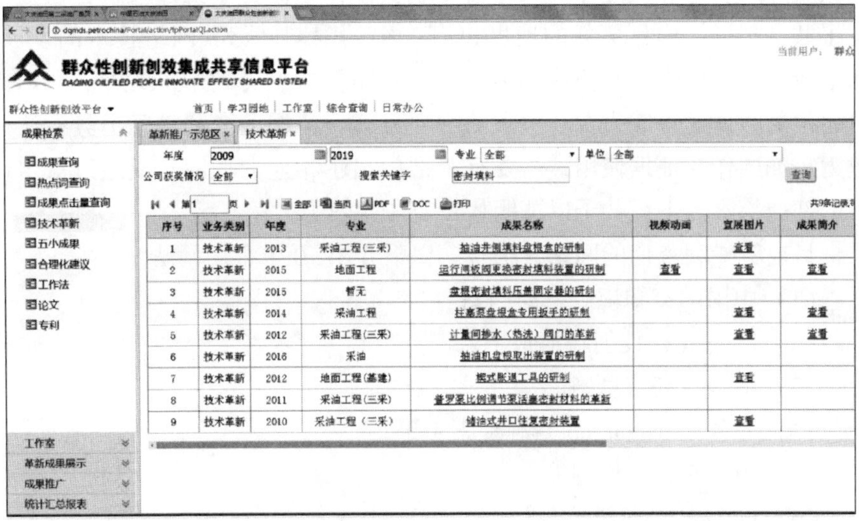

序号	业务类别	年度	专业	成果名称	视频动画	宣展图片	成果简介
1	技术革新	2013	采油工程(三采)	抽油井侧填料盘根盒的研制		查看	
2	技术革新	2015	地面工程	运行闸板阀更换密封填料装置的研制	查看	查看	查看
3	技术革新	2015	暂无	盘根密封填料压盖固定器的研制			
4	技术革新	2014	采油工程	柱塞泵盘根盒专用扳手的研制		查看	查看
5	技术革新	2012	采油工程(三采)	计量间掺水（热洗）阀门的革新		查看	查看
6	技术革新	2016	采油	抽油机盘根取出装置的研制			
7	技术革新	2012	地面工程(基建)	楔式胀退工具的研制		查看	
8	技术革新	2011	采油工程(三采)	普罗泵比例调节泵活塞密封材料的革新			
9	技术革新	2010	采油工程（三采）	储油式井口往复密封装置		查看	

图 4-3　利用“群众性创新创效集成共享信息平台”搜索“密封填料”的相关成果

(二) 国内外相关技术检索

攻关课题的检索要扩展到国内外相关领域，增大检索的范围，进行国内外行业现状及技术利弊分析。检索时可通过互联网进行检索，也可以通过企业内部相关机构进行检索。目前部分石化企业可通过研究院和设计院进行国内外相关技术查询。

(三) 相关专利论文检索

专利论文也是研发成果有形化的体现。技改革新成果研制应用后也应形成知识产权保护，申请专利或发表论文。在攻关课题研发前进行相关专利、论文的检索可避免侵权，同时可通过大量的专利和论文获得启发，更好地形成解决问题的方案。

1. 专利检索方式

专利检索方式大致分为两大类：自行检索和专业机构检索。

1）自行检索

自行检索的途径有三种：纸件检索、软件检索和网络检索。纸件检索和软件检索，需要检索人付出大量的时间和精力。纸件检索主要是检索专利证书，在专利检索过程中效率低、费时费力，纸质资料容易散失损坏，而且由于印刷发行周期长，最新的资料检索比较困难。软件检索通常包括缩微胶片式、计算机磁介质及光盘专利文献检索。检索虽然较快，但是限制了共享范围，而且更新的速度也有一定的限制。随着网络技术的发展，网上专利资源检索方便快捷、不受时空限制等特点受到用户的青睐，以无可比拟的数据优势成为专利检索的主要方式，但网上专利检索不具有法律效力，如要作为证据使用，需要有关部门出示相应的证明，或通过法定认可的部门检索后下载并予以证明才具有法律效力。

目前，专利查询的网站有很多，以下介绍 10 个常用网站：

（1）中国国家知识产权局网站。

（2）Incopat 科技创新情报平台。

（3）中国专利信息网。

（4）专利汇 patenthub 专利检索引擎。

（5）中国知识产权网。

（6）Innojoy 专利搜索引擎。

（7）佰腾网专利检索系统。

（8）专利之星专利检索系统。

（9）SOOPAT 专利搜索引擎。

（10）PatSnap 智慧芽专利检索系统。

一般网络专利检索采取字段检索。系统可根据已知条件，从 16 个检索入口作选择，进行单字段检索或多字段限定检索。每个检索字段均可进行模糊检索，用%（半角格式）代表一个任意字母、数字或字；可使用多个模糊字符，且可在输入检索字符串的任何位置，首位置可省略。

以“高含水条件下抽油机井盘根密封问题的解决”课题为例进行相应专利搜索，关键词可以为抽油机、井口、盘根、密封填料、编织盘根，不同关键词分别组合搜索，搜索时建议多搜索几个专利网站，能够获取更全面的信息。

在国家知识产权局网站进行专利信息检索（图 4-4），网址为 http：//www. sipo. gov. cn/。

在 SOOPAT 专利搜索网再次进行搜索，得到信息如图 4-5 所示。

SOOPAT 专利搜索网分为中国专利和世界专利，搜索时根据需求进行相关搜索，网址为 http：//www2. soopat. com/Home/IIndex。

2）专业机构检索

专业机构检索是通过委托专业的查新机构进行相应专利的查询。专业

图 4-4　中国国家知识产权局网站

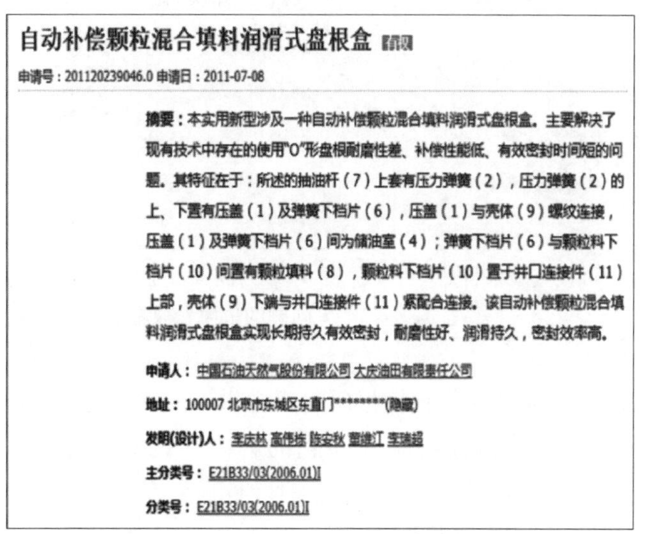

自动补偿颗粒混合填料润滑式盘根盒

申请号：201120239046.0 申请日：2011-07-08

摘要：本实用新型涉及一种自动补偿颗粒混合填料润滑式盘根盒。主要解决了现有技术中存在的使用"O"形盘根耐磨性差、补偿性能低、有效密封时间短的问题。其特征在于：所述的抽油杆（7）上套有压力弹簧（2），压力弹簧（2）的上、下置有压盖（1）及弹簧下档片（6），压盖（1）与壳体（9）螺纹连接，压盖（1）及弹簧下档片（6）间为储油室（4）；弹簧下档片（6）与颗粒料下档片（10）间置有颗粒填料（8），颗粒料下档片（10）置于井口连接件（11）上部，壳体（9）下端与井口连接件（11）紧配合连接。该自动补偿颗粒混合填料润滑式盘根盒实现长期持久有效密封，耐磨性好、润滑持久，密封效率高。

申请人：中国石油天然气股份有限公司 大庆油田有限责任公司

地址：100007 北京市东城区东直门********(隐藏)

发明(设计)人：李庆林 高伟栋 陈安秋 曹德江 李瑞超

主分类号：E21B33/03(2006.01)I

分类号：E21B33/03(2006.01)I

图 4-5　SOOPAT 专利搜索网检索信息

机构检索部门一般为国家查新机构，进行专利检索查新是以反映查新项目主题内容的查新点为依据，以计算机检索为主要手段，以获取密切相关文献为检索目标，运用综合分析和对比方法，对查新项目的新颖性作出文献评价的情报咨询服务。

目前国家科委《关于公布第一、二批科技查新咨询单位的通知》（国科通〔1994〕23 号）公布的第一、二批科技查新机构有：中国化工信息中心、中国农业科学院科技文献信息中心、中国国防科技信息中心、黑龙江省科技情报研究所、机械工业信息研究院等多家单位，通过查新会给出权威的相应的查新报告。

2019 年获得全国创新方法大赛一等奖的课题“高含水条件下抽油机井口盘根密封问题的解决”，委托人委托黑龙江省科技情报研究所提供查新服务。科技查新报告如图 4-6 所示。

“高含水条件下抽油机井口盘根密封问题的解决”课题在中国学术期刊数据库、中国学术会议文献数据库、中国科技成果数据库、中外专利数据库五个数据库中进行查新，查新结果如图 4-7 所示。

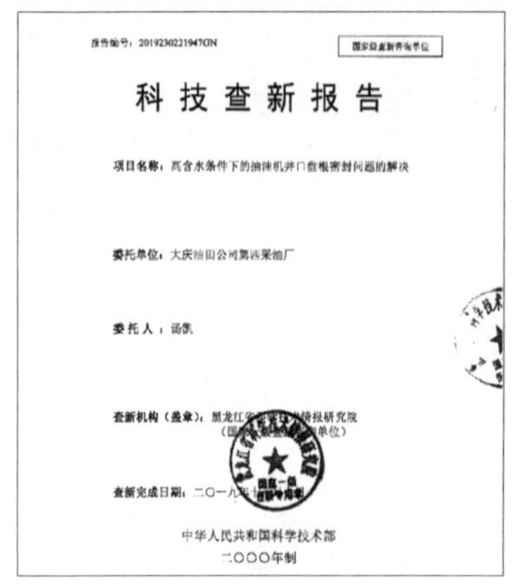

报告编号：2019230221947GN

国家级查新咨询单位

科 技 查 新 报 告

项目名称：高含水条件下的抽油机井口盘根密封问题的解决

委托单位：大庆油田公司第四采油厂

委托人：汤凯

查新机构（盖章）：黑龙江省[illegible]情报研究院

（国[illegible]单位）

查新完成日期：二〇一九年[illegible]

中华人民共和国科学技术部

二〇〇〇年制

图 4-6　科技查新报告

四、查新范围要求

要求查询国内同类项目的研究情况

五、文献检索范围及检索策略

数据库中文名称	库名	数据来源	年限	相关
1.中国学术期刊数据库	CSPD	万方/知网 维普/NSTL	1998-至今	
2.中国学术会议文献数据库	CCPD	万方/知网 维普/NSTL	1983-至今	
3.中国科技成果数据库	CSTAD	万方/知网 维普/NSTL	1980-至今	
4.中国学位论文全文数据库	CDDB	万方/知网 维普/NSTL	1980-至今	
5.中外专利数据库	WFPD	万方/知网 维普/NSTL	1985-至今	4

图 4-7　“高含水条件下抽油机井口盘根密封问题的解决”文献检索范围和检索策略

通过查新，黑龙江省科技情报研究所提供纸质查新报告单并给出“高含水条件下抽油机井口盘根密封问题的解决”的查新结论，如图 4-8 所示。

科技查新的报告单有以下三方面作用：

（1）为科研立项提供客观依据。

（2）为科技成果的鉴定、评估、验收、转化、奖励等提供客观依据。

（3）为科技人员进行研究开发提供可靠而丰富的信息。

2. 论文检索方式

论文检索的网站有很多，国内四大论文检索网站有中国知网、万方数据库、维普资讯网、龙源期刊网。国外论文检索网站有 Elsevier、Springer、Web of Science。

七、查新结论

委托课题与所查文献均涉及了抽油机井口密封填料的研究，其中所查文献 1 为委托人发表，介绍了一种应用于高含水采出液状况下抽油机井口的专用密封填料，组分为：橡胶颗粒、环氧树脂、粗蜡、膨润土、SAP 树脂、氯乙烯共聚树脂、聚氨酯发泡剂、固化剂、滑石粉；文献 2 为委托人发表，介绍了一种具备缓释自润滑功能的抽油机井口密封填料，组分为：橡胶颗粒、环氧树脂、46-62#半精炼石蜡、52#-62#半精炼粗石蜡粉末、氯乙烯共聚树脂、增塑剂、除湿剂、发泡剂、固化剂、滑石粉、二硫化钼锂基润滑脂、基础油；文献 3 介绍了一种油田抽油机用的密封填料及其使用方法，密封填料包括聚四氟乙烯、氟橡胶 2604、石墨粉、芳纶纤维、二硫化钼和 3 号硫化剂；文献 4 介绍了抽油机井口光杆密封注入式填料，组分为：聚四氟乙烯、芳纶、二硫化钼、硅油、二硫化钨、硅脂和石蜡。

与所查文献比较，委托课题的技术特点在于：适用于高含水等复杂工况状况的抽油机盘根密封填料采用半固态复合材料结构储存，密封填料主要由 SAP 树脂、聚氨酯黏合材料、硫化橡胶颗粒等组成。上述特点，目前在国内所查文献中除委托人发表的文献外未见相同报道。

查新员：　　　　职称：工程师

审核员：　　　　职称：研　　高

黑龙江省科学技术情报研究院

（国家一级查新咨询单位）

2019年11月07日

图 4-8 “高含水条件下抽油机井口盘根密封问题的解决”查新结论

1）国内论文检索网站简介

（1）中国知网：中国知网由清华大学、清华同方发起，始建于 1999 年 6 月，导航内容覆盖自然科学、工程技术、农业、哲学、医学、人文社会科学等各个领域，读者可直接浏览期刊基本信息，按期查找期刊文章。其网址为 https：//www. cnki. net/，如图 4-9 所示。

图 4-9 中国知网界面

（2）万方数据库：万方数据库由万方数据公司开发，是涵盖期刊、会议纪要、论文、学术成果、学术会议论文的大型网络数据库，也是和中国知网齐名的中国专业的学术数据库。

（3）维普资讯网：维普资讯是科学技术部西南信息中心下属的一家大型的专业化数据公司，是中文期刊数据库建设事业的奠基者，维普资讯网已经成为中国最大的综合文献数据库。

（4）龙源期刊网：龙源期刊网 1998 年 12 月试运营，1999 年 6 月开通，具有完备的网上交易结算功能和简繁体字转换功能，是全球最大的中文期刊网。

2）国外论文检索网站简介

（1）Elsevier：全球最大的“知网”，是世界上最大学术出版商之一，拥有《细胞》《柳叶刀》和《新科学人》在内的 2000 多家学术期刊，根据维基百科，每年论文下载量高达 10 亿多篇。

（2）Springer：Springer-Verlag 的简称，德国 Springer-Verlag（斯普林格）出版社是世界上最大的科技出版社之一，它有着 170 多年发展历史，以出版学术性出版物而闻名于世，也是最早将纸本期刊做成电子版发行的出版商。

（3）Web of Science：全球量大、覆盖学科最多的综合性学术信息资源，收录了自然科学、工程技术、生物医学等各个研究领域最具影响力的超过 8700 多种核心学术期刊。利用 Web of Science 丰富而强大的检索功能——普通检索、被引文献检索、化学结构检索，可以方便快速地找到有价值的科研信息。

第二节　技改革新的立项申请

技改革新在前期充分调研论证的基础上，对于符合立项条件的攻关课题可以与企业主管部门及时沟通申请开题立项，通过立项将技改革新项目进行备案，同时获取企业的技术和经费支持。

申请立项可参照各企业科研项目管理程序进行。对于一些较小的技改革新项目可按照质量管理小组活动或部分企业推行的“五小”成果，即“小发明、小革新、小改造、小设计、小建议”，申报程序立项。

一、立项申请资料准备

申请立项时，应将项目实施前所涉及的各种由文字、图纸、图片、表格、电子数据组成的材料递交给项目有关审批部门进行报备。不同企业、不同项目、不同审批部门、审批程序所要求的立项资料也不同。

立项申请时，准备资料内容大致包括：确定攻关项目、确定攻关进度、分析产生效益、预测应用前景、预算经费、确定项目参与成员等。

（一）确定攻关项目

攻关课题经过前期调研，确定研究方向，对攻关目标进行可行性分析，确定项目名称，结合现场实际应用要求确定技术指标。

1. 确定项目名称

根据攻关方向确定项目名称。

例如，员工提出“注水井水量控制阀调控注水量不稳定”生产难题，经过前期调研分析，认为在用注水井水量控制阀是各种大孔径截止阀，使用过程中水量不易精准控制，水量波动范围大，严重影响油田的平稳注水。为解决此类问题，确定攻关目标：

攻关目标1：研制微量调节注水阀门。

攻关目标2：研制精细调控水表。

对两个不同攻关目标进行可行性分析：研制新型注水阀门可精准调控注水量，装置安装方便，投入少、见效快；研制精细调控水表，装置研制周期长、成本高、技术难度大。攻关目标1符合现有生产现状，方案可行，确认攻关项目为“微量调节注水阀门的研制”。

2. 确定技术指标

在技改革新中技术指标一般是指技术参数，其中包括尺寸参数、运动参数，动力参数。另外还包括精度、结构、工艺适应性、使用可靠性等方面。技术指标还应满足现场应用要求，由立项人根据现场实际情况确定，需外单位协助解决的技术指标应由立项人和外协单位共同协商设定。

例如，“微量调节注水阀门的研制”项目中，主要技术指标设定为：

（1）在整个阀体的内部实现两个通道控制。

（2）微调量范围在0.01~3m^3/h。

（3）大排量范围在 1~30m³/h。

（4）可以实现两个流向控制水量。

（5）承受压力≥37.5MPa。

（二）确定攻关进度

确定攻关项目的进度包括启动时间、实施进度、完成时间。无论短期项目、中期项目或是长期项目，由立项人根据项目的难易程度和材料、设备、加工进度进行设定，但必须在立项中明确说明。

例如，“微量调节注水阀门的研制”项目中，攻关进度见表 4-2。

表 4-2　微量调节注水阀门攻关进度表

项目名称	启动时间	目标进度	完成时间	负责人	参与人
微调注水阀门的研制	××年 1 月	××年 1—2 月设计图纸 ××年 3 月加工、安装试验品 ××年 4—5 月改进图纸加工合格产品 ××年 6—8 月安装试用微调量注水阀门 ××年 9 月编写成果验收报告	××年 9 月	××	××

项目的启动时间、实施进度、完成时间，可以在具体的实施过程中根据实际情况进行适当的调整，但整体时间尽可能要按照计划进行。

（三）分析产生效益

效益分析包括技改革新项目实施后为企业产生的直接经济效益和间接经济效益。分析经济效益主要从资金的投入、利益的创收和成本核算等方面考虑。这里分析的效益是一个测算数值，分析时应客观，实事求是，切忌浮夸。

例如，“微量调节注水阀门的研制”项目中，生产中因注水量调节不精准，全厂冬季因低注关井导致注水阀门冻坏产生的经济损失为 25 万元，进行技改革新后，通过使用微量调节注水阀门实现精准调控注水量，减少了冬季冻井事故的发生，除去成果加工费用 5 万元，预期年经济效益约为 20 万元。

（四）预测应用前景

对技改革新成果应用范围进行预测。根据现有的技术发展水平和应用环境，对技改革新成果未来的应用方向、应用水平和应用规模进行推论。

这里需要和前期的现状调研情况紧密结合，问题存在的范围即是技改革新成果的推广应用范围。

“微量调节注水阀门的研制”项目中，注水井作为油田常用设备，不仅本企业可以应用，使用该方式和该设备进行注水的其他企业均可以应用，所以微量调节注水阀门的推广范围为适用于各企业的同类注水井。

（五）预算经费

预算技改革新项目攻关所产生的经费，一般包括加工费、资料费、设备费、材料费、专利费、成果鉴定费、仪器费、检验费和差旅费等。技改革新成果执行预算时，按照国家财政要求提供相关协议或合同等，以及报销应附的文件、凭证单据、手续等。

预算经费后可以根据不同资金的来源申请项目资金。各企业立项资金来源各不相同，大体分为企业拨款和团队自筹两种：

（1）企业拨款。由各企业技术发展部、油田管理部、工会等职能部门统一立项，进行拨款。

（2）团队自筹。团队自筹需要项目负责人自筹资金、自寻加工厂家进行技改革新成果加工试验等。

（六）确定项目参与成员

项目参与成员设定主要以能够服务技改革新项目为主，选定参与成员时要考虑各自分工和团队配合，确保能够顺利完成项目的设计、加工以及现场试验流程，同时顺利完成技改革新项目攻关过程中图纸、图片、视频及相关文献资料的收集和编写等工作。

“微量调节注水阀门的研制”项目中，项目成员由工程师、采油技师、车工和技术人员组成。成员分工为工程师和采油技师负责设计成果、图纸资料的收集整理工作，车工负责和厂家结合保证成果的加工，技术人员负责现场试验和试验数据录取工作。

二、立项申请文本提交

技改革新成果攻关项目申请立项时，根据不同部门要求需要填写相关文本，不同部门立项文本填写内容和填写要求也不同。在此列举立项中的3项文本及填写要求，仅供参考学习。

(一) 工作站年度攻关项目立项汇总表

部分企业通过技能专家工作室、技师工作站进行攻关项目立项。表4-3为××工作站年度攻关项目立项汇总表，申请人根据相关内容如实填报。

表4-3 ××年××工作站攻关项目立项汇总表

序号	单位	项目名称	项目具体描述	量化指标	目标及预期成果	项目人
1	×××	法兰胀顶组合工具的改进	“对夹式单流阀法兰胀顶专用工具”,现场应用取得了较好的效果,但在应用过程中也暴露出问题,在法兰间距过小的环境中,拆卸闸阀、法兰式流量计难度很大。因此在对夹式单流阀法兰胀顶专用工具的基础上进行改进,研制成套专用工具	(1)减少操作人员1人。(2)节省维修时间20min/次	研制出成套专用工具,既可以适用对夹式单流阀的拆装,又可适用于各种法兰阀及流量计的拆装	×××
2	×××	离心泵联轴器间隙与对中调整器	站内离心泵多采用柱销联轴器,在调整间隙及对中时由于空间原因无法用百分表调整,只能进行粗调,极易造成泵及电动机振动大,增加泵与电动机的维修费用	减少机泵振动,延长机泵维修保养周期30天	通过研制调整器,使联轴器间隙及对中达到要求	×××

(二) 工作站年度技改革新成果立项加工审批表

部分企业为鼓励职工进行技改革新，解决技改革新攻关过程中加工难的实际问题，企业安排具有专业资质的加工厂家对技改革新成果进行统一加工，项目负责人需要提供规范图纸，提出明确的技术要求，填写审批表报备。表4-4为××工作站年度技改革新成果立项加工审批表，申请人根据相关内容如实填报。

表4-4 ××年××工作站技改革新成果立项加工审批表

项目名称	××扳手变头的改进
申请人信息	姓　　名:赵×× 单　　位:第××采油厂××矿××队　采油工 申请人签字: 年　　月　　日

续表

项目情况	项目简介： ××扳手变头，可与××扳手配合使用，对圆柱体带孔眼的顶丝和防盗内六棱形涡轮顶丝进行调整，方便快捷。 结构原理： 圆柱体带孔眼变头，一头可与××扳手连接配合，另一头加工为圆柱体且有两个孔眼，可与电动机顶丝连接便于调整。 需加工数量： ϕ45mm 圆柱体带孔眼变头，加工 2 套； ϕ38mm 圆柱体带孔眼变头，加工 2 套。 材料要求： ϕ45mm 圆柱体带孔眼变头，材料 C45； ϕ38mm 圆柱体带孔眼变头，材料 C45。 指标要求： 调质处理 …… 申请单位负责人签字： 年 月 日
加工单位意见	机械加工车间负责人签字： 年 月 日
审批意见	主管部门意见：(公章、签字) 年 月 日

(三) 技改革新立项审批表

部分企业技改革新成果同科技成果一同纳入科技立项范畴，表 4-5 为企业技改革新立项审批表，申请人根据相关内容如实填报。

表 4-5 ××油田××采油厂技改革新立项审批表

项目名称	滑锤式振击器的研制
一、革新的目的 目前现场中更换抽油机曲柄销子时，普遍使用大锤来击打销子，由于在高空作业再加上抡大锤产生的惯性，操作者很难站稳，存在跌落风险；在击打的过程中合力分解成水平分力和向下的重力，减轻了锤击有效的力量，为解决这些问题研制滑锤式振击器。 二、技术关键点 滑锤式振击器分滑杆和滑锤两个部分。滑杆与曲柄销子连接，限制滑锤移动距离；滑锤振击部分主要由滑锤、滑动轴承、推拉手柄等组成，其主要作用是滑动击打曲柄销子。	滑锤振击器示意图

续表

技术关键：

(1)滑杆的设计；

(2)滑锤的结构设计；

(3)滑锤击打时不产生其他分力；

(4)击打销子时，操作者能站稳。

三、主要技术指标

(1)滑杆与曲柄销子连接牢靠，有保护销子螺纹的功能；

(2)滑锤在滑杆上滑动自如，可以两人同时操作；

(3)滑锤击打时只有水平推力作用。

四、应用规模及进度安排

1. 应用规模

在油田采油队维修班组中应用。

2. 进度安排

××年 2 月—××年 9 月

××年 2—3 月，完成设计图纸

××年 4—6 月，加工、试验、改进

××年 7—8 月，在 10 口井上安装应用

××年 9 月，总结验收

五、效益分析

滑锤式振击器的使用，不仅提高了工作效率，还达到了安全操作的目的，使曲柄销子的拆卸变得更加容易，填补了振击曲柄销子工具的空白。

六、推广应用前景预测

略

七、经费预算明细(科研费和生产费分开)

略

知识拓展

技改革新立项审批表填写注意事项

(1) 项目名称。项目名称要具体准确，一般不超过 20 字，成果名称不能写成论文名称，如“××的探讨”“××的分析”“××的效果”等，应采取三段式命名方式，即“应用领域+成果+动词”形式，如“抽油机快速调平衡工具的研制”，其中“动词”应按照成果类别的不同采取不同的命名方式。

① 实物类的成果：成果为创新性的、以前没有类似功能的，应以“××的研制”来命名；成果为在已有工具、工艺和技术等基础上改进的，应以“××的改进”“××的改造”“××的革新”来命名。例如，“抽油机皮带快速调整装置的改进”“油井带压装置的改造”。

② 方法类的成果：研究、总结归纳的新方法，应以“××方法的建立”来命名；若是在以往方法基础上改进或对已有方法重新修订等，应以“××方法的改进”“××方法的革新”来命名。例如，“283 技术革新方法的建立”。

③ 软件类的成果：新开发的软件应以“××的编制”“××的开发”来命名；在已有软件基础上改进、完善的应以“××的改进”“××的升级”来命名。例如，“TriInventor 计算机辅助软件平台 V1.0 的开发”。

(2) 革新的目的。具体描述在日常生产和管理过程中所发现或遇到的问题，详细描述原有技术的现状，剖析原技术的优缺点，给出原技术的主要技术指标，说明本次技改革新要解决的问题（最好用数据图表对比）。

(3) 技术关键点。关键点查找精准，确实能够代表现代先进水平。

① 实物类成果：新研制的成果，首先总体描述该成果由几个部件组成，其次分别叙述各部件的结构、特点和功能，最后说明部件之间的连接关系、配合关系或作用关系以及如何实现技术问题的解决等。改进的成果，首先概括针对存在问题有几处改进，然后采用对比的方式分别叙述改进的内容及解决的问题。

② 方法类成果：概括性叙述方法的内容，有多种方法的应分段叙述，一种方法分多个步骤的应按操作顺序叙述。

③ 软件类成果：首先概括软件有几个功能模块，然后分别叙述每个功能模块的具体功能，主要模块要重点叙述，不重要的模块应简写或省略。

(4) 主要技术指标。填写该项目应用后能够达到的量化的技术性指标，应采用与原来对比的方式叙述。

(5) 应用规模进度安排。预测该项目可在什么范围应用和应用的数量，填写项目进度。

(6) 效益分析。预测该项目应用的具体效果，采取前后对比的方式，测算预期效益。对经济效益计算中的关键参数、效果数据等来源或计算依据进行详细说明。

(7) 推广应用前景预测。该项目的适用范围，阐述推广的可行性。

(8) 经费预算明细。详细说明中要写清材料费、仪器设备费、加工改造费等的构成，经费分类中没有的费用可在其他栏处自行加行予以说明。

第三节　技改革新的试验跟踪

技改革新成果研发完成后，要进行现场试验，跟踪试验进程，及时发现应用过程中原理、材料、产品质量、气候变化等一系列的问题，不断提出改进完善意见和方案，使其满足生产要求，逐步达到推广要求，创造更大效益。

试验是技改革新项目的重要环节，是获取相关参数、保证运行质量和安全操控的前提。试验前需要对国家、行业、企业的相关标准、技术规范进行研读，可以将成型的产品交由具备相关资质的第三方检验机构进行试验检测，第三方检验机构检测后依据标准规范出具权威的检测报告；也可由企业组织相关部门和专业机构进行现场测试，并保留相应的试验报告。

一、试验的目的

试验的目的是验证技改革新成果是否达到具有现场使用条件、是否有效解决了现场问题、是否达到了预期目标等。实践是检验真理的唯一标准，对于技改革新成果也是一样，要通过试验数据检验效果。

二、试验的要求

技改革新现场试验时，应根据属地管理部门相关要求进行现场试验，如办理作业许可证、确定监护人员、穿戴劳动保护用品等，如果涉及压力容器类的技改革新项目，试验时必须严格遵循以下要求。

（一）耐压试验

（1）耐压试验前，压力容器各部位的紧固螺栓应装配齐全，连接紧固。

（2）耐压试验用压力表应符合《固定式压力容器安全技术监察规程》第七章的有关规定，至少采用两个量程相同的并经过校验合格的压力表，且应安装在被试容器顶部便于操作人员观察的位置。选用的压力表，必须与压力容器内的介质相适应。低压容器使用的压力表精度不低于2.5级；中压及高压容器使用的压力表精度不应低于1.5级。压力表盘刻度极限值为最高工作压力的1.5～3.0倍，最好选用2倍，表盘直径不应小于100mm。

(3) 容器的开孔补强圈应在压力试验以前通入0.4~0.5MPa的压缩空气检查焊接接头质量。

(二) 液压试验

(1) 液压试验的介质一般采用水，需要时也可采用不会导致发生危险的其他液体，试验时液体的温度应低于其闪点或沸点。

(2) 以水为介质进行液压试验，其所用的水必须是洁净的。奥氏体不锈钢制容器用水进行液压试验时，应严格控制水中的氯离子含量不超过25mg/L。

(3) 试验压力按装配图规定。

(4) 试验温度要求：碳素钢、16MnR和正火15MnVR钢制容器液压试验时，液体温度不得低于5℃；其他低合金钢制容器液压试验时，液体温度不得低于15℃。如果由于板厚等因素造成材料无延性转变温度升高，则需相应提高试验液体温度。其他钢种容器液压试验温度按图样规定。

(5) 试验方法：试验时容器顶部应设排气口，充液时应先将容器中充满液体，滞留在容器内的气体必须排净，试验过程中，应保持容器可观察表面的干燥。当容器壁温与液体温度接近时，才能缓慢上升至设计压力，确认无泄漏后继续升压达到规定试验压力，保压时间不少于30min。然后将压力降至规定试验压力的80%，保压足够长的时间对所有焊接接头和连接部位进行检查。检查期间压力应保持不变，不得采用连续加压来维持试验压力。试验过程中不得带压紧固螺栓或向受压元件施加外压。试验过程中，如有渗漏，补焊后重新试验；液压试验完毕后，应将液体排尽并用压缩空气将内部吹干。

(6) 液压试验后的压力容器，符合下列条件为合格：无渗漏；无可见的变形；试验过程中无异常响声；对抗拉强度规定值下限≥540MPa的材料，表面经无损伤检测抽查未发现裂纹。

(三) 气压试验

(1) 气压试验应有安全措施。该安全措施需经本公司技术总负责人批准，并经安全部门检查监督。

(2) 气压试验所用气体应为干燥、清洁的空气、氮气或其他惰性气体。

(3) 试验压力按装配图规定。

(4) 试验温度要求：①碳素钢或其他低合金钢制容器气压试验时，气体温度不得低于15℃。②其他钢种容器气压试验时，气体温度按图样规定。

（5）试验方法：试验时压力应缓慢上升至规定试验压力的10%，且不超过0.05MPa时，保压5~10min，然后对所有焊接接头和连接部位进行初次检查，如有泄漏，补焊后重新试验。初次泄漏检查合格后，再继续缓慢升压至规定试验压力的50%，如无异常现象，其后按每级为规定试验压力的10%的级差逐渐增至规定的试验压力，保压30min后将压力降至规定试验压力的87%，并保持足够长的时间后再次进行泄漏检查。检查期间压力应保持不变，不得采用连续加压来维持试验压力，带压紧固螺栓或向受压元件施加外压。如有泄漏，修补后再按上述规定重新试验。

（6）气压试验过程中，容器应无异常响声，无可见变形，经肥皂液或其他检漏液检查无漏气，无可见的变形即为合格。

（四）气密性试验

（1）容器须经液压试验合格后方可进行气密性试验，气密性试验时，一般应将安全附件装配齐全。如需投用前在现场装配安全附件，应在容器出厂质量证明书的气密性试验报告中注明装配安全附件后需再次进行现场气密性试验。

（2）气密性试验压力按装配图规定。

（3）试验温度要求：碳素钢或其他低合金钢制容器气压试验时，气体温度不得低于5℃。其他钢种容器气密性试验时，气体温度按图样规定。

（4）试验时压力应缓慢上升，达到规定试验压力后对所有焊接接头和连接部位进行泄漏检查，小型容器也可浸入水中检查。经检查无泄漏，保压不少于30min即为合格。

三、试验的流程

技改革新试验流程分为提交申请、组织安排、数据采集、试验中评估四个环节。可根据试验审批要求不同，制定相关流程。

（一）提交申请

技改革新成果试验要向企业相关部门提出申请，经相关部门审核批准后方可在现场安装、进行试验。表4-6是××企业创新成果试验申请单。

表 4-6　××企业创新成果试验申请单

试验项目名称	××密封填料盒的研制	所属专业	采油工程
申请人	××	研制人	××
申请单位	××	试验数量	5 套
安装地点	抽油机井口	上报时间	××年××月××日
试验项目简介	背景:油田抽油机在生产中,由于光杆与井口密封填料盒不对中,造成偏磨,使井口密封填料盒内的密封填料严重,井口介质严重泄漏,采油工需要频繁更换密封填料,增加员工劳动强度,同时造成大量的密封填料消耗,浪费材料。 成果简介:××密封填料盒是一种新型工具的发明,主要组成:××机构、××封井器总成、××密封填料盒等组成。 创新点:××密封填料盒是通过水平调偏机构和垂直倾角调偏机构进行调偏的,从而保证了抽油机井在运行中,光杆与井口密封填料盒的对中,预防发生偏磨。最大水平调偏位移××,最大垂直调偏倾角××		
试验目标	光杆与井口密封填料盒不对中的抽油机井,通过使用××密封填料盒,密封填料的更过周期延长至 100 天以上		
试验方法 检测与手段	试验方法: (1)将试验井原密封填料盒更换成××密封填料盒。 (2)按照普通抽油机井进行检查、紧固维护,直至密封填料压盖紧固到极限位置结束。 检测手段: (1)记录从投用××密封填料盒开始至下一次更换密封填料结束,这一个周期的天数。 (2)与原密封填料盒加密封填料的周期天数进行比对,计算出应用后的使用效果		
实施步骤	准备: (1)选取 5 口光杆与井口密封填料盒不对中的抽油机井,最好是作业井或需拆卸光杆工作的生产维修井,可同时更换密封填料盒。 (2)选取 5 套××密封填料盒,检查并确保其灵活好用。 (3)配备吊车 1 台,安全吊篮 1 个,安全带 2 条,必要的更换工具。 …… 实施: (1)按高空作业管理规定,进行更换井口密封填料盒作业。 (2)按抽油机井日常管理规定,对××密封填料盒进行日常检查维护。 …… 总结: (1)记录初次使用时,密封填料偏磨调整的难易程度、用时、问题点和加密封填料时间。 (2)计算出两次以上加密封填料的周期天数,与原密封填料盒进行比对。 ……		

续表

安全风险评估与保障措施	风险评估： (1)拆卸原密封填料盒时，可能会发生原油泄漏事故，造成环境污染。 (2)更换密封填料盒时，人需处在光杆上部位置，属于高空作业，存在高空坠落风险。 (3)更换过程和加密封填料时，可能会发生人员的磕碰，造成人身伤害。 (4)××密封填料盒在使用时，有可能会发生连接部位的介质泄漏，造成环境污染。 …… 保障措施： (1)关闭封井器，卸松密封填料盒压盖静止5min，检查无泄漏后再拆卸密封填料盒。 (2)作业前认真检查安全吊篮是否牢固，系好安全带，安全带的另一端系在吊钩上，吊车操作要平稳，安全监督要现场监督指挥整个操作过程。 (3)作业人员要穿戴好劳动防护用品，作业时要有监护人员进行监护。 (4)抽油机井启抽待工作压力稳定后，检查密封填料盒是否泄漏。 ……
审批单位意见	审批意见： 签字： 年　月　日

（二）组织安排

企业审批部门根据技改革新成果试验申请进行试验的组织与安排，确定试验地点、试验设备、试验负责人，并落实安全防护措施。

1. 试验地点

试验地点的选择应满足两点基本要求：

（1）选择交通便利、地况良好的地点。例如，成果是应用在抽油机井口设备上，试验地点最好选择路边井，并且周围地况良好的抽油机井。

（2）应用范围广，使用量大的成果，在试验时应多选择几个不同地点同时进行。

2. 试验设备

试验设备的选择是保障试验过程顺利进行的先决条件，试验过程中要确保数据能够准确采集，真实反映试验效果。设备在试验安装前要进行相关检查，保证其性能能够满足试验的要求。检查是否存在安全隐患、附件是否齐全，尤其是承压类设备，试验前要逐级办理使用登记手续。对于纳入国家安全管理规定的设备设施，试验时应严格按照相关标准进行试验。

试验设备的选择要具有代表性，能够代表本类设备的基本情况。例如，技改革新成果是关于抽油机上某个部件的，试验设备应选择油田主要型号的抽油机。

3. 试验负责人

技改革新成果试验过程需要专人管理，以及时反应试验过程中存在的问题，对试验负责人的基本要求如下：

（1）热爱岗位，责任心强，对技改革新成果试验工作认真负责，能够及时准确采集试验数据。

（2）技术过硬，洞察力强，能够及时准确判断试验过程中出现的问题。

（3）经验丰富，专业性强，能够及时处理试验过程中遇到的突发问题。

（4）操作规范，持证上岗，能够执行安全操作规程，对试验设备要具有操作资质，如对压力容器类设备应具有操作许可证。

4. 落实安全防护措施

技改革新成果在试验时，因其性能存在不确定性，所以试验时安全措施落实到位，如电气安全防护措施、设备安全防护措施、高空作业安全防护措施、有毒有害环境安全防护措施等，按照不同风险等级做好必要的防护措施。

（三）数据采集

试验数据采集是衡量试验效果、判定效益以及进行后续方案完善的直接依据，对判定技改革新成果是否能够推广应用起着重要作用。在试验中需要采集哪些数据，如何确定采集周期，都是根据技改革新成果方案设计要求确定的。

技改革新成果分类不同、用途不同、使用环境不同，所以试验的方式方法也不同，采集数据也不尽相同，如承压设备要采集压力值的变化、节能类设备要采集节电、节气等数据。表 4-7 是关于抽油机井密封填料盒的技改革新成果的试验数据采集情况表，表 4-8 为××示范区机采（抽油机）系统测试报告。

表 4-7　××密封填料盒试验数据采集情况表

序号	日期	应用地点	应用部位	外观情况	安全性能	密封情况	节能情况	使用周期	备注
1	8 月 1 日	××抽油机井	井口	完好	优	密封	日节电 1 度	6 个月	
2	8 月 2 日		井口	完好	优	渗漏	日节电 1 度	6 个月	调整密封填料盒松紧度，达到密封
3	8 月 3 日		井口	完好	优	密封	日节电 3 度	6 个月	
4	8 月 4 日		井口	完好	优	密封	日节电 1 度	6 个月	
5	8 月 5 日		井口	完好	优	密封	日节电 4 度	6 个月	
6	8 月 6 日		井口	完好	优	渗漏	日节电 3 度	6 个月	重新填加密封填料
7	8 月 7 日		井口	完好	优	密封	日节电 2 度	6 个月	
8	8 月 8 日		井口	完好	优	密封	日节电 6 度	6 个月	

表 4-8　××示范区机采（抽油机）系统测试报告

井号	运行状态	有功功率 kW	无功功率 kvar	功率因数	油压 MPa	套压 MPa	动液面深度/斜井为垂直深 m	泵深 m	有效扬程 m	有效功率 kW	系统效率	有功吨液百米单耗 kW·h	无功吨液百米单耗 kW·h	有功节电率 %	无功节电率 %	综合节电率 %
N5-D3-131	工频	10.57	6.5507	0.85	0.35	0.37	753.6	872.92	751.55	2.12	20.10	1.36	0.84	3.22	(20.70)	2.68
	节能	10.23	8.26111	0.778	0.35	0.37	753.6	872.92	751.55	2.12	20.77	1.31	1.06			
N5-D30-SP2036	工频	15.34	16.4952	0.681	0.34	0.34	826.54	947.99	826.54	4.04	26.31	1.04	1.11	3.06	9.34	3.24
	节能	14.87	15.0856	0.702	0.34	0.34	826.54	947.99	826.54	4.04	27.14	1.00	1.02			
N5-D3-SP2036	工频	5.95	5.57056	0.73	0.33	0.31	280.3	901.15	282.36	0.88	14.87	1.83	1.72	1.01	3.74	1.08
	节能	5.89	5.36959	0.739	0.33	0.31	280.3	901.15	282.36	0.88	15.02	1.81	1.65			

续表

井号	运行状态	有功功率 kW	无功功率 kvar	功率因数	油压 MPa	套压 MPa	动液面深度/斜井为垂直深 m	泵深 m	有效扬程 m	有效功率 kW	系统效率	有功吨液百米单耗 kW·h	无功吨液百米单耗 kW·h	有功节电率 %	无功节电率 %	综合节电率 %
N5-30-SP2037	工频	8. 97	7. 33808	0. 774	1. 13	0. 59	257. 65	929. 19	312. 95	2. 69	29. 95	0. 91	0. 74	1. 34	3. 35	1. 38
	节能	8. 85	7. 10019	0. 780	1. 13	0. 59	257. 65	929. 19	312. 95	2. 69	30. 35	0. 90	0. 72			
N4-D10-SP3027	工频	8. 32	10. 6955	0. 614	0. 38	0. 54	392. 08	813. 2	375. 72	2. 14	25. 69	1. 06	1. 36	1. 32	26. 98	2. 06
	节能	8. 21	8. 42287	0. 698	0. 38	0. 54	392. 08	813. 2	375. 72	2. 14	26. 03	1. 05	1. 07			
N3-D51-P3027	工频	8. 12	8. 28406	0. 7	0. 53	0. 56	623. 43	810. 26	620. 37	3. 30	40. 68	0. 67	0. 68	2. 46	6. 97	2. 58
	节能	7. 92	7. 74415	0. 715	0. 53	0. 56	623. 43	810. 26	620. 37	3. 30	41. 71	0. 65	0. 64			
N4-D10-P3128	工频	13. 01	22. 715	0. 497	0. 41	0. 42	621. 32	811. 17	620. 28	3. 59	27. 61	0. 99	1. 72	2. 08	6. 84	2. 29
	节能	12. 74	21. 2612	0. 514	0. 41	0. 42	621. 32	811. 17	620. 28	3. 59	28. 19	0. 97	1. 61			
N3-51-429	工频	5. 5	6. 11053	0. 669	0. 29	0. 31	644. 35	851. 43	642. 26	1. 23	22. 41	1. 22	1. 35	3. 13	12. 42	3. 38
	节能	5. 328	5. 43565	0. 700	0. 29	0. 31	644. 35	851. 43	642. 26	1. 23	23. 13	1. 18	1. 20			
N4-D1-DS324	工频	6. 87	12. 7274	0. 475	0. 28	0. 44	639. 43	964. 4	621. 90	1. 31	19. 01	1. 43	2. 65	3. 20	10. 50	3. 53
	节能	6. 65	11. 5181	0. 500	0. 28	0. 44	639. 43	964. 4	621. 90	1. 31	19. 64	1. 39	2. 40			
N3-51-528	工频	8. 89	17. 5443	0. 452	0. 32	0. 33	643. 93	973. 07	642. 90	2. 12	23. 89	1. 14	2. 25	3. 15	10. 59	3. 51
	节能	8. 61	15. 8645	0. 477	0. 32	0. 33	643. 93	973. 07	642. 90	2. 12	24. 67	1. 10	2. 04			
平均											25. 05	1. 16	1. 44	2. 40	7. 00	2. 57
											25. 67	1. 14	1. 34			

（四）试验中评估

技改革新成果试验进程要对试验效果进行阶段性评价，对于出现的问题要及时进行整改。表 4-9 是××掺水阀开度指示盘应用情况阶段评价表。

表 4-9　××掺水阀开度指示盘成果应用情况阶段评价表

阶段改进	成果名称	应用周期	应用地点	应用部位	应用评价	革新点
第一阶段	××掺水阀开度指示盘	3 个月	××示范区	井口掺水阀	用颜色区位划分，观看位置醒目，但调控水量不精确	掺水量控制阀在井口，掺水表在计量间，调整时两人需通信联络，很不方便，因此需要井口指示装置
第二阶段	××掺水阀开度指示盘	2 个月	××示范区	井口掺水阀	用刻度划分，方便调控掺水量	
第二阶段	××掺水阀开度指示盘	2 个月	××示范区	井口掺水阀	掺水阀手柄侧面安装有可上下调整的指针，便于观察	

根据技改革新成果阶段评价，做出相应的调整方案，使技改革新成果得到更好的完善。图 4-10 是××掺水阀开度指示盘改进前后对比图。

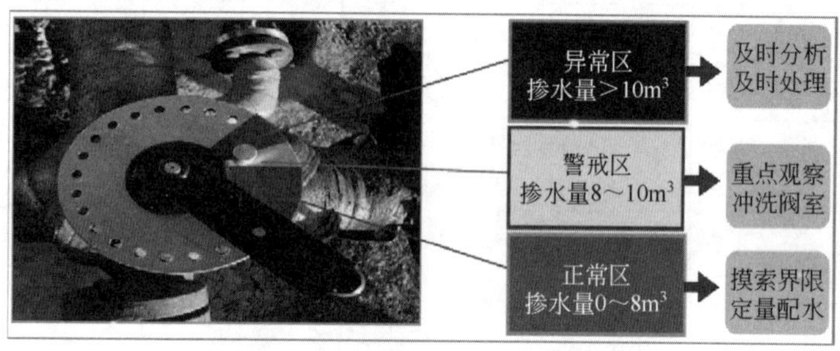

图 4-10　××掺水阀开度指示盘改进前后对比图

经过阶段性改进评价，得出××掺水阀开度指示盘总体评价：××掺水阀开度指示盘成果经过改进在××示范区试验，平均单井日节约掺水量 $1.8m^3/d$，节约天然气 $2.7m^3/d$。该成果缩短掺水量调整时间，方便了管理人员上井检查掺水量控制情况，减轻员工的劳动强度。

第四节　创新成果的试验评估

效果评估是对技改革新成果的论证，决定技改革新成果是否可以在现场应用，以及测算在现场的经济效益。

技改革新项目不会一蹴而就，也不会一帆风顺。在项目实施的过程中依据阶段目标和项目完成情况及时做好项目评估，分析项目关键点，调整攻关的方向，按照 PDCA 循环方式持续推进，形成闭环。

一、试验评估要求

对于重要的安全设备、设施、工艺流程、施工方案及材料等，必须有权威部门、有资质的认证机构等出具专业的认证报告、设计方案、实验报告等，重要的安全设备、设施，还应到安全主管部门进行报备。例如，新设计的压力容器，应用前必须有承压实验报告、出厂检验报告，同时还应在单位的安全主管部门进行备案。流程改造，应提出合理化建议，由规划部门进行方案设计，由专业施工单位进行施工改造。

对于无法进行安全认证的技改革新成果，存在危险源时，应制定有效安全防范措施、操作规程等，通过安全主管部门评定及备案。

二、试验评估内容

通过技改革新成果的试验评估要准确得出以下结论。

（一）性能评价

技改革新成果试验后，应对其作出客观定性评价，是否具有适用性和创新性。技改革新成果是否满足现场生产、操作是否方便，运转是否安全可靠，性能是否耐用等，最关键是评价技改革新成果是否具有创新性。

创新性是评价技改革新成果的关键一环，应从技术工艺、操作方式、业务模式、制度执行、生产活动、信息系统应用、技术研发活动等方面评价成果是否具有创新性。

（1）技术工艺的改进不是创新，但如果伴随着管理方式的变化就是创新。例如，注水技术、压裂工艺、测调技术、厚油层挖潜技术等，单纯地看只是技术而已，但如果在应用过程辅之以模块化设计、标准化施工、一体化研究、闭环式操作等管理方式，使技术与管理形成配套，管理方式的变革对技术的有效实施提供全新支持，就成为创新。

（2）操作方式的改变不是创新，但如果伴随着管理手段的完善就是创新。例如正常的低温集输，如果只是温度、流量控制及装置的改造，这不算创新，但辅之以岗位职责修订、工作制度调整、运行方式变化、考核标准提升等，就成为创新。

（3）制度的执行不是创新，但如果采取有效措施提高其执行力就是创新。例如，各种制度、标准和认证体系的推行，只是一个应用过程，但如果对其优化简化，便于操作执行，就成为创新。

（4）正常的生产活动不是创新，但如果伴随着生产组织的变革就是创新。例如，修旧利废形成了长效机制，质量监督应用了系统理论，班组工作实行了弹性管理，生产工序实现了优化重组等，使管理效益有了较大幅度提高，就成为创新。

（二）效益分析

通过试验数据，采取前后对比的方式科学地计算技改革新成果应用的具体效果和创造的经济效益。对经济效益计算中的关键参数、效果数据等来源或计算依据进行详细说明。对于经济效益采用定量方法评价，非经济效益可采用定性方法评价。评价结果应客观，必须是技改革新成果创造的直接效益。

（三）风险评估

安全环保评估是为辨识技改革新成果应用中可能导致人员伤亡、财产损失和环境污染破坏的安全环保风险，为风险控制提供依据，是技改革新成果现场应用的前提。通过现场试验，对技改革新成果作出风险评估结论，出具相关评估报告。风险评估时，可根据“技改革新成果安全环境风险评审分级表”进行评分，分数越低代表安全环境风险等级越高，如表4-10所示，××油田进行技改革新成果安全环境风险评审分级评分后，结合表4-11进行技改革新成果安全环境风险评估，判断是否存在安全环境问题。

进行风险评估时，可以由企业进行自评，也可以委托具有资质的评估机构进行评估。企业自评时，一般由安全环保部门组织，成果归口业务主管部门、技术发展部、工会等部门聘请专家组成评估组。第三方评估时，由企业委托具有资质的评估机构对技改革新成果进行安全环保评估，图 4-11 为“自压式光杆密封器”检测报告。

表 4-10　××油田技改革新成果安全环境风险评审分级表（暂行）

<table>
<tr><td colspan="2">所属类别</td><td colspan="3">□劳模创新工作室　□技能专家工作室　□青工创新基地　□技改革新工作室
□其他</td></tr>
<tr><td colspan="2">所属单位（填至小队）</td><td colspan="3">××采油厂××采油××队</td></tr>
<tr><td colspan="2">成果名称</td><td colspan="3">新型××过滤器的研制</td></tr>
<tr><td colspan="2" rowspan="3">否决项</td><td colspan="3">□违背现行法律法规、标准规范关于安全环保的强制性要求</td></tr>
<tr><td colspan="3">□国家明令淘汰、禁止使用的危及生产安全、环境保护的工艺、设备</td></tr>
<tr><td colspan="3">□涉及特种设备改造，未取得特种设备安全监督管理部门许可</td></tr>
<tr><td colspan="2">类别</td><td>内容</td><td>得分</td><td>备注</td></tr>
<tr><td rowspan="5">安全</td><td>介　质①</td><td>□甲 A 液态烃类(注 1)或爆炸品，10 分；
□甲、乙类可燃气体、可燃液体，或强腐蚀品，5 分；
□丙类可燃液体，2 分；
□不属以上物质，0 分</td><td>0</td><td></td></tr>
<tr><td>温　度</td><td>□240℃以上，或其操作温度在燃点以上，10 分；
□在 60~240℃使用，或其操作温度在燃点以上，5 分；
□在低于 60℃使用，操作温度在燃点以上，2 分；
□在低于 60℃使用，操作温度在燃点之下，0 分</td><td>0</td><td></td></tr>
<tr><td>压　力</td><td>□>16MPa，10 分；
□1.6~6.4MPa，5 分；
□0.1~1.6MPa，2 分；
□<0.1MPa，0 分</td><td>0</td><td></td></tr>
<tr><td>电　压</td><td>□>35kV，20 分；
□6~35kV，10 分；
□380V~6kV，5 分；
□<380V，0 分</td><td>0</td><td></td></tr>
<tr><td>操　作</td><td>□可能造成全身性伤害的操作，20 分；
□伴随剧烈放热反应的操作，或可产生喷溅的强腐蚀品的操作，15 分；
□存在粉尘爆炸危险的操作，10 分；
□可能造成身体局部性伤害的操作，5 分；
□无危险的操作，0 分</td><td>0</td><td></td></tr>
</table>

续表

安全风险评审等级	☐≥20分　油田公司级；☐<20分　厂/分公司级			
环保	噪　声②	☐噪声值对敏感目标贡献值大于60dB(A),10分； ☐噪声值有效控制,对敏感目标贡献值小于60(A),5分； ☐固有噪声值小于60dB(A),2分； ☐不产生噪声,0分	0	
	废　水③	☐废水未达标外排,10分； ☐废水达标外排,5分； ☐产生废水但100%回收利用,2分； ☐不产生废水,0分	0	
	废　气④	☐废气未达到国家标准外排,10分； ☐废气达到国家标准外排,5分； ☐产生废气但100%回收利用,2分； ☐不产生废气,0分	0	
	固　废⑤	☐产生危险废物未处置,10分； ☐产生危险废物且合规处置,5分； ☐产生一般固废,2分； ☐一般固废但100%综合利用或不产生固废,0分	0	
	放射源	☐有放射源和射线装置,无防护措施,10分； ☐放射源和射线装置得到有效控制,5分； ☐无放射源和射线装置,0分	0	
环保	清洁生产	☐选用高耗能、高排放、低效益的落后生产技术、工艺、设备和产品,20分； ☐选用的生产技术、工艺、设备和产品符合清洁生产要求,0分	0	
环保风险评审等级	☐≥20分　油田公司级；☐<20分　厂/分公司级			

① 物质的危险性见GB 50183—2015《石油天然气工程设计防火规范》；

② 噪声排放标准见GB 12348—2008《工业企业厂界环境噪声排放标准》，根据××市声功能区划，××市以2类区为主，厂界噪声值按2类标准执行；

③ 废水排放标准见GB 8978—1996《污水综合排放标准》；

④ 废气排放标准见相关国家标准；

⑤ 危险废物为列入《国家危险废物名录》，不在名录中的为一般固废。

表 4-11 技改革新成果安全环境风险评估表

工作室名称	××工作室
类别	□劳模创新工作室 □技能专家工作室 □青工创新基地 □技改革新工作室 □其他
所属二级单位	采油××厂
所属三级单位 （具体到小队）	××矿采油××队
成果名称	新型××过滤器的研制
评审等级	√油田公司级 □厂/分公司级
成果内容	该××过滤器的改进主要是利用了重力、碰撞分离的原理，湿气先进行碰撞、折流分离后，液体沉降至底部，气体再经过滤网，提高了气液的分离效果
存在的安全环境风险	无
解决方案及防控措施	无
二级单位意见	（签字） 盖章

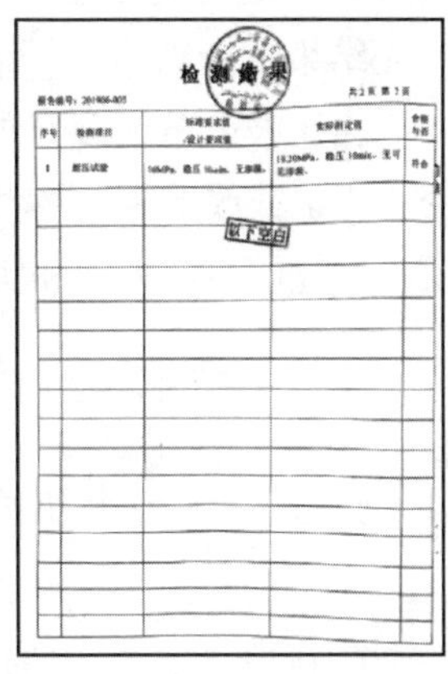

图 4-11 “自压式光杆密封器”检测报告

第五节 创新成果的资料整理

形成技改革新成果是一个重要环节，也是团队技改攻关的智慧结晶。重点是对技改攻关前、攻关过程中的工作记录及数据进行复核整理，对技改攻关的效果作出科学合理的评价并与立项的预期成果和技术经济指标进行分析比照、总结提升，提出巩固措施及下步计划，形成革新项目闭环管理。

一、技术资料的整理

技改革新技术资料是真实反映革新项目研究全过程的各项技术文件。无论项目的大小，首先要明确项目产生的背景，国内外或同行业的现实状况，项目建立前的图片、视频、文献等资料；其次要有技改革新的依据，如立项报告、构思草图、会议记录等；还要整理项目研究的过程、会议、图片、视频、查新、模型、测试报告、样品、图纸、技术报告等记录；最后进行项目总结材料，如评审、鉴定资料等。

企业所有技术文件的形成都是企业员工辛勤工作的劳动成果，包含了企业的前期投入、过程控制和后期经营等因素，是企业投入了一定的财力、物力，为员工提供展示个人与团队创新能力的平台，员工与企业在这个创新平台上共同进步和发展的过程中形成了技改革新技术资料。

技改革新的技术资料应该建立完善的档案并进行合理存档，指定专人管理。技术资料是对革新项目的真实反映，因此要求资料必须按照技改革新项目计划的实际进度及时整理，做到项目与资料整理同步进行，杜绝项目先结束，资料事后补的现象发生。

由于技改革新项目的实施过程及使用过程中发生的任何问题（包括检修、维护或改造等），都必须根据原始的工程技术资料，才能制订符合项目实际可能的最佳方案和实施方法，因此技术资料的整理和归档更显重要。

（一）技术资料整理的重要性

1. 技术资料连贯作用

技术资料贯穿于技改革新的始终，是整个项目全过程的真实记录。拿一个革新项目来说，填报开题报告后表明革新项目已经开始，应按照项目研究进度计划分为启动、实施、收尾三个阶段分步骤进行。每个阶段的每个步骤都会牵涉相关的技术文件或产生新的技术资料，所以必须要及时地收集整理相应的技术文件，保证技术资料的连贯性，才能有效地掌控技改革新项目的进展情况。

2. 技术资料督促作用

技改革新项目实施过程中，每个阶段都能从技术资料上反映出起止时间、研究内容、阶段目标、负责人等特性，能够很明显地看出革新项目是否含有技术缺陷，如实验报告、实验数据、阶段目标完成情况等。技改革新团队由此可以对自己的项目质量状况和尚未注意到的问题进行纠正。对于项目负责人来说，就可以清楚地知道问题所在。

3. 技术资料依据作用

有了技术资料的跟踪，项目负责人不用再凭着零星的材料和自己的记忆对整个技改革新项目的节点进行控制。在及时搜集的情况下，有关技改革新项目各个阶段的相关细节都存在于技术资料中，一旦发生意外情况（如数量不符、质量差异等）就可以凭借相关技术文件记录追查到其中的原因，方便了项目负责人的管理。尤其与外部单位合作的技改革新项目，在项目结算方面更见技术资料的依据功效。

4. 技术资料借鉴作用

技术资料涵盖了以往技改革新项目中采用的技术、发生的问题、采取的措施以及反馈结果，在以后技改革新项目中可以吸取经验，少走弯路。在技术资料中还包含着“中期报告”“项目报告”“成果报告”等完善总结的部分，在这些文件中除了有关的技术数据外，对技改革新过程的总结占了相当大的比重，优点、缺点尽在其中，学习和借鉴这些文件对今后的技改革新项目将会有很大的借鉴与促进作用。

（二）资料整理具体要求

1. 技术资料真实性

应本着实事求是、客观准确的原则，不能为了偷工减料而隐瞒真相，也不要为了追求较高的成果等级而歪曲事实。技改革新成果使用前必须提供合格证和必要的试验报告。厂家提供的试验报告应是最近送检的报告，而不能是几年前送样的检验报告，不具有代表性。进行检验或质量评定必须到现场实测检查，不得闭门伪造。签署意见必须由本人进行填写，不能由他人代写或随意涂改，降低技术资料的可信度和使用价值。

2. 技术资料准确性

技术资料中所出现的数据及相关内容必须准确、无误，且反映技改革新项目实际情况。这就要求参与人员必须熟悉图纸、设计变更及相关内容，有一定的实践经验，对革新项目操作规程及质量评定具备一定的评估能力，掌握相关标准中的验收要求，不能以符合要求或满足规范概而论之。特别是涉及具体计算时，必须确保数据真实准确，切忌瞎编乱造。

3. 技术资料完整性

技术资料的整体和归集应该尽量保证其完整性，不能为了整理的方便而随意进行更改，否则也就使其失去了应用性和参考性。

技术资料的完整性是其时效性实现的根本保证，若技术资料不完整，则可能会影响技术的具体应用操作，不能够为技改革新项目提供科学的技术参考。不完整的技术资料不能系统、详尽地反映出技改革新项目的技术与质量状况。

4. 技术资料规范性

技术资料必须齐全，除真实、准确、完整外，还必须规范。具体要做好以下几个方面：

签字要齐全，字迹清晰，无代签现象，统一使用 A4 纸进行装订，保持纸面整洁，必须用碳素笔书写。

分类分项要明确，封面、目录、各种材料的汇总清单资料应齐全，逐页编码，排列有序。

设计变更单、施工现场签证单及技术核定单必须收集齐全，图纸中结构、外观、形式、工艺发生重大变化的，按照实际情况重新绘制图幅。设计变化不大的，可将变更部分标注在原图上，并注明标注人及标注时间。

技术资料撰写要规范，文字要通俗易懂，简单明了，词意表达清晰，标点符号、序号使用正确，杜绝一切错字、漏字、主谓宾不分等低级错误。如有必要，可配置适当的图表，以增强其清晰性。专业术语务必做到前后统一，同一名称前后描述的用语要一致，同一课题若干文档内容应该协调一致，没有矛盾。

5. 技术资料形成发放

（1）技术文件、技术标准及图纸资料的形成应严格执行设计（编制）、校对、审核三级把关制度；明确各级的责、权、利。

（2）技术文件标题栏中的编号、名称、日期、设计、校对、审核、批准等应签署齐全，签署不全的技术文件不得投放到生产现场。

（3）图纸投入生产现场之前，必须加盖管理部门“生产用图”“受控文件”等印章。

（4）技术文件的修改必须按级、按各职能部门的业务分管范围执行；技术文件修改前，修改人员要提出修改理由及具体内容，交有关领导审批；修改后的技术文件必须重新履行会审、会签及批准手续，填发更改通知书。

6. 技术资料管理存档

（1）技术文件是技改革新项目进行生产和各项管理工作共同的技术依据，必须加强管理，各项目应指定一名专职或者兼职资料员负责各种技术文件的登记、保管、收发、注销、归档和保密工作，保证技术文件的完整、准确、清晰、统一等。若暂时未指定资料员，则由项目负责人暂行代理，并与资料员负责本项目技术文件的保密、发放与归档。

（2）技改革新项目完工验收后，相关技术文件交资料员存档。

（3）每个阶段的细分项目完工后，由项目负责人在半月内完成技术资料整理，交由资料员备份、存档。

现阶段技改革新技术资料的整理归档方面还存在一些问题，作为技改革新先锋的高技能人才必须充分认识到技术资料的重要性，并采取积极有效的措施，加强对技改革新资料的整理归档工作，规范资料收集整理的流程，并建立健全相关管理制度，加强监督，最终保障技改革新资料整理归档的有效性，为提高技改革新质量提供辅助作用。

二、形成技术文本

技术文本是指技改革新项目的产品设计图纸、技术标准、技术档案和技术资料以及相关合同、财务报表等；技术文本还包括未打印出图的图纸资料、电子文档等。

形成技术文本是技改革新申报项目成果的重要环节，重点是对项目准备阶段、实施阶段的工作记录及数据进行复核整理，对实用效果作出科学合理的评价并与立项的预期成果和技术经济指标进行分析比照，总结提升，提出巩固措施及下步计划。

技改革新项目应参照“开题设计报告”，依据项目研究进度计划按启动、实施、收尾三个阶段分步骤组织实施。启动前后的调研数据资料、项目计划任务书及开题设计报告都要形成相应的技术文本。每个阶段也会产生相应的技术资料，如调查表、现场图片及视频资料、设计图纸、实验检测报告、实验图片及视频资料、参数变化对比数据、阶段技术成果及认识等。在组织技改革新项目实施的整个过程中，也是形成各类技术文本的过程。需按照“资料整理具体要求”逐步推进、不断完善，为技改革新项目后期的项目报告、技术成果、申报奖项打好基础。

（一）阶段总结报告

阶段总结报告是科研主管部门针对科技攻关项目进展与阶段成果的验收文件。按照项目周期分为半年度总结报告和年度总结报告，项目周期为一年的称为中期报告；项目周期为多年的称为阶段总结报告，一般按上半年和下半年进行总结描述。

阶段总结报告根据科技攻关项目计划任务书与开题设计报告据实撰写，其主要内容包括：课题进展程度，研究内容阶段完成情况，取得的阶段技术成果及认识，经济效益分析，存在问题，下步工作，承担单位项目组自评考核等内容。

1. 课题进展程度

课题进展程度必须按照项目目标及研究内容阶段完成情况如实填报，主要分为以下几种情况。

（1）完成计划任务的90%及以上；

（2）完成计划任务的75%~90%；

（3）完成计划任务的60%~75%；

（4）完成计划任务的60%以下。

2. 阶段完成情况

阶段完成情况主要说明项目计划任务书中明确的阶段研究内容完成情况，及其对应的室内分析化验、室内实验、生产监测和现场试验等实物工作量。

3. 阶段技术成果

技术成果不是研究过程，是阶段性、里程碑、结论性的认识和成果，应体现技术增量，即新老技术的差异；要尽量有形化，既要有技术载体，又要有相应指标予以支撑。原则上应首先概括说明本项目技术体系和技术系列的综合成果（新成果、新进展、新突破等）结论性的意见。再对其具体技术构成进行分项说明，内容可以包括：形成（建立）了××理论（认识、观点等）；提出（建立）了××工作方法（工作流程、工作规范等）；形成（完善）了××工艺、标准、规范等；研制了××装备、××工具；形成（申报）了××软件、××专利等知识产权成果。

4. 经济效益分析

经济效益分析包括应用规模、效果评价、经济与社会效益分析；科技增储、增油气的量化统计，产生的经济效益应尽量量化统计。

5. 存在问题分析

存在问题不是指研究攻关遇到的技术难题（技术难题原本就是立项开展研究的目的），而是项目实施过程中，由于地质条件差异、生产部署调整、生产运行变化、项目主要人员调整、项目组织协调等内外部环境发生变化，造成项目实施与项目设计发生了较大偏差，可能严重影响项目预期目标、进度、成本等项目基准，造成项目实施困难或风险，必须采取措施解决的问题。

6. 下步工作计划

下步工作主要是指针对上述存在问题，制定的解决方案和措施，主要包括是否需要调整项目计划，如何进一步加强项目组织、沟通协调等以解决存在问题。如果没有存在问题，则按照计划实施。

7. 项目组自评考核

（1）A 级：9.0（大于等于）~10 分，完成计划任务的 90%及以上，取得阶段成果显著，达到或部分超出技术经济考核指标要求；

（2）B 级：7.5（大于等于）~9.0 分，完成计划任务的 75%~90%，基本达到技术经济考核指标要求；

（3）C 级：6.0（大于等于）~7.5 分，完成计划任务的 60%~75%，未达到技术经济考核指标要求；

（4）D 级：6.0 以下完成计划任务的 60%以下。

撰写阶段总结报告注意事项：技改革新项目阶段总结报告是上级科技管理部门检查考核的依据，必须根据攻关项目计划任务书与开题设计报告据实撰写。同时，也是技改革新项目承担单位、专业管理部门、科技管理部门，依据企业相关管理制度对计划项目执行情况的综合考核，考核分上、下半年两次进行，作为企业质量、内控、审计三大管理体系的组成部分。

技改革新项目阶段总结报告应根据项目研究内容对目前取得的阶段技术成果及认识总结梳理，针对项目实施过程中存在问题及下步工作安排做好计划，绝对不能为了获得较高的考核等级而随意杜撰。

（二）技术总结报告

技术总结报告是描述攻关研究过程、进展和结果，或者科研过程中遇到问题的文档，与期刊论文或会议论文等科技论文不同，技术报告在发表前很少经过独立审稿过程，即使审稿，也是企业内部审稿。所以对于技术报告，并没有专门的发表刊物等，往往是内部发表或者非正式发表。技术报告一般是指可以向别人讲述的模式，用于给大家讲解或者分享或者汇报的报告，要有一定的针对性。

技术报告主要内容包括技术工作总结报告和技术研究报告两部分，主要内容包含以下七个方面：一是项目概况；二是引用标准；三是设计原则，包括实用性、创新性、可扩展性等；四是研究目标及主要技术指标；五是相关鉴定报告、质检报告；六是专利情况；七是项目研究总结。

1. 技术工作总结报告

技术工作总结报告是技改革新项目完成后从“项目计划任务书”入手，简明扼要地总结提炼以下内容。

（1）计划任务书要求。

① 攻关目标及主要研究内容；

② 技术经济考核指标；

③ 计划任务调整情况。

（2）研究工作总结。

① 研究工作内容概要；

② 完成的主要工作量；

③ 对外合作执行情况；

④ 取得的主要成果；

⑤ 取得的主要创新点；

⑥ 现场应用情况；

⑦ 技术有形化情况；

⑧ 问题及建议。

（3）知识产权说明。

① 申报专利情况；

② 发表论文情况；

③ 其他知识产权情况；

④ 查新情况。

（4）经费使用情况。

（5）组织管理情况。

（6）主要参加单位及研究人员。

撰写技术工作总结报告注意事项：应参照攻关项目“计划任务书”简明扼要地据实总结提炼。例如，攻关目标及主要研究内容的方向是否根据实际情况进行了适当调整，研究工作总结是重点，其中“取得的主要成果和主要创新点”要高度概括，对“现场应用”“技术有形化”如实反映，对于项目实施过程中“存在的问题”提出相关建议，作为下一步研究攻关的方向等。

2. 技术研究报告

技术研究报告要从“项目开题设计报告”入手，详细阐述以下内容。

（1）技术背景；

（2）研究内容及研究过程；

（3）解决方案；

（4）实验效果；

（5）效果评价；

（6）结论与认识；

（7）项目验收意见。

撰写技术研究报告注意事项：应参照攻关项目“开题设计报告”详细阐述技术背景，项目研究的全过程，以及研究过程中遇到的问题以及解决方案、实施及实验效果、经济社会效益、结论与认识、项目验收意见等。注意前后的连贯与统一，采用专业术语和项目规定的术语集，前后描述的用语要一致，文档内容应该协调一致，没有矛盾。

“××技术”项目验收意见

20××年××月××日，××公司组织专家对××承担的“××技术”项目进行验收。专家组听取了研究成果汇报，审查了提交的验收资料，经过答疑讨论，形成验收意见如下：

1. 计划任务完成情况

（1）××；

（2）××；

（3）××。

2. 取得的成果及认识

（1）××；

(2) ××；

(3) 申报专利××项，发表专业论文××篇。

3. 创新点如下：

(1) 提出××方案；

(2) 研制××装置；

(3) 实现××功能。

专家组认为，该项目完成了合同规定的研究内容，取得预期成果，达到了技术经济考核指标要求，提供资料齐全、规范，课题组织管理有序，一致同意通过验收。综合评价为××。

建议：

(1) ××；

(2) ××。

专家组组长（签字）：

年　月　日

（三）成果评审报告

成果评审报告是对所承担的科研课题取得实质性成果而撰写的科技文书，它表达了某项科研课题的进展情况与阶段成果，或是表述某一具体项目研究的总体与阶段成果，或是表述某一研究、试验的结果，或是论述某个科学技术问题研究的现状及发展情况。

按照研究学科的不同，科技成果评审报告分为三类：一是基础科学学科的创造性研究成果；二是应用技术学科领域的新技术、新方法、新工艺研究成果；三是重大科研项目的阶段性成果。对于重大科研项目的阶段性成果报告，又可分为定期总结报告和进度总结报告两类，定期总结报告包括月报、季报、年报；进度总结报告包括阶段性小结报告、终止报告。

1. 科技成果报告特点

一是真实性。科技成果报告真实、客观地反映科技工作已经取得的实质性成果，其内容涉及的研究工作方法、操作步骤、数据处理、分析方法等具体环节，均要真实、客观。对于报告内容涉及国家机密或商业机密，需要注明保密等级。

二是新闻性。要及时、迅速地把已取得的科技成果写成科技成果报告，告知科研主管部门、委托单位及有关部门，使其具有一定新闻性和时效性。

三是规范性。科技成果报告格式有行文式或表格式两种，它们均有统一规范，报告者可按一定格式，逐项填写。例如，国家科学技术委员会制定了“科学技术研究成果报告表”，专门供科技创新人员申报科技成果；各企业也制定了“成果登记证书”，专门供科技创新人员申报相应级别的科技成果。

2. 科技成果报告组成

科技成果报告的主要作用是科研项目、科研课题承担者向科研主管部门或委托单位汇报其承担的科研项目、科研课题的进展情况、阶段成果或最终成果，以取得他们的认可和支持，包括资金上的支持。同时，科技成果报告也是用来交流自己的科研成果，以便总结经验，进行科研项目、科研课题的科学评估。

科技成果报告文本由标题、摘要、关键词、前言、材料与方法、结果、讨论、参考文献等部分组成。

（1）标题。简明、准确地写出该课题研究的基本内容。

（2）摘要。概括地说明该研究的目的及重要性，简明扼要地表述是以何种实验材料与方法得出的何种研究结论，突出新见解和研究结果的意义。

（3）关键词。这是表达文献主题概念的词汇，它可以从标题和摘要中提出（一般提出 3~4 个关键词），关键词可供检索性期刊（或数据库）编入关键词索引，供国内外科技人员查阅。

（4）前言。简要表述本研究课题的背景、前人的研究结果和未能解决的问题，以及本研究的主要实验（或试验，后同）内容和研究目的。

（5）材料与方法。详细写出本研究所用的实验材料、实验条件、采用的实验方法以及其理论依据，具体的实验操作步骤。

（6）结果。客观描述和科学分析实验过程中发生的现象；写明应用的公式、反应方程式；用表格、坐标图或曲线图准确列出实验中得出的数据；表述实验得出的最终结果。

（7）讨论。讨论是将实验研究中的感性认识提高到理性认识高度。其重点内容是对实验数据和现象进行科学分析，并对数据误差和影响实验结果的因素进行解释，探讨对实验材料及方法的改进。在讨论的撰写中，表述要全面、辩证、客观，切忌武断。

（8）参考文献。列出与本研究课题直接有关的前人发表的文献（包括参考前人的成果、方法、材料等）。参考文献内容有：作者、论文标题、期刊名、卷、期、页、年份（图书主编、书名、页、出版社、出版年份）。

科技成果报告撰写注意以下几点：

一是要明确撰写科技成果报告的目的和指导思想，准确掌握科技项目成果技术上的成熟性和经济上的合理性，要充分说明科技项目成果的用途和应用，要准确评价研究项目成果的科学效果、技术效果和社会效果。

二是撰写科技成果报告要充分掌握相关材料，进行严密论证和科学分析，并要与国内外同类科技成果的先进水平进行对比，以便作出恰当、正确、客观的评价。

三是撰写科技成果报告要据事论理，条理清晰，文字简洁，篇幅不宜过长。当科技人员对自己所承担的科研项目取得实质性成果（包括阶段性成果），要及时、迅速地写出科技成果报告，以得到社会的认可，实现其社会价值和经济价值。

××公司

成果登记证书

（20××年度）

成 果 名 称：________________

成果登记号：________________

主要完成人：________________

主要完成单位：________________

成 果 类 型：________________

成果评价方式：________________

××公司科学技术委员会

20　年　月　日

一、成果基本情况

<table>
<tr><td>成果名称</td><td colspan="3">限30字以内,应紧紧围绕项目核心创新内容,简明、准确地反映出成果创新技术内容和特征</td></tr>
<tr><td>推荐单位
(盖章)</td><td colspan="3"></td></tr>
<tr><td>成果类型</td><td>(应用基础、应用技术、软科学、引进消化吸收、新技术推广应用、其他)</td><td>评价方式</td><td>(通过验收、通过评审、通过鉴定、通过评定)</td></tr>
<tr><td>任务来源</td><td colspan="3">任务来源可以多个(国家计划、集团公司计划、自治区计划、油田公司计划、其他科技计划)
详细填写每个项目来源名称、计划编号等</td></tr>
<tr><td>已授权发明专利(件)</td><td></td><td>已授权实用新型专利(件)</td><td></td></tr>
<tr><td>已登记软件著作权(个)</td><td></td><td>技术秘密(项)</td><td></td></tr>
<tr><td>发表核心论文(篇)</td><td></td><td>出版专著(部)</td><td></td></tr>
<tr><td>已颁布标准(部)</td><td colspan="3"></td></tr>
<tr><td>项目研究起止时间</td><td colspan="3">起始时间:____年__月__日　　完成时间:____年__月__日</td></tr>
</table>

二、项目概况

1. 立项背景

(限300字以内)

2. 研究开发内容

(限500字以内)

3. 国内外技术对比

(限300字以内)

4. 技术创新点

(限500字以内)

5. 应用情况

(限200字以内)

三、主要完成单位情况表

单位名称		排名	
联系人		联系电话	
对本项目的贡献:(不超过 600 字)			
声明: 本单位对成果材料进行了严格审查,保证所提交材料真实有效,且不存在违反保密的有关规定及侵犯他人知识产权的情况。如有虚假或违纪行为,愿意承担相应责任并接受处理。如产生争议,保证积极配合调查处理工作。 单位(公章) 年 月 日			

四、主要完成人情况表

姓名		性别		项目排名	
民族		身份证号			
工作单位		移动电话			
职务		技术职称			
参加本项目时间	自 年 月 日至 年 月 日				
对本项目技术创造性贡献:(不超过 300 字)					

五、评价人员

序号	姓名	评委会职务 (主任、副主任、委员)	工作单位	职务	职称

六、评价意见

附:请将评价意见复印件附在此页

（四）专利申请文本

符合专利申报条件的创新成果应及时申请知识产权保护，形成专利成果。申请文件是确定专利权保护范围的法律文件，直接影响申请人的利益和专利权的审批，也是专利权授予后判定侵权的依据。申请人提供的技术交底书，由专利代理人进行修改，撰写权利要求书。

1. 清楚专利的分类

专利是通过法定程序确定发明创造的权利归属关系，从而有效保护个人或企业的发明创造成果，及时申请专利就是要防止发明创造成果被他人随意占有、使用，而丧失了其应有的价值。申请专利是为了在市场竞争中争取主动，防止竞争对手将相同的发明创造申请专利，从而确保自身产品生产与销售的安全可靠。专利分为发明专利、实用新型专利、外观设计专利三类。

在知识产权领域，发明是指对产品、方法或其改进所提出的新的技术方案。发明专利的技术含量最高，发明人所花费的创造性劳动也最多，新产品及其制造方法、使用方法都可申请发明专利。发明专利的保护期为 20 年，权利稳定，公示期长，较难授权。

实用新型是对产品的形状、构造或者其改进提出的适于实用的新的技术方案。只要有一些技术改进就可以申请实用新型专利，要注意的是：只有设计产品构造、形状或其结合时，才可以申请实用新型专利。实用新型专利的保护期为 10 年，权利稳定性较差，公示期一般在 6 个月以上，易授权。

外观设计是对产品的形状、图案或其结合以及色彩与形状、图案的结合所做出的富有美感的并适于工业应用的新设计。外观设计专利的保护期为 10 年，权利稳定性较差，公示期一般在 6 个月以上，易授权。

专利发明分为职务发明和非职务发明。所谓职务发明是指执行本单位的任务或者主要利用本单位的物质技术条件完成的发明创造。而非职务发明是指不在任何单位工作的人员以及单位工作人员退职、退休一年后所完成的发明创造，或者虽然是单位的工作人员，但不是执行本单位的工作任务，也不是主要利用本单位的物质技术条件所完成的发明创造。

《中国石油天然气股份有限公司专利管理办法》节选

《中国石油天然气股份有限公司专利管理办法》中有关专利权利归属规定如下：

第十条：股份公司和地区公司员工职务发明创造的专利申请权、专利权归股份公司所有或股份公司与全资子公司共同所有。职务发明创造主要包括：

（一）执行国家、股份公司及地区公司工作任务完成的发明创造；

（二）主要利用股份公司及地区公司物质技术条件完成的发明创造；

（三）员工退休、退职、解除劳动合同、调离后一年内完成的，与其原岗位工作或原单位分配任务有关的发明创造。

2. 申请专利的时机

（1）方案形成即申请。当有了新颖性、创造性、实用性的技术方案就可以申请实用新型专利或发明专利。新颖性是指不属于现有技术，而现有技术是申请日以前在国内外为公众所知的技术（出版物公开、使用公开、其他方式公开）。创造性是指与现有技术相比，具有突出的实质性特点和显著的进步（产品微观结构、构造、位置关系、连接关系、成分、步骤、工艺参数实质性变化，意想不到的效果等）。实用性是能够制造或者使用，并且能够产生积极效果。

（2）改进及时申请。改进过程中要把握相对现有技术小幅领先或并驾齐驱的创新成果，需要快速申请，并且申请人与代理人充分沟通确定。

创新成果大幅领先现有技术，短期内不会被反向破解的可暂缓申请，完善相关资料，申请更高级别的专利成果。

3. 撰写技术交底书

技术交底书，顾名思义就是发明人提交给专利代理人有关该发明创造的相关技术资料，专利代理人以此为依据撰写正式的专利说明书及权利要求书。

专利申请技术交底书包括的内容：专利名称、所属技术领域、背景技术、发明的目的、发明的内容、发明的效果、附图及简单说明、实施例。

专利申请技术交底书撰写向导

专利申请文件要求格式严格，手续繁杂，股份公司要委托专业人员撰写申请文件，发明创造的完成人要将发明创造的内容向专利代理人介绍，代理人将以交底书为依据撰写正式的专利说明书及权利要求书。交底书内容如下。

1. 发明（或实用新型，以下同）的名称

能简单明了地反映发明的主题和类型，尽量表明发明对象的用途或者应用领域。不能使用非规范的技术语言和商标、代号、人名、地名等含义不清的词汇，字数限定在30个字以内。名称一经确定，全部交底书使用均要一致。

2. 所属技术领域

指发明直接所属或直接应用的技术领域，如“本发明是一种电视机中使用的遥控器”“本发明属于石油地质勘探钻机自动控制装置”“本发明涉及低合金钢的热处理方法”等。

3. 背景技术

申请人所掌握的与本发明相关的同类技术现状（一般要以文献检索、资料为依据），应有针对性地与本发明对比，作如实描述和评价，必要时借助附图加以说明。具体内容包括：简要说明其结构和原理、工艺过程及条件；实事求是地说明背景技术存在的不足之处等。选好背景技术至关重要，它是发明的基础，关系到判断发明的价值，所以切忌主观臆断。最好能提供介绍背景技术的文献，并指出文献的“出处”，以及公知公用情况。凡涉及现有设备的要注明生产厂家、牌号；涉及专利的要给出专利号；经过检索的要附有检索报告。

4. 发明的目的

针对背景技术中存在的问题，正面明确地说明发明所要解决的技术问题，从而归纳出本发明的目的。切忌采用“节省能源”“提高质量”“克服上述技术中的缺点”等笼统提法。

5. 发明的内容

为实现上述目的，在本发明中采取的主要技术手段。要清楚、完整、准确地加以描述，要对发明的实质内容加以说明，公开的程度以所属技术领域的普通技术人员能够理解和实现为准。

例如，实用新型专利要描述产品是由哪些部件组成的，各部件间的位置关系和连接关系，其形状、构造有什么特征（注意：不要涉及产品的使用方法、功能）。如果是方法类发明，要写清必要的生产条件及工艺步骤。与背景技术的不同点，要尽可能描述清楚，在描述每项技术手段时，应说明其在本发明中所起的作用，必要时应说明设计方案所依据的科学原理，以便代理人和审查员理解发明实质内容。

6. 发明的效果

与发明的目的、手段相对应，与背景技术相比具有的优点、特点和本发明所能达到的积极效果（最好有具体数据），具体地、实事求是地进行描述。

7. 附图及附图的简单说明

发明人可提供描述本发明的必要的附图（电路图、结构图、框图及流程图等），用来帮助说明发明的内容。实用新型专利应至少包括一幅附图。附图应能清楚地体现发明内容，主要部件应顺序编号。在附图说明中要说明各视图的名称，图中标号所指示的零件、部件、部位名称。同一部件在不同视图中应用同一标号。

交底书中未提及的附图标号，图中不应出现，交底书中提及的零部件，图中均应加以标注。各种图要使用黑色墨笔画（不要用铅笔画），图幅 A4 幅面大小，图的大小及清晰度应保证在该图缩小到三分之二时仍能清楚地分辨出图中各个细节。可采用多种绘图方式，最好按制图标准制作，附图可不按比例，图中不要出现汉字（必要时要打印）、尺寸线、尺寸。涉及电路的一定要有方框图或电路图。

8. 实施例

列举实现发明内容的实例，是以上第 5 部分的扩展，即各具体技术方案的构成、最佳设计。可结合附图说明发明的组分、流程、形状、构造，为了使发明更容易理解，必要时可说明功能、动态构造和使用方法（但不要写成使用说明书）等。

注意：这里的“实施”不是该发明在实践中如何应用，取得了什么收益，“应用”和“收益”对专利来说是“效果”，应写在以上发明的效果部分。

对方法发明，工艺条件可以用不同的参数选择表示不同的实施方案；

对产品发明，不同的实施方案是指几种具有同一构思的具体结构、配方和组分。必要时可列举多个实施例，每个实施例都必须与整体技术方案的目的和效果相一致。写好实施例，可增加该发明的可实施性，提高该发明的分量，交底的原则是宁多勿少、宁细勿粗、宁实勿虚。

《中华人民共和国专利法》要求说明书要充分公开技术内容，要能够使普通技术人员得以实现，所以，如果申请人对部分技术措施或技术内容保留，容易公开不充分导致不能取得专利权。

注意：由于发明人与专利代理人存在技术信息和法律信息不对等，文字表达和思维方式的差异，所以撰写专利申请技术交底书时，要做到语言严谨、精练准确而且通俗易懂，切记勿过于专业，使专利代理人无法理解。即便是提交了技术交底书后，也需要申请人与代理人之间的充分沟通。

专利申请技术交底书的内容应当清晰，满足主题明确、前后一致、用词准确、无歧义等要求。不得使用含义不确定的用语，如厚、薄、强、弱、高温、高压等，不得出现定义不同保护范围的用语，如最好、例如、特别是、必要时等，尽量避免使用通常会使保护范围不清楚的用语，如约、接近、类似物等。

4. 提交申请的专利

专利申请技术交底书撰写完成后，按照企业申报专利的流程向科技管理部门进行提交。

专利代理人将专利说明书及权利要求书撰写完成后，由申请人进行核实并反馈信息，确认无误后，提交专利局受理。

实用新型专利一般公示半年至 1 年后即可获得授权；发明专利一般需要 3 年左右才能获得授权。

5. 把握申请的技巧

（1）多类型申报，对一项发明创造可同时申报发明、实用新型、外观设计申请。

（2）多内容并行，对一项发明创造的产品、生产方法、生产设备、用途、检测方法等，多内容申请，扩大横向保护范围。

（3）局部与整体并举，对一项发明创造的产品、部件、方法、步骤等分整体与部分申请，延伸纵向保护内容。

第六节　创新成果奖项及申报

技术奖项是对技改革新成果的综合认可。按照立项程序最终可形成“五小”成果、质量管理活动成果、一线创新成果、科技创新成果等，需按具体要求申报，进入评奖程序，也可形成技术报告、技改论文、著作、题库等成果。

一、“五小”成果奖

“五小”创新活动是鼓励广大员工参与发明创新活动的统称，包括“小发明、小革新、小改造、小设计、小建议”等内容，具体包括：

（1）小发明，指围绕企业安全生产、基本建设及节能减排等方面，在特定范围内首次发明创造的某种产品。

（2）小革新，指对陈旧设备、落后工艺和操作方法等进行各种形式的革新，使工艺进步和某一方面技术性能得到明显提高的成果。

（3）小改造，指对已有设备、用具等进行小型改造以提高功效或废旧利用。

（4）小设计，是指外形设计、构造设计、产品设计、工艺设计等，其成果具有完整性、可实施性。

（5）小建议，指一般员工对企业安全、生产、经营和管理提出的合理化建议被采纳实施后所形成的成果。其完成人不包括决策层人员和主要管理人员。

案例

“五小”成果申报表

申报时间：　　年　　月　　日

项目名称		项目类型	
申报人		单位	
主要内容			
单位意见			
活动办公室意见			
效益评估			
领导小组意见			
评定结果			

"五小"成果说明书

1. 选题背景

2. 革新目的及思路

3. 革新工作原理、理论计算［小发明和小设计有实物或样品更佳（或照片）；小革新、小改造要有图纸、照片一套；小建议要有采纳单位证明］

4. 使用效果、年节约或创造价值

5. 推广前景

6. 其他要说明事项

二、质量管理活动成果奖

质量管理活动成果即 QC 成果，是英文 QUALITY CONTROL 的简称，中文意义是质量控制，其在 ISO9000：2005 的定义是"质量管理的一部分，致力于满足质量要求"。对 QC 小组活动成果的评审，就是与评审标准对比，衡量小组活动达到标准的程度，审查小组活动成果是否完整、正确、真实、有效。

（一）明确课题来源

QC 小组活动的课题来源主要有三个方面：指令性课题、指导性课题和自选课题。

（1）指令性课题：一般由上级主管部门作为一项限期完成的任务，以指令形式下达。这种课题通常是企业生产经营活动中迫切需要解决的重要课题，如关系到提高企业技术水平的攻关课题，新技术、新工艺、新材料的推广应用，消除质量通病的课题等。

（2）指导性课题：由企业质量管理部门根据企业中心工作、发展规划中的发展方向、方针目标中推荐的课题，由 QC 小组根据自身条件选择合适的课题开展活动，是一种上下结合的选择课题方式。

（3）自选课题：由 QC 小组成员自己发现身边的问题，经过集体讨论统一认识后确定的课题。可以从三个方面来考虑：一是围绕企业方针和质量目标在本部门落实的关键点来选题。二是围绕生产工作现场存在的关键问题和薄弱环节选题。针对生产实际中出现的关键问题，更应该作为QC小组活动的课题认真加以解决。三是围绕用户（下道工序是上道工序的用户）意见去选题。

课题选择的范围十分广泛，概括起来有九大方面：一是提高质量，降低成本；二是设备管理；三是提高出勤率、工时利用率和劳动生产率，加强定额管理；四是开发新品，开设新的服务项目；五是安全生产；六是治理“三废”（废水、废气、废渣），改善环境；七是提高顾客（用户）满意率；八是加强企业内部管理；九是加强思想政治工作，提高职工素质等。

（二）根据课题分类撰写成果

QC小组课题分为问题解决型课题和创新型课题。

1. 问题解决型课题

（1）节能环保型课题：是指有关降低能耗、节约资源（水、电、煤、气等）、减少环境污染、保护环境、美化环境等方面的课题。

（2）现场攻关型课题：是指有关提高产品质量，增强顾客满意的现场改进、攻关的课题，如提高产品合格率、减少产品故障、减少顾客投诉或产品报修数量的课题等。

（3）服务管理型课题：是指有关服务、管理质量提高，流程优化，周期缩短，工作效率提高等方面的课题，如缩短顾客等待时间、加快投诉处理的课题等。

2. 创新型课题

创新型课题主要是指运用全新的思维和创新的方法研制、开发新的产品、工具或服务，以提高企业产品的市场竞争力，并不断满足顾客日益增长的新需求，提高经营绩效的课题。

（三）撰写成果注意事项

课题选择要明确QC小组开展活动的改进对象是什么，应简单精练、直截了当。同时需要注意的是所选课题既是要通过开展QC小组活动才能解决的，而非一个人就可以改善的，又要是本QC小组成员力所能及的，是通过小组成员的集体智慧、创造性和共同努力可以解决的。不能选择过大或小组成员不能解决的课题。

在遵循“小、实、新、活”的原则下，慎重选择课题和考察 QC 小组成员能力是否适应，是能否出成果的关键，也是注册过程中的关键环节。应注意课题的选择和确定，对所选课题应反复斟酌，各级部门、班组应抓好注册课题的沟通，把好选择课题关。通过调查或运用“头脑风暴法”，可以收集到多个可供小组选择的课题。而小组只能逐个课题分开解决，选定课题即是得到小组成员大多数人的认可。一般采用表决法或评议、评价的方法来选定。

（1）选题要小而实。选题宜小不宜大，课题选得小易于弄清现状，找出问题的症结所在，目标单一、针对性强，绝大部分的改进对策都能由小组成员自己来实施，因而能更好地调动小组成员的积极性。这样的课题容易在短期内取得改进效果，方便活动开展。

（2）选题要“数字化”。尽可能选择能以“数字化”表示的特性值表达的课题，比如“提高产品合格率”这样的课题，合格率能用数字表示，就是一个很好的选题，因为这样的选题，最终的效果可以明确表示，如“经过 QC 活动后合格率提高了 10%”，效果能够明确感知。

（3）选题要“有可比性”。例如，“提高产品合格率”这样的课题，现状合格率是多少，小组设定的目标要提高到多少，通过改进后达到了多少，可以进行对比。

（4）课题名称要精炼。课题名称不宜太长。例如，“开展 QC 小组活动确保西格二线区间 ZPW-2000A 调谐区设备安装质量”名称过长。课题名称不能把活动中采取措施或现状调查后找到的主要问题直接写进课题，如“控制铜管铜钎焊质量，确保给水管道安装一次验收”。

（5）课题与报告的内容相符，避免导致活动或成果报告编写时无从下手或偏离主题。

（6）课题名称要准确，不得包含：如何、优化、研究、改进、改造、改良、改善、加强、通过、应用、工艺、利用、关于、有效、调整、完善、解决××问题、思考、管理、措施、对策、制作等抽象化、“大帽子”或“采用主要对策”的词语及标点符号，提倡包含：提高、降低、增大、缩小、延长、缩短、完成、研制、节约等明示要解决问题的词语。

QC 小组成果报告格式

（封面格式）

××年度××公司

QC 小组活动成果

（小 4 号方正仿宋简体）

课题名称：（方正大宋标简体二号）

小组名称（方正仿宋简体，小三号）

发表人（方正仿宋简体，小三号）

单位名称（全称、方正仿宋简体，小三号）

年　月　日　（方正仿宋简体，小三号）

目录

小组概况

小组名称		注册编号	
课题名称		成立时间	
课题类型		活动时间	
小组人数（≤10 人）		当年活动次数	
获奖情况			

小组成员情况（不超过 10 人）

序号	姓名	年龄	文化程度	职务、职称	组内分工	备注

具体内容

（1）“问题解决型”课题。

自选目标：选题理由、现状调查、设定目标、原因分析、确定主要原因、制定对策、实施对策、效果检查（包括经济效益计算）、制定巩固措施、总结和下一步打算。

指令性目标：不做“现状调查”，但“设定目标”之后，要进行“目标可行性分析”，其他活动内容、步骤与“自选目标”相同。

(2)“创新型”课题。

选择课题、设定目标、提出方案并确定最佳方案、制定对策、实施对策、效果确认、标准化、总结和今后的打算。

(3) 成果在活动期间所产生的直接经济效益的计算，要写出较详细的计算依据和方法，即以石油质协《关于规范QC小组成果经济效益计算方法的通知》（油质协字〔2006〕27号）和中国石油等有关规定为依据。

(4) 成果报告中涉及的计量单位必须统一使用国际单位制。

(5) QC小组活动成果报告，要按照活动程序、步骤，将活动内容、方法和效果，用文字、图表、数据等形式表达清楚。言简意赅，层次分明、逻辑性强。

三、一线创新成果类奖

（一）一线创新成果奖

一线创新成果是广大员工立足岗位一线寻找影响工作效率、工作质量、工作消耗、操作安全等方面的问题，探求更高更快的效率、更好更精的质量、更低更少的消耗、排除安全隐患，在技改革新、故障诊断、废旧利用、难题攻关、安全环保、规范操作等方面总结提炼后形成的技术成果。

随着国家提出“创新驱动发展战略”，从地方到企业相继出台了创新创效奖励办法，激发了一线员工创新创效积极性。中国石油天然气集团有限公司出台《技能人才创新创效奖励办法》，鼓励和吸引集团公司高技能人才不断总结和提升，促进一线创新成果推广应用，让越来越多的实用技术和宝贵经验能够进入生产现场，发挥作用，进而转化为生产力。

一线创新成果评奖主要对技能人才在技改革新、技能攻关、绝招绝技等方面的成果进行评选奖励，主要分为集团级、企业级、厂处级等，各层级评奖原则上设一等奖、二等奖、三等奖、优秀奖。参加集团级评奖的成果须在企业各类评奖中获得三等奖及以上奖励，企业级、厂处级评奖范围由各单位自行确定。集团级评奖每两年组织一次，其他层级评奖周期企业自行确定。

申报一线创新成果评奖应具备以下条件：

（1）申报人为成果第一完成人；

（2）成果已在生产实践中应用，具有较高的创新性、先进性；

（3）成果在提高劳动生产效率和产品质量，以及节能降耗或安全环保等方面取得显著成效；

（4）成果具有较高的经济价值和社会效益。

一线创新成果评奖申报表（样表）

专业类别： 申报单位（企业）：

成果名称			
申报人姓名	基层单位	员工编码	工种
成果简介 （300 字左右）	（简要介绍、关键技术、获奖情况、专利发明、论文发表等并附相关证明材料）		
经济效益 社会效益 推广前景 （200 字左右）	（包括计算过程和文字说明）		

（二）一线创新成果推广奖

在《中国石油天然气集团有限公司技能人才创新创效奖励办法》中明确了创新成果推广奖励的条款。推广奖励主要是对技能人才推广应用一线创新成果、技术成果进行效益分成奖励，其中一线创新成果推广应用奖励分为职务成果和非职务成果两类。职务成果是指技能人才在企业支持下，利用企业的资金、设备设施、材料等完成的创新成果；非职务成果是指技能人才利用业余时间自费完成的创新成果。推广奖励原则上每年组织一次。

技能人才申报推广奖励应具备以下条件：

（1）申报人为成果推广应用的领衔人；

（2）推广应用的成果，须为各类获奖成果、技术立项成果或企业指定的推广项目；

（3）推广应用工作须为近 3 年完成，直接经济效益在 10 万元以上。

创新成果推广应用奖励申请表（样表）

专业类别：采油采气/炼油/钻井　　成果类别：（职务性/非职务性）　申报单位：

推广项目名称				
成果来源	（本人成果/他人成果）	项目类型	（一线创新成果/技术成果）	
名称	姓名	基层单位	员工编码	专业/工种
成果拥有人				
申报人				
参与人 1				
参与人 2				
成果推广应用简介（300 字左右）	（推广时间、推广何种成果、解决何种难题、应用范围及规模、产生的效果）			
近 3 年直接经济效益	自评经济效益：（包括计算过程和文字说明） 经济效益计算方法及文字说明			

四、中国专利奖

中国专利奖是中国唯一的专门对授予专利权的发明创造给予奖励的政府部门奖，得到联合国世界知识产权组织（WIPO）的认可，在国际上有一定的影响，设中国专利金奖及中国专利优秀奖、中国外观设计金奖及中国外观设计优秀奖。

中国专利奖由国家知识产权局于1989年设立，自2009年第十一届起，中国专利奖评选周期由二年一届改为一年一届。评奖标准不仅强调项目的专利技术水平和创新高度，也注重其在市场转化过程中的运用情况，同时还对其保护状况和管理情况提出要求。

（一）评选条件

参与专利奖的评选需要有各地知识产权局的推荐、国务院单位或者中国科学院院士/中国工程院院士的推荐信等。参与评选的单位或者个人还需要准备申报书、项目资料等。

（二）评选办法

中国专利奖评奖办法

第一条　评奖宗旨

引导和推进知识产权工作对创新型国家建设，以及促进经济发展方式转变发挥重要作用；鼓励和表彰专利权人和发明人（设计人）对技术（设计）创新及经济社会发展所作的突出贡献。

第二条　评奖周期

国家知识产权局与世界知识产权组织共同开展中国专利奖评选工作，每年举办一届。

第三条　奖项设置

中国专利奖设中国专利金奖及中国专利优秀奖、中国外观设计金奖及中国外观设计优秀奖。

中国专利金奖及中国专利优秀奖，从发明专利和实用新型专利中评选产生，中国专利金奖评出20项。中国外观设计金奖及中国外观设计优秀奖，从外观设计专利中评选产生，中国外观设计金奖评出5项。

第四条　评审组织

国家知识产权局设立中国专利奖评审委员会（以下称“评审委员会”），会同世界知识产权组织开展中国专利奖的评审、批准和授奖等有关工作。评审委员会下设评审办公室，负责日常组织协调工作。

第五条　评奖标准

1. 发明、实用新型专利评奖标准

（1）专利权稳定，专利授权文本质量优秀。

（2）技术方案新颖，创新性强，技术水平高。

（3）发明专利技术方案对解决本领域关键性、重要性技术问题的贡献程度较大，对本领域技术进步和产业结构优化升级起到重要促进作用；实用新型专利技术方案对本领域技术革新、产品升级换代的贡献程度较大，对行业技术发展起到积极促进作用。

（4）对提高产品市场竞争力发挥了重要作用，取得了突出的经济效益或社会效益，具有良好的发展前景。

（5）专利权人、实施单位对于该项专利权的运用和保护措施积极主动，取得了显著成效。

2. 外观设计专利评奖标准

（1）专利权稳定，创新程度高，专利授权文本质量优秀。

（2）形状、图案、色彩方面设计独特，在产品所属领域有突出的设计要点。

（3）表达良好的设计理念，具备产品质量安全可靠、人机性好、实用性强、绿色环保、引领未来健康生活方式、有文化内涵等特征。

（4）对提升相关产品的市场竞争力发挥了重要作用，取得了突出的经济效益或社会效益。

（5）专利权人、实施单位对于该项专利权的运用和保护措施积极主动，取得了显著成效。

第六条　推荐及评审程序

（1）中国专利奖参评项目采用推荐方式，由各地知识产权局、国务院有关部门和单位知识产权工作管理机构、全国性行业协会、中国科学院院士和中国工程院院士根据当年评选通知要求择优推荐。

（2）评审办公室负责对推荐项目进行初审、公示，并组织开展有关初评工作。

（3）评审办公室根据初评情况，提出预获奖项目名单，报评审委员会。

（4）评审委员会对预获奖项目名单进行审定，确定获奖项目及其奖励等级。

（5）评审办公室在国家知识产权局政府网站以及《中国知识产权报》公示评选结果。

第七条 异议处理

(1) 中国专利奖评选工作接受社会监督，社会公众对公示项目有异议的，可在规定时间内向评审办公室提出。

(2) 评审办公室接收异议材料，成立异议处理小组，对异议的具体情况进行分析，形成异议分析材料及处理意见并向评审委员会报告，经评审委员会决定后，将处理意见通知异议方和项目申报人、推荐单位。

(3) 参与异议处理的有关人员对异议者的身份及有关异议信息予以保密。

第八条 授奖

国家知识产权局及世界知识产权组织根据评选结果公示情况，对无异议或异议不成立的项目予以授奖，联合向获得金奖项目的发明人（设计人）颁发奖牌和证书，向专利权人颁发奖牌；国家知识产权局向获得优秀奖项目的发明人（设计人）颁发证书，向专利权人颁发奖牌。

国家知识产权局会同世界知识产权组织召开会议，共同表彰有关获奖的发明人（设计人）及专利权人。

国家知识产权局通过电视、网络、报刊等媒体公布获奖结果；对于获奖的项目，专利权人可以在其产品上标注奖项名称及获奖时间。

第九条 撤奖

对于获奖项目，若发现报送材料不实，且有证据证明不符合获奖条件的，由评审办公室提出撤销授奖的意见，经评审委员会批准，撤销授奖并追回奖牌和证书。

第十条 本办法由中国专利奖评审办公室负责解释。

专利发明人也可按发明项目的先进性、实施状况、经济效益和社会效益作用大小，可通过地市级人民政府、厅局级企业知识产权管理部门申报省（部委）级专利奖。

五、其他奖项

（一）职工技术创新成果奖

职工技术创新成果奖是中国能源化学地质工会为能源化学地质系统广

大职工所设立的奖项。

1. 征集范围

（1）获得集团公司（包括集团形式管理的中央企业二级子公司、矿务局、省级国土资源单位）一等奖以上，取得显著经济效益和社会效益、具备较高推广价值的技术创新成果。

（2）以职工个人为主或创新工作室、班组等集体完成的项目。

（3）一般是当年完成的技术创新项目。

2. 项目专业范围

（1）煤炭行业：井工或露天煤矿采掘、运输、通风、洗选、煤机设备维修制造等专业。

（2）电力行业：电力建设、发电及电网运行、检修、营销服务、装备制造等专业。

（3）石油石化行业：物探、钻井、测井、采油采气、集输、井下作业、天然气加工、炼油、石油化工等专业。

（4）化学医药行业：化学工程与工艺、精细化工、生物制药、化学制药等专业。

（5）国土资源行业：地勘、测绘、海洋、地质调查等专业。

凡涉及国家机密、存在知识产权争议的成果，国家课题、综合性研究课题，政府投资或企业组织技术人员攻关的科研、技改等项目不在征集范围。已获得国家科技进步奖的成果不再参加评选。

3. 内容及形式要求

（1）填写登记表。

（2）不超过 1500 字的文字说明。

主要说明成果的思路、特点、效果、价值等，可附工程图、工作原理图或示意图。

（3）证明材料：

① 知识产权证明（如专利证书）或科技查新报告；

② 相关评介证明（鉴定证书或鉴定报告、项目验收报告新产品证书、用户使用反馈意见等）；

③ 成果获奖证书或获奖证明材料；

④ 成果被转让单位证明材料；

⑤ 企业财务部门出具的证明成果转化所创造效益的材料；

⑥ 企业行政出具的证明成果实施、推广、应用的材料；

⑦ 能够证明成果的其他材料。

案例

职工技术创新成果登记表

填表日期： 年 月 日

单 位					
项目名称					
获奖情况				完成时间	
主要完成人		技术等级或职称		联系电话	
简要介绍：					

注：图文说明材料可另附。

（二）科技进步奖

科学技术进步奖是对推动科学技术进步作出重要贡献的集体和个人给予的一种奖励。国务院公布的《国家科学技术奖励条例》规定，凡具备下列条件之一的均可获奖。

一是应用于社会主义现代化建设的新的科学技术成果（包括新产品、新技术、新工艺、新材料、新设计和生物新品种等），属于国内首创的、本行业先进的、经过实践证明具有重大经济效益和社会效益的；二是在推广、转让、应用已有的科学技术成果工作中，作出创造性贡献并取得重大经济效益和社会效益的；三是在重大工程建设、重大设备研制和企业技术改造中，采用新技术、作出创造性贡献并取得重大经济效益或社会效益的；四是在科学技术管理和标准、计量、科学技术情报工作中，作出创造性贡献并取得特别显著效果的。

1. 国家科学技术进步奖

国家科学技术进步奖是由国务院设立的国家级科学技术五大奖项（国

家最高科学技术奖、国家自然科学奖、国家技术发明奖、国家科学技术进步奖、国际科学技术合作奖）之一，授予在技术研究、技术开发、技术创新、推广应用先进科学技术成果、促进高新技术产业化，以及完成重大科学技术工程、计划等过程中作出创造性贡献的中国公民和组织。

1）授奖对象

国家科学技术进步奖授予在应用推广先进科学技术成果，完成重大科学技术工作计划、项目等方面，作出突出贡献的下列公民、组织：

（1）在实施技术开发项目中，完成重大科学技术创新，科学技术成果转化，创造显著经济效益的；

（2）在实施社会公益项目中，长期从事科学技术基础性工作和社会公益性科学技术事业，经过实践检验，创造显著社会效益的；

（3）在实施国家安全项目中，为推进国防现代化建设、保障国家安全作出重大科学技术贡献的；

（4）在实施重大工程项目中，保障工程达到国际先进水平的。

国家科学技术进步奖每年奖励项目总数不超过400项，分为一等奖、二等奖、三等奖三个奖励等级。

2）授奖范围

国家科学技术进步奖的奖励范围涉及国民经济的各个行业，是一项覆盖面广泛的科学技术奖。从候选人、候选单位所完成项目的性质来讲，包括了新产品和新技术开发、新技术推广应用、高新技术产业化、企业技术改造及技术进步、技术基础和重大工程建设、重大设备研制中引进消化、吸收国外新技术，或自主开发创新的技术等。

3）授奖类型

国家科学技术进步奖候选人和候选单位所完成的项目可以根据其性质和范围，分为技术开发、社会公益、国家安全、重大工程等四类项目。

（1）技术开发类项目。

在科学研究和技术开发等活动中，完成具有重大市场价值和技术创新的产品、技术、工艺、材料、设计和生物品种，以及在促进新成果的转化和推广应用、高新技术产业化方面作出重要贡献，并创造显著经济效益的。

（2）社会公益类项目。

在标准、计量、科技信息、科技档案等科学技术基础性工作和环境保护、医疗卫生、自然资源调查和合理利用、自然灾害监测预报和防治等社会公益性科学技术事业中取得重大成果及其推广应用，并创造显著社会效益的。软科学研究成果和科技著作不列入国家科技进步奖的评审范围。

（3）国家安全类项目。

国家安全类项目指在军队建设、国防科研、国家安全及相关活动中产生，对推进国防现代化建设、增强国防实力和保障国家安全具有重要意义的科学技术成果。既用于国防、国家安全领域又用于其他国民经济领域的通用项目，不能列为国家安全类项目。

（4）重大工程类项目。

重大工程类项目指列入国民经济和社会发展计划的重大综合性基本建设工程、科学技术工程和国防工程等。所谓综合性是指需要跨学科、跨专业进行协作研究、联合开发，并对经济建设、社会发展具有战略意义，对国家科技实力、国防实力的整体提高产生重要影响。

重大工程类项目不包括一般的土木建设工程，一般的土木建设工程项目应列入技术开发类。重大工程类项目的国家科技进步奖只授予组织，在完成重大工程项目中作出重大科学发现和技术发明的公民，符合奖励条例及其实施细则规定条件的，可另行推荐国家自然科学奖和国家技术发明奖。

4）授奖条件

（1）技术创新。

在技术上有重要的创新，特别是在高新技术领域进行自主创新，形成了具有自主知识产权的产业（行业）主导技术和名牌产品，或者应用高新技术对传统产业进行装备和改造，通过引进、消化和吸收进行二次创新，提升传统产业，增加产业的技术含量，提高产品附加值；技术难度较大，解决了产业（行业）发展中的热点、难点和关键问题；总体技术水平和主要技术经济指标在推荐评审时属于行业的领先水平。

（2）效益显著。

国家科学技术进步奖经过一年以上较大规模的实施应用，转化为直接的生产力，产生了很大的经济效益和社会效益，实现了技术创新的市场价值或者社会价值，为经济建设、社会发展和国家安全作出了很大贡献。

（3）行业科技进步。

项目的技术创新突出，转化程度高，具有较强的示范、带动、辐射和扩散能力，提高了行业的整体技术水平、竞争能力和系统创新能力，促进了产业结构的调整、优化、升级及产品的更新换代，或者开拓了新的经济增长点和新兴产业，对行业的发展起了很大的推动作用。

5）候选条件

（1）候选个人条件。

国家科技进步奖的候选人应当是具备下列条件的项目主要完成人：提出并确定项目的总体方案；在解决关键的技术和疑难问题中作出重大技术创新和重要贡献；在成果转化和推广应用过程作出创造性贡献；在高技术产业化方面作出重要贡献。

候选人按贡献大小排序，并在限额内产生。如果在项目完成中仅从事协调和组织工作的领导，或是从事辅助服务的工作人员，不能作为国家科技进步奖的候选人。

（2）候选单位条件。

国家科学技术进步奖候选单位应当是在项目研制、开发、投产、应用和推广过程中提供技术、设备和人员等条件，并对该项目的完成起到组织、管理和协调作用的主要完成单位。如果只是提供资金，不能将项目的主要完成单位列为获奖候选单位。

政府部门一般不应作为国家科技进步奖的候选单位，但对于技术开发类中推广应用先进成果和高新产业化的项目，政府部门如作为组织者、实施者又确有实质性重大作用的除外。

6）奖项等级

国家级科学技术进步奖分为一等奖、二等奖、三等奖三个授奖等级，根据候选人、候选单位所完成项目的创新程度、难易复杂程度、主要技术经济指标的先进程度、总体技术水平、已获经济或者社会效益、潜在应用前景、转化推广程度、对行业的发展和技术进步的作用等进行综合评定。评定时，对不同项目类型各有侧重。重大工程类项目应突出团结协作、联合攻关，强调在技术和系统管理方面的创新、技术难度和工程复杂程度、总体技术水平以及对提高行业整体水平的作用意义。

对有特别贡献的项目，经国务院批准可授予特等奖。科学技术进步奖，按其所奖项目的科学技术水平、经济效益、社会效益和对科学技术进步的作用大小，分为国家级和省（部委）级。

关于国家科技进步奖其他具体要求见《国家科学技术奖励条例实施细则》。

2. 科学技术奖（工人农民技术创新项目）

地方和企业也设置了相应的科学技术奖（工人农民技术创新项目），科学技术奖成果类型分为：基础研究奖、技术发明奖、科技进步奖。广大一线员工侧重于技术发明奖和科技进步奖，可通过企业科技成果管理部门、地市级工会或石油化工行业工会等途径逐级申报。

科学技术奖（工人农民技术创新项目）是指由隶属于企事业及基层单位的工人农民科技人员为主完成的科技成果，可推荐省部级科技进步奖一、二、三等奖候选项目。

科学技术奖（工人农民技术创新项目）的主要评价指标有：技术创新程度，技术指标的先进程度，技术难度和复杂程度，技术成熟完备性，技术创新对推动科技进步和提高市场竞争能力的作用，经济或社会效益等。

科学技术奖（工人农民技术创新项目）论述答辩是直接展示项目优势的最佳时机，应做好汇报材料，简明扼要、重点突出，准备好专家提问和答疑的资料等。

3. 企业级科学技术奖

企业级科学技术奖主要分为基础研究奖、技术发明奖、科技进步奖三类，都有相应的填报要求。

1）基础研究奖

（1）申报条件。

申报基础研究奖的成果应当是企业应用基础研究领域取得重大进展并得到验证或应用、对企业科技进步发挥重要指导和引领作用的理论、认识、方法类创新成果。

（2）成果要求。

该成果已在国内外公开发行的本领域核心学术刊物发表或作为学术专著出版两年及以上，其重要科学结论已为国内外同行认可及引用。累计在核心期刊发表学术论文不少于 3 篇、专著不少于 2 部或核心发明专利授权数不少于 3 件可申报一等奖；累计在核心期刊发表学术论文不少于 2 篇、专著不少于 1 部或核心发明专利授权数不少于 2 件可申报二等奖；累计在核心期刊发表学术论文不少于 1 篇或核心发明专利授权数不少于 1 件可申报三等奖。

（3）完成人要求。

基础研究奖一等奖单项授奖人数不超过 9 人，二等奖单项授奖人数不超过 7 人，三等奖单项授奖人数不超过 5 人。主要完成人应当是相关科学技术论著的主要作者或技术发明的主要发明人。

2）技术发明奖

（1）申报条件。

技术发明奖授予在技术上有实质性改进、主要性能指标先进、对企业科技进步发挥重要作用、已经推广应用或具有较大的推广应用前景的新技术开发类创新成果。

（2）成果要求。

技术发明应实施应用一年及以上，当年取得了一定的经济或社会效益。核心技术应已获发明专利授权并转化应用，一等奖不少于 3 件，二等奖不少于 2 件，三等奖不少于 1 件。

（3）完成人要求。

技术发明奖一等奖单项授奖人数不超过 9 人，二等奖单项授奖人数不超过 7 人，三等奖单项授奖人数不超过 5 人。主要完成人应是该项技术发明的全部或部分创造性技术内容的完成人，且是发明专利授权证书署名的发明人。

3）科技进步奖

（1）申报条件。

科技进步奖授予通过研究开发、成果转化、新技术推广应用中提升了企业的整体技术水平，为企业的生产经营作出了重要贡献的创新成果。

（2）成果要求。

成果已整体应用一年及以上，达到行业先进及以上水平可申报一等奖，达到企业领先及以上水平可申报二等奖，达到企业先进及以上水平可申报三等奖。

（3）完成人要求。

科技进步奖一等奖单项授奖人数不超过 11 人，二等奖单项授奖人数不超过 9 人，三等奖单项授奖人数不超过 7 人。主要完成人应是对项目总体研究方案、技术方案的设计作出重要贡献者，或在关键技术和疑难问题的解决中有重要创新，或者在成果推广应用中作出重要贡献。

技改革新的评估立项工作，攻关课题设立内容要条理清晰，逻辑合理，将攻关问题涉及的改进点、创新点和课题点叙述简明详实，攻关预期成果要满足新颖性、实用性、效益性、安全性，重点突出是否为企业加快或攻克了亟待解决的难题，要充分体现出前期立项准备工作是经过充分调研和反复论证的，才会提高企业主管部门批准立项的成功概率，加速审批速度，才能尽早获取企业的技术和经费支持，收到事半功倍的效果。

第五章 技改革新成果的推广与应用

在当今国际国内环境下，石油企业间的博弈越来越表现在高新技术创新成果转化的竞争上，更加确切地说是创新成果商品化、产业化及其推广率的呈现。发展经济要依靠科技进步，而只有将科技创新成果应用在生产实践中，才能更好地实现科技与经济有机融合，最终达到增强企业活力，助力效益快速增长的目的。

技改革新成果的推广应用是指成果进入使用环节，扩大使用范围，将其转化为直接生产力的过程。推广应用的成果必须是成熟、可靠的，有较明显的经济效益或社会效益的，成果的适应性强、见效快，必须得到企业和生产单位两方面的积极支持，才能使其快速转化，形成生产力，增加企业核心竞争力。

第一节　推广应用的基础条件

技改革新成果的快速推广不仅需要企业各级部门和配套体系的支撑，还需要根据创新成果自身的特性，确定其快速转化为现实生产力满足的阶段要求与条件。在转化前必须具备需求方与供应方两大主体，同时分为信息交流、洽谈交易和成交实施三个阶段，信息传递、交流对接、技术洽谈、商务洽谈、成交实施、实施保障六个关键环节。三个阶段、六个环节既是促成成果技术顺利转化的基本过程，也是促成转化的关键因素。石油企业推动成果转化之前，应该据此过程制定明确的推广应用制度，预设推广目标要求，进行推广成果验证，确保资金来源，而成果推广应用相关制度的建立是保障推广效果的关键之一。

一、推广应用的制度建设

为推进创新成果的转化，中国石油天然气集团有限公司（以下简称集团公司）在制度管理方面不断加强完善，特别是为促进推广应用工作，制定了相关激励制度，为成果的推广应用提供了有力保障。2019 年，为深入贯彻落实党和国家关于加强创新型技能人才队伍建设有关政策，激发广大技能人才创新创效热情，集团公司发布《集团公司技能人才创新创效奖励办法》（简称《办法》），首次明确了对技能人才的一线创新成果形成、评选和推广应用等奖励办法，建立了技能人才创新创效长效机制，健全并完善集团公司人才创新创效激励制度体系。

技能人才开展创新创效活动，主要是指立足岗位解决生产过程中的关键技术难题；参与技改项目攻关，进行技改革新、发明创造；总结和推广应用先进、专有技术或成果等，直接服务于一线生产。《办法》对此进行奖励，配套设置成果奖励、推广奖励两套评选机制，实现对技能人才创新成果形成、推广应用的全过程激励。成果奖励采用“逐级推荐”的方式，分级开展评奖，包括集团级、企业级和厂处级奖励，两年评选一次；推广奖励按照“谁受益、谁奖励”的原则，由集团公司制定政策，企业制定实施办法，由基层单位组织实施，每年评选一次。

《办法》规定，集团级成果奖励设置一等奖、二等奖、三等奖和优秀奖。推广奖励通过“成果效益分成”方式，分为职务成果和非职务成果两类进行奖励。推广职务成果，按照不高于直接经济效益 10%的标准给予奖励；推广非职务成果，按照不高于直接经济效益 15%的标准给予奖励；跨单位推广应用创新成果的，奖励标准可上浮 5%。

集团公司为高技能人才技改革新和成果推广搭建了舞台，各企业落实集团公司文件精神，结合企业自身实际情况，制定了多项落地措施，进一步规范了技能人才创新创效工作，调动广大员工参与创新活动的积极性，助力企业高质量稳健发展，在这方面集团公司各企业分公司也形成了相应配套制度。

让高技能人才在这里创出一片新天地

建立一套有效的员工技术创新的激励机制，是许多企业期望通过技术创新获得竞争优势需要解决的首要问题。辽河油田公司根据《集团公司技能人才创新创效奖励办法》《集团公司关于深入开展“五新五小”群众性经济技术创新活动的指导意见》《辽宁省产业工人队伍建设改革实施方案》《能源化学系统劳模创新工作室创建及管理办法》，制定了《辽河油田公司群众性经济技术创新工作管理办法》。在工作推进过程中，辽河油田公司据此设立高技能人才创新工作室，就是要打造一个凝聚能工巧匠的平台，激发员工的创新积极性和创新能力，帮助企业在激烈的竞争中取得竞争优势的一套有效机制。近年来，辽河油田公司通过调研发现，基层单位在实际生产过程中迫切需要小改小革、小发明、小创造以满足油气生产需求。针对大批劳模、员工的创新热情高涨，但缺乏创新资金、缺乏相应的制度和机制保障、技术成果不能推广，成为员工技术创新的难题，辽河油田公司充分发挥高技能人才的主力军作用，搭建平台、创新载体，先后依托技能专家工作室建立了赵奇峰等43个创新工作室，推进员工技术创新工作集群式发展，形成亮点频现、连群成片的生动局面。创新工作室的建立，为高技能人才发挥自身优势提供了施展才华与智慧的新平台，也是发挥高技能人才示范引领作用、激发广大员工创新创效活力的有效载体。

成果只有转化才能推动创新成果创效益，创新工作室建立以后，“技术创新”像星火一样在油田上下蔓延，创新项目、申请专利、创效数字频频刷新纪录。但这些创新成果很多只能在小范围内推广，甚至有些创新成果只能躺在档案袋里。一项创新成果从实验室走向生产现场，需要资金支持、质量安全认证、市场准入等，这往往不是一个部门能独立完成的。为使创新成果快速转化为现实生产力，辽河油田公司下发了《员工技术创新成果推广应用协议书》（简称《协议书》，见附件1）、《员工技术创新成果转化为产品的加工意向书》（简称《意向书》，见附件2），保证成果转化为产品。《协议书》甲方为员工发明人，乙方为成果推广应用单位，即行政方，同时还有一个丙方，为企业工会。《协议书》规定，甲方提供技术成果的具体研发内容；乙方负责成果推广应用相关费用，并有计划地推进签约成果在生产经营中的应用；丙方则将督促甲乙双方在成果推广应用中履行各自责任，协调处理成果推广应用中存在的问题。员工创新成果最终转化为符合标准的产品，是成果能广泛推广应用的关键。为此，公司同时推出由员工技术创新组织者——工会与有加工制造资质的企业签订《意向书》。《意向书》甲方为工会，乙方为加工定做企业。《意向书》规定，甲方向乙方提供技术成果的具体内容，安排成果研发人员指导和监督产品的加工生产；乙方组织实施，最终将成果转化为产品，保证产品的性能、作用，对产品的质量负责。“两书”制为员工技术创新成果制造、推广等解决了诸多难题，也将让加工企业、推广应用单位大为受益。“两书”打破了部门间的利益、信息共享壁垒，改变了高技能人才唱独角戏的局面。企业搭台，将生产单位、机加工企业利益串联起来，形成合力，真正让创新成果为油田所用。曾经有过员工的一个小发明因为没有资金、没有加工渠道，最终只能去朋友的工厂加工，而“两书”改变了这一局面，高技能人才们都说：“签订‘两书’就好比让技术找到了‘婆家’，再也不用担心技术创新的资金不足和成果不能转化的问题了。”

附件 1

群众性经济技术创新成果推广应用协议书

甲方：姓名（职务发明中发明人代表）

乙方：二级单位（成果推广应用单位）

丙方：二级单位工会（协调促进方）

根据《中华人民共和国合同法》《中华人民共和国民法通则》等相关法律规定，甲乙丙三方在平等、自愿、诚实信用的基础上，就有关群众性经济技术创新成果推广应用的相关事项达成如下协议：

第一条　推广应用成果及内容

本协议推广应用的成果为甲方作为职务发明中的发明人研制的群众性经济技术创新成果；乙方将甲方的成果推广应用至具体生产实际中；建立季度例会制度，乙方技术负责人是例会的召集人，组织专业人员研究确定成果推广应用的项目、范围、数量，评估实施效果；丙方负责协调、督促。

第二条　甲方权利义务

（一）甲方的权利

1. 提供技术成果的具体研发内容；

2. 有获得技术成果推广应用嘉奖的权利。

（二）甲方的义务

1. 为乙方成果推广应用提供技术支持；

2. 负责会同乙方进行项目总结和验收（或鉴定）。

第三条　乙方权利义务

（一）乙方的权利

1. 确定和认可甲方成果的先进性及推广价值；

2. 免费获得甲方的技术成果并无偿使用；

3. 对甲方提供的技术服务进行项目总结和验收（或鉴定）。

续表

(二)乙方的义务
1. 负责甲方成果推广的相应费用;
2. 有计划地推进签约成果在生产经营活动中的应用。
第四条　丙方权利义务
(一)丙方的权利
督促甲、乙双方在成果推广应用中积极履行各自应尽的义务。
(二)丙方的义务
收集整理本单位群众性经济技术创新成果,协调甲乙双方按季度召开例会研讨推广应用项目。
第五条　协议的解除
(一)三方不得无正当理由擅自解除本协议;
(二)乙方因出现经营严重困难等特殊事由,可以暂缓执行本协议。
第六条　其他约定
本协议未尽事宜,三方协商解决,做出的补充协议与本协议具有同等效力。
第七条　协议的生效
本协议自三方签字盖章后立即生效;协议正本一式三份,三方各执一份。

甲方:　　乙方:　　丙方:
(发明人代表)　　(行政领导)　　(工会主席)

年　月　日　　年　月　日　　年　月　日

附件 2

群众性经济技术创新成果转化为产品的加工意向书

甲方:(二级单位工会)
乙方:(加工定做企业)
鉴于甲方拥有一批职务发明和创新的经济技术成果需要转化为产品推广应用到生产现场,乙方拥有相应的加工定做能力,现甲乙双方友好协商,本着共同发展、诚信合作的宗旨达成如下意向:
一、合作宗旨
1. 基本原则是自愿、相互促进、共同发展、保守秘密、保护协作市场。
2. 充分发挥双方优势,进行产品加工。
3. 本意向书应是双方今后长期合作的指导性文件,也是研发人员所在单位行政部门与乙方签订相关合同的基础。
二、合作方式
1. 甲、乙双方建立联系组织机构,负责双方的业务信息交流。
2. 甲方向乙方提供技术创新成果,由乙方负责将成果转化为产品。
3. 合作意向延伸:根据不同成果的推广价值,按实际标的内容,研发人员所在单位行政部门与乙方另行签订加工定做合同。
以确定双方的权利义务。
三、甲方的权利和义务
1. 甲方向乙方提供技术成果的具体内容,并保证该成果无权利归属争议。
2. 了解乙方的加工生产能力,并安排成果研发人员指导和监督产品的加工生产。

续表

四、乙方的权利和义务

1. 在甲方按约提供技术成果的情况下,乙方应积极组织实施,最终将技术成果转化为产品。

2. 根据合作需要,乙方应结合研发人员的现场指导意见,保证产品的性能、作用,对产品的质量负责。

五、保密

双方应对各自通过工作接触和通过其他渠道得知的有关对方商业秘密严格保密,未经对方事先书面同意,不得向第三方披露。

甲方:　　　　　　　　乙方:
(工会主席)　　　　　　(加工定做企业负责人)
年　月　日　　　　　　年　月　日

二、推广应用的目标要求

制度建立之后，对于成果的推广应用还应该确立相关目标要求，为推广应用工作助力。首先要清楚需要推广的成果性质及分类，以便推广工作的目标准确、要求明确。

从油田层面来说，技能人才开展创新创效活动取得的优秀成果主要包括“五新五小”，指的是新技术、新工艺、新材料、新装备、新方法和小革新、小发明、小改造、小设计、小建议。在推广过程中要划分类别，区别对待，有利于成果更快转化为生产力。各油田通用的成果划分方法分为合理化建议成果、技术创新成果和先进操作法三大类。

合理化建议成果是指有关改进和完善企业生产技术和管理方面的思路、办法和措施，并且在组织实施后形成的有效成果。

技术创新成果是指对设备、工具、工艺技术等方面所做的改进和革新成果。

先进操作法是指生产岗位员工（包括技术人员）在生产作业过程中经总结、提炼形成的比较规范的工作流程、标准，并被实践证明具有独创性、先进性、推广性的操作方法。

成果推广应用不等同于简单地把成果应用于现场，其核心是为石油企业降本增效，增储上产服务，帮助企业在激烈的竞争中取得竞争优势，所以在推广过程中应注重以下目标要求。

（一）推广应用需把握的核心要素

推广应用需把握的核心要素，就是要明确在推广应用过程中相关方需要承担的责任与权利。在成果推广转化过程中，转化平台与成果研发人员应该是合作关系或合同关系。对创新成果要进行严格的筛选，把具有很强实用性和推广空间的成果选出来。成果研发人或研发团队负责提供专利技术和指导，平台公司负责转化、推广、制造、推销。转化平台应有相应的产品资质、注册范围，从法律层面规范员工纪律，做好技术、成果等保护措施的工作。

（二）推广应用需掌握的市场原则

创新成果的推广应用范围是否广泛，效果是否好，关键在于有没有市场。成果的推广应用也是员工技术创新成果商品化、成果变成价值的有效途径，是企业、转化平台、成果研发人员多赢的普惠格局，但前提是必须以市场为导向，要做好成果的选择，主要是经济效益分析、同行业的技术先进性分析、应用的市场分析，防止行政摊派式的内部推广，要正确看待创新成果，不能局限在油田内部，应放眼市场，进行客观评价。市场取决于用户，市场不会拒绝优质服务，可参照“风投”模式，依法合规采购，在油田内部建立和完善相应的运行机制。

（三）推广应用需建立的激励机制

推广应用激励机制，能有效促进和缩短成果变成生产力的过程，企业要按照市场配置资源，依据多要素参与效益分配的原则，做到精准激励。转化平台与创新团队和创新个体的价值链条是关键，平台公司对成果研发人员应有付费机制，以调动成果研发人员积极性，回馈成果研发人员。激励的方式，可采取专利一次性买断；可对效益或收入进行分成；也可按照职务创新，将主要费用付给成果研发人员所在单位，再由单位奖励成果研发人员，保证利润分配合法合规。

创客走出辽河勇闯外部市场

2019年，辽河油田“王冲创新工作室”自主研发生产的油气生产物联网系统已经走出辽河，在大庆油田中亚石油有限公司600多口井投入使用，为企业节省人工、提高效率发挥了积极作用。

推进物联网建设是中国石油打造国际一流能源企业的重要部署，更是老油田实现新发展的必由之路。然而市场中为数不多的油气物联网产品普遍存在建设运维成本高、定制化程度低的瓶颈，使老油田物联网建设一度处于“卡脖子”境地。

面对制约企业发展的矛盾困难，“王冲创新工作室”为促进企业需求与创新成果“同频共振”，自主研发的油气生产物联网系统，不仅满足生产信息的远程实时检测要求，还加入了生产设备远程自动化控制、生产运行情况分析等功能，单井建设成本不到集团公司标定价格的三分之二。

在研发过程中，他们贯彻“三个创新”。一是引入式创新。吸收成熟物联网系统的理论成果，优化整体设计，优选供货足、质量优的元器件进行装配调试，优化局部结构，筑牢理论和物质基础。二是组合式创新。深入开展需求分析，通过客户需求与辽河油田经验的融合对接，优化设计理念、丰富产品内容。三是概念性创新。努力实现管理手段信息化，用生产一线的好经验、好办法充实物联网系统的新功能。

由于自主研发，王冲和他的团队掌握了物联网系统的核心技术，能够按需对产品“加减乘除”。他们每个季度都会收到来自客户的升级方案，用客户的“金点子”指导系统升级。目前，在大庆油田中亚石油有限公司批量使用的油气生产物联网系统，已经能够根据油井生产数据自动设定生产制度，实现油井“智能生产”。他们还与采油管理专家展开合作，以管道“听诊”技术为蓝本，研究利用声波为油井绘制“心电图”，从而完善系统对异常情况的自动识别能力。值得一提的是，“王冲创新工作室”还为企业提供系统安装、调试、故障判断等技能培训，实现系统运维“本土化”，极大地降低了使用单位的运维成本。

据悉，“王冲创新工作室”自成立以来，积极与辽河油田其他100多个创新团队合作研发，目前已完成各类项目32项，获得国家专利13项，节约企业研发成本800余万元，累计创效2300多万元。为了扎实推进创新成果转化，辽河油田专门为工作室建立创新工厂，取得产品生产、检测资质，批量生产的桌面办公终端、纳米保温工服以及数字化油田专用摄像头等，创造了实实在在的效益。

“王冲创新工作室”创新成果推广应用取得了实效后，辽河油田分公司为鼓励表彰创新团队的积极性，影响一批人、带动一批人，从机制上给予了认可和激励，为工作室增配了相关研发设备，对王冲本人和团队给予一定的奖励，并作为成果推广应用的范本，在辽河油田分公司内推行。

三、推广应用的资金来源

员工创新成果推广和应用，在“年初立项、研发跟踪、年度评审、成果转化”的项目运行闭环管理模式中，无疑是十分重要的一环。创新成果的检测、批量加工、销售等环节，质量检测、油田产品入网、安全备案、物资采购、招投标、结算等流程，都需要一定的资金保障。目前，集团公司各单位在成果研发人员推广应用资金的来源方面提供了多种渠道。

（一）科技成果立项资金

科技成果立项资金，是针对项目较大、所研究课题难度较大的科技项目设立的，包括成果研发人员承担（参与）的国家、集团公司（股份公司）科技项目或者是油田公司科技专项经费和勘探、开发、采油工艺、钻井、基建工程、信息等专项经费实施的科技项目，以及油田公司所属各单位自筹资金实施的科技项目。按照科技项目立项流程立项之后，合规使用科技经费。具体使用过程中，应注意以下几个方面要求：

（1）科技经费以科技项目为单元实行专款专用、专项核算。

（2）科技项目组应在开题报告和计划任务书中编制科技经费预算，在科技项目验收时编制科技项目决算。

（3）科技经费预算包括资本化支出和费用化支出。资本化支出是指单价超过 30 万元人民币的仪器、设备或软件。费用化支出包括材料费用、燃料动力费用、科研设备费用、其他直接费用、人员费用和管理费用。

① 材料费：指科技项目实施过程中消耗的原材料、辅助材料、化学试剂、零配件、备件、低值易耗品等费用，以及为此发生的运输、包装等费用。

② 燃料动力费用：指科技项目实施过程中发生的燃料、动力消耗费。

③ 科研设备费用：指科技项目实施中所必需的、单台价值低于 30 万元（含 30 万元）的专用仪器设备与样品、样机购置费用。

④ 其他直接费用：指工程作业费、现场处理费、条件配套费、技术配

套费、技术服务费、办公费、差旅费、会议费及其他。工程作业费主要是指井下作业费、测井试井费、风险作业服务费、录井测井作业费、固井工程费、试油作业费等。现场处理费主要是指青苗补偿费、土地使用及损失补偿费、事故处理费、废弃液处理费、排污费等。条件配套费主要是指软件购置费、设备租金、租赁费、系统维护费、维护及修理费、运输费等。技术配套费主要是指检测费、试验检验费、外部加工费、设计制图费、资料解释费、图书资料费、培训费、咨询费、评审费等。技术服务费是指外协费用，技术服务费一般不得超过科技经费的 30%。办公费是指办公用品、印刷等费用。

⑤ 人员费用：指直接参加科技项目研发的全体人员（包括正式用工、社会化用工）支出的费用，包括工资、福利费、住房公积金、保险费、各种津贴及补助。

⑥ 管理费用：指项目承担单位为组织、支持科技项目实施而支出的难以直接计入单个项目成本的各项费用。管理费应按财会制度分摊计入本单位承担的各项科技项目，分摊比例一般应低于 10%。通过其他途径已列支的管理费不得重复列支。

（4）科技项目组应严格按预算列支科技经费。项目实施过程中，在项目经费总额内如需对各项费用进行调整，调整幅度不超过 10% 的，由项目承担单位科技管理部门审批；调整幅度超过 10% 的，A 级科技项目由科技处审批，B、C 级由牵头专业管理部门审批，报科技处审核❶。

（5）为提高科技项目实施效率，科研设备采购及 10 万元以下（含 10 万元）非Ⅰ级物资采购，依据经费预算、“科研设备/材料采购审批表”以及项目承担单位价格审批单，直接签订合同进行采购。

（6）科技项目通过验收后，项目承担单位持验收证书及“科技项目经费支出汇总表”，按经费来源进行核销。

科技成果立项资金的使用，具有严谨的标准要求和审批流程，在使用中应严格遵循相关要求与管理规定。

（二）国家政府拨付经费

近年来，国家为基层创新团队和组织在经费上给予了大力的支持，各

---

❶ A 级项目：指研究难度大、挑战性强，对油田可持续发展具有重大影响的科技项目。B 级项目：指研究难度较大，单项技术挑战性强，关系油田增储建产目标实现的科技项目。C 级项目：指围绕油田生产经营难题配套开展的科技项目。

级专家（创新）工作室获批后，国家、省政府、所在企业均为工作室配备了一定的启动资金用于工作室硬件建设及技术研发推广。2011 年国家首次设立技能大师工作室，人力资源和社会保障部和财政部一次性支付 10 万元初建项目活动经费，各省、自治区、直辖市、新疆生产建设兵团在国家下拨资金的基础上，同时下拨经费用于工作室建设。2013 年，为加强对国家级技能大师工作室建设项目的规范管理，推动高技能人才队伍建设，人社部印发了《国家级技能大师工作室建设项目实施管理办法（试行）》。明确规定，国家出台中央财政补助资金主要用于培训用品购置、技能交流推广等费用。地方政府要安排专项资金用于对技能大师工作室技术技能创新研发等活动给予补助，所需资金从地方政府安排的就业专项资金中列支。行业、企业或公共职业技能实训基地为工作室提供办公场所、实训设备等必要的工作条件，并安排技能大师带徒津贴、研究（攻关）项目补贴以及日常工作经费等。

国家与政府部门对工作室建设方面的经费支持，包括了创新研发与推广应用的经费支持，也是推广应用资金的重要来源之一。

（三）技术创新专项资金

技术创新专项资金是指相关企业层面，针对基层创新团队给予的政策上的经费支持，一些单位为高技能人才设立技术创新专项资金，用于技术创新项目研发和创新工作室建设。专项资金不足时，可由相关单位成本预算补充。同时明确资金适用范围主要用于技术创新项目的研究和推广，技术创新项目研发阶段原材料、小部件的采购，技术创新工作的学习交流调研、技术研讨、成果发布等活动，创新工作室的软硬件建设，也包括奖励优秀创新个人、团队和优秀创新成果及其他与技术创新项目直接关联的其他费用。

集团公司对高技能人才培养和使用制定了明确办法，并在《中国石油天然气集团公司高技能人才管理办法》（中油人事〔2017〕257 号文件，以下简称文件）作了详细规定。文件规定，高技能人才技术创新都有资金扶持，技能大师工作室更是配套 20 万元经费用于技改革新、技术推广等工作。

文件规定所属企业应加强专家工作室建设和管理，加大政策支持和相关投入力度，确保集团公司技能专家工作室每年活动经费不少于 20 万元，引导和促进高技能人才依托工作室在破解难题、技改革新、技术交流、技艺传承等方面充分发挥示范引领作用。有条件的单位可建立技师协会，组织技术交流、成果发布会等活动。

文件提出集团公司和所属企业应建立健全创新成果转化机制，鼓励和组织高技能人才立足岗位和企业需求开展创新创效活动。建立创新成果定期评选、发布、奖励机制，通过各种平台推广成果应用，促进一线生产效率、效益和质量提升。

文件要求高技能人才在聘期内应安全、优质完成本岗位工作任务；解决生产过程中的关键技术难题；参与技改项目攻关，进行技改革新、发明创造；总结和推广应用先进或专有技术，组织或参与技术交流；积极开展带徒传技和技能骨干培养工作。

文件中针对创新研发、推广应用的经费使用给出了明确的规定，也是创新成果推广应用经费的重要来源之一。

《辽河油田公司群众性经济技术创新工作管理办法》节选

中油辽字〔2018〕174 号

第八章　创新专项资金管理

第四十条　油田公司工会设立群众性经济技术创新专项资金，用于技术创新项目研发和创新工作室建设。专项资金不足时，可由相关单位成本预算补充。

第四十一条　专项资金的使用范围

（一）创新工作室的软硬件建设。

（二）技术创新项目的立项和研究。

（三）技术创新项目研发阶段原材料、小部件的采购。

（四）技术创新工作的学习交流调研、技术研讨、成果发布等活动。

（五）奖励优秀创新个人、团队和优秀创新成果。

（六）与技术创新项目直接关联的其他费用。

第四十二条　专项资金标准

油田公司初始命名的创新工作室视情况可以给予 5 万～10 万元的启动资金。

油田公司立项的技术创新项目每个项目立项资金额度一般在2万元

以内，最高不超过10万元。经专家评审确认，涉及行业难题，确需更大额度资金投入的，经油田公司工会主席办公（扩大）会议研究批准后，可增加资金额度，并形成《会议纪要》备案。

第四十三条　专项资金以下拨经费形式由油田公司工会拨付给使用单位工会。

第四十四条　专项资金实行专款专用、收支平衡，相关单位工会应严格管理，规范使用。

（一）专项资金纳入各级工会预算统一管理。

（二）专项资金的收支管理由使用单位工会财务负责，严格按照《工会会计制度》和《工会预算管理办法》执行。技术创新项目资金核销需填报《职工技术创新项目费用核算审批表》（见附件10），经立项业务主管部门、审计部门、工会审批。

（三）各级工会经费审查委员会负责对技术创新过程中经费使用情况进行专项业务审查，确保资金管理规范、使用安全。

（四）享受资金支持的技术创新项目，费用核算前要编制《职工技术创新项目完成情况报告》（见附件11），报本单位工会备案。

（五）使用专项资金单位工会主席负责专项资金的审批签字，对本单位专项资金的收入、支出、使用和管理负责。

四、推广应用的成果验证

员工创新成果的全面推广和应用，需要经过研发、试验、检测、批量加工、销售等环节，而成果研发人员多数不具备相关的职责和能力，很多成果在转化过程中无法顺利通过成果（产品）质量检测、油田产品入网、安全备案、物资采购、招投标、结算等流程。因此，在技术创新推广应用工作中试验检验的环节十分重要，提高对质量、安全检验的要求，努力把技术创新工作从不规范提升到规范是一项系统工程，需要各个部门上下联动、积极沟通。而对推广应用产品进行必要的试验检验，既是对企业安全生产的负责，也是对设计者和使用人员的保护。开展试验检验工作应该由简到细，循序渐进地进行，及时总结经验，逐步规范。

技术创新成果试验检验过程中，应该着重考虑以下几个方面问题：

（1）技术创新成果（产品）应该有标准、有技术文件，并经试验和检验合格后再进行推广。属国家强制性产品认证目录内的产品，须经 3C 认证后方可推广或使用。

（2）技术创新成果（产品）中涉及安全、环保、健康（比如：强度、压力、温度等）性能指标要求的，不能违背国家强制性标准的要求，在现场推广前，应取得相应设备设施的质检报告。

（3）成立由高技能人才（创新工作室）团队成员及单位参与的专家组，统筹协调做好成果的试验检验工作，试验检验单位应发挥资源优势，做好服务保障工作。

辽河油田钻采院中心试验所助力创新工作起航

辽河油田公司钻采工艺研究院中心试验所和物资公司产品检验中心担负着油田公司生产运行和科研攻关相关材料、产品的试验检验工作。

中心试验所在钻采机械产品质量检验上具备封隔器、抽油泵、钻井修井工具、采油采气工具、抽油机 V 带、井口采油树、橡胶制品、油气井套管或油管用钢管/接头、封隔器胶筒、金属材料力学性能等 14 大类、33 个小类、283 个参数的检验能力。在钻采工艺技术中间试验方面，具有注入工艺试验技术、井下工具试验技术、举升工艺试验技术、井口闸阀试验技术、稠油热采综合试验技术。

产品检验中心可开展金属材料、钻采设备、阀门、石油专用管材、煤炭、油品等产品质量检验，致力于稠油钻采装备与材料的检测与评价技术研究。下设金属材料、阀门、石油专用管材、油品煤炭、无损检测等 6 个实验室。创新成果（产品）的试验检验等工作由物资公司及两个试验检验中心支持配合，形成了部门上下联动的良好验证方式。

2018 年的年底，辽河油田公司召集安全环保技术监督中心、钻采工艺研究院、物资公司、欢喜岭采油厂、高技能人才代表、创新工作室代表等相关单位领导、工会人员、创新专家，围绕进一步促进群众性技术创新成果转化，实现规范管理，如何做好创新成果（产品）的试验检验等内容进行了讨论。钻采工艺研究院中心试验所、物资公司产品检验中心分别做了工作汇报；会议经过研讨对创新成果（产品）的试验检验工作达成了共识。列入推广应用的成果（产品），特别是承压、防爆、高温等设备设施，安全、质量方面的技术鉴定由钻采工艺研究院负责，最终由油田公司或本单位技术负责人批准实施。出台此政策，打通了成果转化“最后一公里”，搭建高技能人才和企业、加工制造商的连心桥，使创新项目形成闭环管理，最终使创新工作室成为创新成果的“孵化器”。

成果验证，不仅仅是在成果研发完成后需要验证，在批量推广应用前也要对每一件成品进行验证，确保成品合格达标，确保现场应用安全。

第二节　推广应用的平台建设

在成果推广应用过程中，如何拓宽成果研发人员技术创新成果转化途径，拓展开源节流、降本增效的新渠道，实现优秀成果在油田或更大范围推广，同时使突出贡献者获得应有的利益回馈，保持持续创新的动力，是企业面临的重要课题。只有多元化建立创新成果的生产加工基地、第三方转化平台，多渠道建立畅通的创新成果推广模式及方法，才能实现创新成果从立项到推广之间的无缝衔接。

一、成果生产的途径

（一）“研产用”一体化

员工搞研发难就难在革新成果的产品化，强化工作室研发能力的同时，加强工作室加工能力建设，满足小件革新产品加工需求。同时，部分单位有机械加工车间，依托机械加工车间的技术力量和硬件设备，在打通政策壁垒之后，将机械加工车间打造成革新工厂，在革新成果向产品转化中拓展创效空间，不失为一种成果加工的快车道。其中“研产用”一体化建设，是以工作室为基站，实现研发、加工生产、应用的全过程管理，对满足成果转为产品的加工需求，既直接又实用。

“研产用”一体化，刘丽工作室革新成果转化实践

大庆油田采油二厂刘丽工作室在研发成果的生产制造环节下功夫，补强制造短板，强化支持保障，着力解决员工自掏腰包、自寻门路、费钱费时费力的问题，为激发全员参与技改革新行动创造了有利条件。

一是整合资源，完善生产加工设施。“研产用”一体化，重在研发，难在生产，必要的硬件投入不可或缺。采油二厂坚持区分层次，分类建设，打造各具特色的革新工厂，最大限度满足员工加工生产的需求。依托技能专家工作室，体现灵活性。发挥技能专家工作室覆盖面广、加工生产机动灵活的特点，配备必要加工设备，使一些简易的革新项目实现即时研发、即时制造、即时应用。

二是建立创新创效基地，实现样品化。针对技能专家工作室加工制造能力有限、跨工种操作能力不足的实际，因地制宜，对采油4–6队原队点进行改造，建设了占地8000多平方米的群众性创新创效活动基地，配备3D打印机、车床、钻床、打磨机、火电焊等专业加工设备，满足部分产品样品阶段的加工需要，实现革新成果的样品化生产。

三是开辟革新制造基地，突出规模化。充分利用采油厂机械维修大队人员和设备优势，创建革新制造基地，对需要推广应用的革新成果进行规模化生产，实现一般机件加工不出厂、小批量机件生产自主化。

一年时间，厂内自主加工各类革新产品19批次1396件套，革新攻关效率得到显著提高。完整配套的革新成果加工制造体系，给广大员工开展革新创造了便利条件，使大家有想法就可以出样品，有样品就可以出产品，完成了从想革新、会革新到能革新、善革新的转变。广大员工参与革新的意愿明显增强，全厂参与创新创效的人数由原来的500人左右跃升至2000多人，在广大员工中形成了“革新无处不在，革新人人可为”的良好导向。

刘丽工作室，通过推行“研产用”一体化模式，打通了成果向产品转化的渠道，是可借鉴的较为成熟的模式之一。

（二）委托外部加工

产品加工离不开经费的支持和流程的保障，开辟经费渠道，拓展外委渠道，对于研发团队中本单位不具备加工生产能力的，外委厂家进行生产，以满足革新成果产品化生产的需要，是成果转化推广的必要辅助方式。但委托加工涉及乙方资质以及市场准入问题，在外委之前应该明确资金列支渠道、主体责任部门，成果研发人员应该寻求企业支持，并与加工方签订明晰的委托加工合同。委托加工应明确产品名称、规格、单位、数量、单价；明确加工成品质量要求、原料的提供办法及规格、数量、质量；明确技术图纸、技术资料的提供办法；明确价款或酬金及付款方式；明确验收标准和方法；明确交货时间及地点；明确双方的违约责任及争议解决方式。同时，涉及保密的技改革新成果，应单独签订保密协定。

某产品委托加工协议书

甲方：

法定代表人：

地址：　　　　邮编：

电话：　　　　传真：

乙方：

法定代表人：

地址：　　　　邮编：

电话：　　　　传真：

双方资料：

1. 甲方是经过工商行政主管部门合法登记注册并有效存续的从事××行业的中国企业；

2. 乙方是经过工商行政主管部门合法登记注册并有效存续的从事××行业的中国企业法人；

3. 甲方已就产品提出了专利申请，申请号为：××，乙方已为甲方研发该产品提供了良好的技术支持和试制条件，甲方承诺委托乙方独家加工该同类产品。

甲、乙双方为实现产业优势互补，共同做大做强，经过平等、友好协商，确立战略合作伙伴关系，就甲方委托乙方加工生产系列产品事宜达成如下协议，以兹共同信守：

一、加工产品范畴

（一）产品品名：

与之配套的压具（包括：××）应由甲方自行生产。

（二）产品规格及技术参数：

产品规格和技术参数等发生变化，双方应另行签订补充协议。

二、委托加工订单

（一）甲方根据市场销售情况，于每月日以书面或传真形式向乙方提供次月订单，明确订单产品的名称、规格型号、数量和供货时间等，乙方如有异议，应在接订单后2个工作日内提出，甲乙双方应就异议事宜友好协商解决办法。

（二）乙方应按确认的订单提供产品，甲方可视具体情况对订单进行相应的调整，调整计划提前××天通知乙方，但调整幅度（量）不得超过计划的××%，若超过××%，双方另行协商最新产品加工合同范本最新产品加工合同范本。

（三）乙方在接到订单后应优先安排、积极组织生产，尽力满足甲方订单的要求。

三、加工产品质量要求

（一）乙方严格按甲、乙双方确认的技术参数进行生产，产品质量符合国家标准或行业标准。

（二）质保期：××年，从产品送达交付地点之日起计算。

（三）产品质保期内出现质量问题，经由双方确认或国家检验机构鉴定属乙方制造引起的，由乙方承担该批有质量问题产品的责任。

（四）乙方交付的产品如在市场流通中因品质问题而导致甲方利益受损时，经双方鉴定或经国家检验机构鉴定属乙方责任的，乙方应负甲方直接损失赔偿责任：

1.加工产品的投诉赔偿问题，甲方在预先征得乙方同意的情况下（书面为准）可以先行赔付第三人，第三人签收确认，由乙方负担赔偿；当乙方对甲方处理有异议的，甲方可委托乙方协助甲方处理，甲方未经乙方同意对任何第三人所作的赔偿（人民法院判决的除外）不能作为甲方的损失计算依据；

2. 因产品设计、人为损害等乙方加工制造之外的原因所导致的问题，乙方不予承担责任。

四、原材料

（一）产品所需原材料均由乙方采购，乙方应确保所采购的原材料符合产品质量标准要求。

（二）目前原材料（主要材料）的市场价格为：××元/吨最新产品。

五、加工费用及支付

（一）乙方为甲方加工本协议第一条第一款所指定的产品，每台的加工费为人民币××元，主要原材料价格（按照下订单时国家权威网站公布的市场价格为准）涨跌幅度超过本协议第五条第二款所确定的价格的××%的，每台的加工费相应涨跌××%。

（二）加工产品的技术要求及材耗发生变化，双方应本着诚信、公平的原则共同商定合理的价格。

（三）甲方应于下订单之日起××日内先向乙方支付该订单所需加工产品的加工费的30%，货到交付地点后××日内，甲方再向乙方支付加工费的65%，余款5%应于下订单之日起一年内支付完毕。

（四）鉴于甲方向乙方的付款为持续状态，甲方应在付款单上注明每笔付款所对应的订单号，甲方未注明的，乙方有权决定甲方付款所指的订单号。

六、产品交付与验收

（一）交付地点及运输：××，物流运输由乙方负责，运输费用由乙方承担，卸货费用由甲方承担。

（二）交付时间：以甲、乙双方确定的订单为准。

（三）检验期限：甲方应在产品送达交付地点后××日内验收完毕。

（四）产品质量异议提出及处理：若甲方发现产品不符合本协议的约定或者订单要求，应在验收期限内及时书面通知乙方，甲方在验收期限内未提出异议的，视为产品符合要求。乙方发现产品有质量问题，在未经甲方书面确认，甲方应妥善封存该产品，不得擅自处理该产品，否则视为产品合格。乙方在接到甲方的异议通知后××个工作日内应立即与甲方协商处理，协商不成的，由甲方将该产品提交国家有检验资质的机构进行产品质量鉴定，鉴定费用由甲方垫付，鉴定结果若产品合格，则鉴定费由甲方承担，若产品不合格，则鉴定费由乙方承担。

（五）产品验收依据为经双方共同确认的质量文件及国家相应标准或行业标准。

七、合同的终止

（一）本协议到期后自然终止。

（二）本协议因合法解除而终止。

（三）本协议因甲、乙任何一方破产、注销或被吊销营业执照而终止。

（四）本协议因不可抗力导致合同不能继续履行而终止。

（五）本协议因其他法律法规所规定的原因而终止。

八、不可抗力

（一）如果本协议任何一方因受不可抗力事件影响而未能履行其在本协议下的全部或部分义务，该义务的履行在不可抗力事件妨碍其履行期间应予中止。

（二）声称受到不可抗力事件影响的一方应尽可能在最短的时间内通过书面形式将不可抗力事件的发生通知另一方，并在该不可抗力事件发生后7日内向另一方提供关于此种不可抗力事件及其持续时间的适当证据及合同不能履行或者需要延期履行的书面资料。声称不可抗力事件导致其对本协议的履行在客观上成为不可能或不实际的一方，有责任尽一切合理的努力消除或减轻此等不可抗力事件的影响。

（三）不可抗力事件发生时，双方应立即通过友好协商决定如何执行本协议。不可抗力事件或其影响终止或消除后，双方须立即恢复履行各自在本协议项下的各项义务。如不可抗力及其影响无法终止或消除而致使合同任何一方丧失继续履行合同的能力，则双方可协商解除合同或暂时延迟合同的履行，且遭遇不可抗力一方无须为此承担责任。当事人延迟履行后发生不可抗力的，不能免除责任。

（四）本协议所称“不可抗力”是指受影响一方不能合理控制的，无法预料或即使可预料到也不可避免且无法克服，并于本协议签订日之后出现的，使该方对本协议全部或部分的履行在客观上成为不可能或不实际的任何事件。此等事件包括但不限于自然灾害，如水灾、火灾、旱灾、台风、地震，以及社会事件，如战争（不论曾否宣战）、动乱、罢工，政府行为或新颁布法律规定等。

九、特别约定

（一）基于乙方已为甲方研发该产品提供了良好的技术支持和试制条件，并且将继续为甲方研发、完善该产品提供技术支持和条件，甲方承诺甲方不得以任何形式委托任何第三方提供或加工该同类型产品。

（二）基于甲方系该产品的专利申请人（专利经核准后为专利权人），乙方承诺未经甲方同意，不得以任何形式给第三方提供或加工该产品。

十、违约责任

（一）甲方逾期支付加工费的，每逾期一天，应按应付款总额的日万分之八向乙方支付违约金，甲方累计拖欠乙方应付款达××元的，乙方有权解除本协议。

（二）乙方逾期向甲方交付产品的，每逾期一天，应按该产品价格总额的日万分之八向乙方支付违约金，逾期超过××日的，甲方有权解除本协议。

（三）乙方所交付的产品经双方共同确认或者国家检验机构鉴定有质量问题的，乙方应按照质量问题的严重程度合理选择修理、更换或赔偿直接经济损失的责任。

（四）甲乙任何一方违反本协议第七条的约定，应向对方支付违约金××万元。

（五）本协议期限内，除本协议另有约定或者双方协商一致外，任何一方提前终止或解除本协议，应向对方支付违约金××万元。

十一、协议期限

本协议有效期为××年，自××年××月××日起至××年××月××日止。

十二、争议的解决

本协议履行过程中发生的争议，由双方当事人协商解决；协商或调解不成的，由协议签订地人民法院裁决。

十三、通知条款

（一）根据本协议需要，一方向另一方发出的全部通知以及双方的文件往来及与本协议有关的通知和要求等，必须用书面形式，可采用书信、传真、电报、电子邮件、当面送交等方式传递，以上方式无法送达的，方可采取公告送达的方式。

（二）一方变更通知或通信地址，应自变更之日起10日内，以书面形式通知对方；否则，由未通知方承担由此而引起的相关责任。

十四、其他条款

（一）本协议未尽事宜，依照有关法律、法规执行，法律、法规未作规定的，甲乙双方可以达成书面补充合同。订单及本协议的附件和补充合同均为本协议不可分割的组成部分，与本协议具有同等的法律效力。

（二）本协议自双方或双方法定代表人或其授权代表人签字并加盖公章之日起生效。本协议一式××份，双方各执××份，具有同等法律效力。

甲方（盖章）：

签约代表（签字）：

签约日期：　　年　月　日

乙方（盖章）：

签约代表（签字）：

签约日期：　　年　月　日

二、推广平台的建设

（一）企业第三方转化推广平台

员工技术创新成果并非标准产品，多数只能在企业内部推广使用，难以实现产业化目标，存在需要推广平台支撑的问题。建设目标明确的转化推广平台，并将员工技术创新成果实现产业化作为主要任务，一直是集团公司各单位积极探索的成果转化推广新途径，转化推广平台的建立，将彻底告别优秀成果“养在深闺人未识”的尴尬境地。

推广平台助推创新成果产业化

2018年，辽宁创实智能科技有限公司召开董事会决定，由“王冲创新工作室”领衔人王冲担任公司董事长，并将员工技术创新成果实现产业化作为主要任务。

由辽河油田控股、两家民营企业参股的辽宁创实智能科技有限公司成立。公司将闲置厂房、办公楼重新装修，配备了五轴数控加工中心、数控车床、数控铣床、焊接机器人等52台（套）加工和检测设备。一年时间，王冲带领团队将研发的办公一体机、智能摄像头、节能环保采暖设备、保温工服、保温手套、物联网技术实现了产业化，创产值700多万元、利润200多万元。

为加快创新成果转化应用，辽河油田公司为此进行探索，由王冲出任辽宁创实智能科技有限公司董事长，并给予协调贷款、优先采购、可灵活用工等支持，让“双创”助推辽河油田振兴发展。2018年，由辽河油田公司工会评选出的员工技术创新成果就有189项。为此，公司成立“员工创新成果转化中心”，以转化员工创新成果为主业。产品适合在辽河油田推广应用的在油田推广应用，能推向市场的就推向市场。

在创新成果奖励方面，大多数企业对有发明创新成果的员工只是给予一次性奖励，辽宁创实智能科技公司探索利润分成则实现了重大突破。根据该公司的决定，按5个方面实行利润分成：10%用于激励创新成果发明人；30%留在“员工创新成果转化中心”，作为公司运行等费用；20%交给工会；30%用于“员工创新成果转化中心”劳务费等；10%上交辽河油田公司。

将员工创新成果形成生产力，离不开发明人的参与。按照公司的规定，转化哪位员工创新成果，该员工可“停薪留职”参与生产制造；创新成果实现产业化后，如发明人不愿留在公司，可回到原单位，待遇不变。

企业第三方转化推广平台的建立，是一种全新的探索，也是可复制的一种模式，具有转化快、收益快的显著特点，具有较高的参考价值。

（二）成果孵化转化服务中心

成果孵化转化服务中心，是指充分利用网络在线资源优势，搭建起创新成果与使用需求方之间的桥梁，即建立覆盖成果转化全流程的员工技术创新成果网上交易平台，创建员工创新成果数据库和专家数据库，具备成果展示评估、需求分析对接、项目洽谈竞价、交易融资孵化等功能。促进员工技术创新成果推介和供需对接，实现成果签约和转化，打通员工技术创新成果转化“最后一公里”。在拓宽产业工人发展空间、创新技能导向的激励机制、加大对产业工人创新创效扶持力度等方面下工夫，很多单位做出了有益探索。建立网上成果孵化转化服务中心，拉近了供需双方的距离，有效缩短了周转的时间，也有利于优秀成果的筛选式转化，使优秀成果尽快转化为生产力，具有方便、快捷的特点。

（三）一线创新成果推介平台

近年来，集团公司深入推进技能人才培养开发工程，大力实施操作员工技能晋级计划、创新创效能力提升计划和“石油名匠”培育计划等，改革人才引进、激励、发展和评价机制，激发技能人才创造潜能。特别是“技能中国行 2019——走进中国石油”活动开展以来，所属 30 多家企业，在 24 个省区市举办了一系列技术交流活动，先后近 30 万技能人才参加。集团公司还以此为契机推动与行业、科研院所技术交流，签订专家工作室共建协议，推动一线创新创效工作开展。而这些活动的巅峰之作，就是成功举办中国石油一线创新成果的“广交会”，2019 年 11 月 12 日，集团公司首届一线创新成果交流推介活动现场展示部分在大港油田收官，签订一线创新成果推广合作协议 1324 项，开创国内操作技能人才一线创新成果展示、交流和交易的先河。

2019 年集团公司首届一线创新成果交流推介活动

集团公司所属 40 家企业 900 多项一线创新成果参加现场展示推介。各企业以此为平台，结合需求意向开展洽谈，签订合作协议，实现技能人才创新成果变现，激发技能人才创新热情，推动成果跨地区、跨企业推广应用，促进生产提质增效。

此次推介活动通过展会和网上展厅等形式，对近年来操作技能人才就设备装置、技术工艺、安全生产等开展的技改革新、技术技能攻关、发明创造等创新创效活动取得的优秀成果进行展示和交易。据不完全统计，在现场展示成果中，160 项获得国家发明专利，420 多项获得国家实用新型专利。推介会现场，7 家企业签订超过 50 项合作协议，12 家企业签订超过 30 项合作协议。其中，长庆油田公司以签订推广应用合作意向协议 100 个拔得头筹，成为集团公司首届一线创新成果交流推介活动的最大赢家。

好成果不愁销路。青海油田公司史昆主导的“防冻取样放空阀”被19个单位看中，成为最受追捧的一线创新成果。本次推介会，同一成果被不同单位引进超过20次的有11个，超过10次的有30个。

集团公司人事部有关负责人表示，“打破企业界限，搭建集团公司范围内知识、技术和成果共享的重要平台，让一线操作技能员工共享中国石油一线创新成果‘广交会’，推动创新成果更好地应用变现。首次交流推介会只是众多交流平台的一个缩影，标志着集团公司持续推进落实党和国家创新驱动发展战略又迈出了坚实的一步，是集团公司培育创新型产业工人队伍的又一个创新举措，激发了技能人才创新内在动力。”

中国石油一线创新成果“广交会”线下部分已经落幕，线上展览还将继续。一线创新成果交流推介网上展厅将通过完善“互联石油·技能创新”网站及APP、“技能中油”APP和微信公众号等信息平台持续进行，全面搭建成果“淘宝网”，实现成果全天候、零距离推广和展示。

这种平台的建立，具有集约化的特点，既发挥了网络资源的优势，同时更具备直观的特点，供、需、产品三方见面，成果功能现场展示更清晰，是一种很好的推介平台，具有长效性。

三、应用推广的模式

技改革新成果推广平台的建立，是企业从上到下开展创新成果应用推广工作的一种助力，是助力成果转化的有力举措，既能促成成果推广形成生产力，也能扩大企业创新的影响力。但基层技改革新团队的创新成果，不能完全依靠企业牵线找“婆家”，还应主动进行推广渠道模式的探索，以弥补应用推广方面的短板和不足，平台的建设是企业从宏观的角度助推创新成果的推广应用，基层创新团队或企业单位，也应该在从下往上的方式上探索应用推广模式，以平台为助推，以自身模式探索为补充。

（一）建立示范式推广模式

创新成果的成功应用推广，具有较好的示范带动作用，推行以点带面的形式，有利于企业对创新成果认识度的提高。建立示范式推广模式，是指推进示范先行，持续配套完善。示范式推广模式的建立，是以创新团队集体或创新工作室为主导开展成果推广的方式，建立以工作室为主要驱动主体的技改革新成果推广示范区，示范区相对于企业搭建推广平台来说，是一个较小的示范平台，具有较好的引领示范作用，对技改革新成果的进一步推广渠道的打开具有非常积极的作用，也是对成果的进一步持续改进的试验田。

大庆油田刘丽工作室，近年来在技改革新推广上走出了一条独特的道路，“一体化”模式助推了成果推广的新路。先后研发的“上下可调式密封填料盒”“电缆外皮割刀”等革新成果在革新成果示范区投入推广使用，革新示范区不仅成为革新成果的“试验田”，还成为老成果的“优选地”，工作室在这里对全厂近10年的革新成果进行了优选、改进，最终整合出40项292件成果在示范区进行应用试验，示范区系统效率提高了1.6个百分点，对革新成果的推广起到了很好引领示范作用。

刘丽工作室革新成果示范区的建立，符合成果推广满足基层认知的规律，也符合创新成果不断提升品质、强化功能的过程管理要求，以点带面，直到全面推广应用，具有十分积极的意义。

（二）问题导向型推广模式

基层革新团队或创客们，比较传统的做法是针对现场发现的具体难题进行攻关革新，成果形成后推广渠道的建立存在一定的难度，存在生产单位认可度确认的问题，问题导向型推广模式可有效解决这一推广难题。问题导向型推广渠道的建立是一种新尝试，具体做法是：创新团队主动与基层作业区、生产科室单位主管技术领导接洽，问询现场难题，主动形成合作关系，由基层单位领导提出急需解决的现场难题，明确了解需要达到的目的与要求，采用问题导向式，也称为订单式的创新思路，有利于成果的推广。

辽河油田赵奇峰大师工作站，在这方面走出了一条导向型推广思维的特色路，2016年工作室负责人主动与基层稠油开发作业区块主管领导

接洽，得知该作业区现场存在缓冲罐溢罐液面监测困难的难题，与基层作业区达成协议，由工作室主导研发解决问题，作业区相关技术人员积极配合，成果研发成功后，作业区负责加工成本费用列支，由作业区在生产区域试验推广，研发的“缓冲罐溢罐动态监测报警系统”在该作业区首先得到推广使用，打开了基层导向型推广渠道的路子。几年来通过这种推广渠道不仅使革新成果出路畅通了，还实实在在为基层解决了具体问题，创造了效益。

问题导向型推广模式的探索，是基层创新团队主动出击，解决最需要攻克的现场难题的有效方式，也是与基层生产单位无缝对接的较为有效的模式，既实现了现场革新的需要，又能保证应用推广资金投入保障和推广的直接有效。

（三）现场服务式推广模式

技改革新来源于生产实践，还需要应用于生产实践，是最终的有效模式之一。现场服务式推广渠道的建立，是一种适用于技改革新、先进操作法等创新推广的一种新尝试。现场服务式推广模式，主要是以创新团队为主组成基层服务团队，针对生产现场普遍存在的问题，通过技改革新、先进操作方法等方式为基层主动解决生产难题，具有通用性和可复制性强的特点。

辽河油田曙光采油厂柳转阳技能大师工作站，通过一线生产服务活动推广先进创新工作法，收效明显。柳转阳带领工作室成员到基层一线进行巡诊时发现，由于现场在用抽油机使用年限普遍较长，部分抽油机减速箱存在漏机油现象，针对这一现场普遍存在的问题，带领工作室的成员经过多方调研总结出一套抽油机减速箱堵漏的创新方法，并带领工作室成员主动到现场，为一线作业区进行堵漏服务，收到良好反响，其他一线采油作业区领导纷纷邀请工作室到现场推广服务，并于2019年初与青海油田史昆工作室结成对子，将堵漏操作法推广到了青海油田，真正做到了服务式推广模式的创新。

现场服务式推广模式的建立，直接服务一线生产现场，具有很好的示范作用，可激发基层员工创新热情，利于先进操作经验、优秀革新成果的快速应用。技改革新成果的推广渠道建立，通过企业来营造氛围、大力宣传、搭建平台无疑是行之有效的上层举措，但从基层自下而上的探索推广模式，也是十分重要的方式，在技改革新的应用推广道路上，还需要不断尝试与创新。

第三节　推广应用的跟踪问效

近年来，国家密集出台了关于成果转化的政策，2015 年 8 月，全国人大通过了《中华人民共和国促进科技成果转化法》；2016 年 2 月，国务院发布“关于印发实施《中华人民共和国促进科技成果转化法》若干规定的通知”（国发〔2016〕16 号）；2016 年 4 月，国务院办公厅发布“关于印发促进科技成果转移转化行动方案的通知”（国办发〔2016〕28 号）。这三个文件，被视作我国促进科技成果转化的三部曲。国家相继出台有关科技创新的政策，不仅对企业科技创新有重要的指导意义，同时也给企业一线技改革新工作指明了方向。集团公司自 2018 年以来，大力开展一线创新成果的推广应用工作，组织了一系列的活动，并出版了《一线创新成果案例集》，鼓励企业探索和建立一线创新成果推广应用机制，极大程度促进了技改革新成果的推广应用。

成果推广应用后，并不是就此告一段落，很多成果的成熟度还有待提高，部分成果还存在一定的不足，虽然前期进行了相关的评估与检测，但仍然可能存在对现场估计不足、需要持续改进的地方，因此推广后的跟踪管理和相关保障机制的确立十分必要。

一、推广应用的效果跟踪

技改革新成果的推广，旨在推动企业的科技进步，降低消耗，提高经济效益和环境效益，改善劳动条件，增强企业活力。同时技改革新成果的推广还在很大程度上能够激励员工的创新能力，是对员工创新能力的进一步认可，可有效地挖掘员工创新潜能，促进企业人才队伍素质提升。

技改革新成果的推广应用，是对企业提质增效、节能降耗管理的补充和进一步促进，由于革新成果是对设备、材料、工艺、技术的革新，在现场推广使用过程中会存在不可预知的可能性，还需要在使用过程中不断地总结、探索，确保达到节能、高效、安全、环保的要求，其推广使用过程应包含全过程的跟踪、总结与改进，是技改革新成果走完“最后一公里”的关键点。

（一）效果跟踪的基本要求

在技改革新成果的推广应用方面，在当前创新向好发展的前提下，集团公司及各企业均不同程度制定了相关的技改革新规章制度、成果推广规章制度和相关的方式方法。但技改革新成果在实际推广应用过程中，存在部分成果推广后现场使用情况与目标效果要求有差距的情况，造成使用率下降、影响推广效果的现象，现场使用跟踪反馈不及时是其中原因之一。因此推广跟踪规章制度的建立非常重要，需要具备针对性强、讲求实效的基本要求。

1. 推广跟踪制度内容要有针对性

推广跟踪制度，各企业可根据企业自身的特点以制度的形式，或以推广要求规定的形式进行具体要求，制度内容要体现出制度的针对性、科学性和适用性，个体实施时应根据项目情况再做出具体侧重点规定，制度应包括以下相关内容。

1）职责与权限

跟踪管理的规范化，需要成立针对项目的现场实施跟踪组织，可在技改革新制度中体现，以现场负责小组的形式存在，归口企业负责革新推广部门，针对革新推广工作负责，对现场推广跟踪内容进行具体的实施与修正、跟踪数据的落实检查、审核汇总、负责编制现场项目跟踪记录表单、负责跟踪规划制订、负责需要改善数据的整理收集、负责改进后的进一步跟踪管理工作。

辽河油田公司针对高技能人才在技改革新成果的推广应用在《辽河油田公司群众性经济技术创新活动实施意见》中油辽字〔2016〕37号中对推广后的跟踪评估等事项作出了以下规定。

实行推广应用季度例会制度。工会主席是例会的召集人，与本单位技术负责人一起，协调研发人员与本单位业务主管部门负责人研究确定成果推广应用的项目、范围、数量，组织专业人员进行技术论证、评估实施效果。

辽河油田公司在一线技改革新创新成果的推广应用上，不断探索新的方法，2018 年出台了《辽河油田公司群众性经济技术创新工作管理办法》中油辽字〔2018〕174 号，对创新成果推广跟踪工作作出了进一步要求。

实行推广应用季度例会制度。业务部门负责人每季度组织召开例会，跟踪推广应用进展、评估实施效果。油田公司或相关单位人员应参加例会，协调解决推广应用遇到的问题。

上述实施意见与管理办法中均指出，技改革新成果的推广应用过程中，需要持续对实施效果进行跟踪管理，各单位业务主管部门与研发人员共同负责项目的跟踪管理工作，明确了职责和权限，从管理层面作出了具体要求，基层创新团队可根据相关规定制定出研发团队跟踪管理补充规定，实现双向跟踪管理。

2）工作程序

跟踪管理制度应规范工作程序，采取定人员、定任务、定地点、定时间、定周期的五定原则，根据跟踪表单要求的内容做好现场跟踪工作，并按拟定的周期进行总结和提交整改建议，创新小组或具体负责部门在收到建议后，应在有效时间内做出反馈整改，防止出现虎头蛇尾，创新开端热火冲天，后期收场偃旗息鼓的不良局面。

2. 跟踪规章制度落实要有实效性

技改革新成果跟踪制度的落实需要具有较高的实效性，才能将效益最大化，简单来说，就是确定好工作日程表，做好规划，执行力要强，企业应根据跟踪落实情况进行阶段通报，或将跟踪落实情况纳入相关考核机制，激励跟踪制度的落实。可以采取周期性例会的形式，实时检验制度与内容的落实情况，确保实效性。

某基层作业区，针对某项创新成果的应用推广，组织现场跟踪，为确保制度落实的实效性，每月组织召开一次例会，时间为每月最后一周的周五下午两点，具体时间、地点、会议内容由跟踪创新小组通知，并做好会议记录，由管理责任人对跟踪落实情况进行总评，采取月跟评、季总评的形式。跟踪例会制度是一种很好的督促落实形式。

创新成果应用推广的跟踪管理制度落实，在制订出详尽的工作计划后，还需要企业高度重视，实行专人负责，专项负责制度，才能使跟踪管理工作行之有效。

（二）效果跟踪的问题分析

1. 跟踪责任落实不清晰

在跟踪管理的过程中存在缺乏规范性的问题。在整个技改革新推广的管理中，没有形成规范的管理流程，主要依靠管理人员的管理经验，由于没有对这些管理人员落实相关的责任，导致管理人员在管理过程中随意性比较强，这会大大降低跟踪管理的质量。

管理缺乏全面性。有的企业和单位往往不重视技改革新项目，特别是不重视基层岗位操作人员的技改项目，主要是将着眼点放在大处，放在大项目上，忽略基层技改革新可发挥的作用，往往是有上文没下文，成果推广前期轰轰烈烈，后期偃旗息鼓，虎头蛇尾，只有阶段性，没有执行全程性管理，影响了技改革新的推广水平和作用发挥。技改革新推广没有形成责任制度，没有形成责任到人，责任追究和制度激励不足。

2. 跟踪要点不明晰

技改革新成果的现场应用跟踪评价，是整个推广应用工作中的重中之重，是对成果可行性、操作性、效率性、安全环保特征的进一步现场认证，是持续改进的过程，这一过程符合质量管理体系的持续改进过程要求。

在生产过程中，针对技改革新成果的推广跟踪，基层单位特别是基层岗位员工只清楚使用过程，不注重参数收集，或不清楚参数收集的具体要求，存在不收集参数或参数收集不连续的问题。基层管理人员和技术人员与现场实施人员沟通对接不紧密，存在脱节情况，造成信息反馈不及时、不系统，或无反馈，使得成果推广应用后，部分项目在基层推广使用频率不高，存在需要改进的问题，没能及时发现和解决，造成部分员工对革新成果热情下降。

案例

××采油厂，计划推广使用一批防断脱悬绳器，以解决抽油杆断脱带来的影响生产井开井时间，造成环境污染的问题，其基层推广过程如下。

(1) 项目完成了前期的评估检测，并委托具有石油机械生产资质的生产单位进行前期生产工作。

(2) 成品入库经过材料供应部门验收，确定达到设计标准。

(3) 按计划数量下发各基层作业区，由基层作业区按计划数量下发基层班站使用。

(4) 基层班站负责现场安装调试，作业区安排一名人员负责现场指导。

(5) 个体要求：

① 安装井别，主要安装在负荷较大的油井；

② 安装时机，油井作业停产期间，开井前安装；

③ 安全人员，要求班站长、大班人员负责安装；

④ 反馈要求，及时收集现场使用情况，并反馈到作业区。

本案例后期现场结果：新悬绳器25kg，现场安装操作存在不方便的问题，造成大量悬绳器闲置库房之中，现场使用数量较少，最后无人问津。

本案例的启示：

(1) 整个过程没有确定具体责任人、责任要求；

(2) 现场安装地点、安装井号没有具体计划；

(3) 信息反馈参数收集要求不具体，包括收集哪些参数、收集频次、反馈时间；

(4) 没有确定现场跟踪周期和最后档案收集整理时间；

(5) 现场员工不清楚相关跟踪管理要求与制度。

通过以上案例给我们的启示是，跟踪管理要求空泛，达不到推广最初目的要求，好的技改革新成果，除需要前期大量的投入与准备工作外，还需要在后续的使用过程中做好跟踪反馈管理。

(三) 效果跟踪的问题反馈

技改革新成果到了推广的阶段，说明前期此成果已经得到了一定认定，能解决现场问题，符合推广的安全环保要求，在一定阶段范围内能产生较好的经济效益。因此，在现场投用过程中，跟踪的重点应有所偏重。跟踪过程也是一个更进一步的现场评价过程，跟踪内容设定要具体，不能过于空泛。比如常说的社会效益的提法就过于笼统，不便于操作，特别是落在基层上，着眼点不利于把握。所有技改革新成果，最后都会落实到基层去使用，基层员工是现场第一见证人、第一使用者，因此在进行技改革新成果现场推广使用的过程中，针对跟踪内容的设定应从两方面着手：一是针对现场可见的效果进行数据跟踪，二是针对持续使用的效益测算跟踪。

现场可见效果跟踪主要包括两方面，一是安全效果，二是效率效果。持续使用效益测算跟踪，主要由技术负责人员进行阶段使用后的创效测算，包括安全效益、经济效益两方面。

1. 效果跟踪评估

现场可见效果跟踪，面对资料收集的方式有两种：一是由基层岗位员工进行连续数据与使用情况的记录与总结；二是由项目现场负责人员进行定期现场调研。

推广跟踪可参考遵循 PDCA 循环管理，也可各单位根据现场实际制定推广跟踪流程与标准。过程要有阶段性跟踪总结，要针对创新前存在问题造成的损失与创新后避免的损失、创造的效益等方面进行对比、分析，要用数据说话、用创新后效果照片说话。针对现场使用过程中可能或已经出现的具体问题，进行进一步的深入创新，使成果更趋于实用与成熟，达到实效明显、能用、好用、员工爱用目的，避免出现成果躺在展架上，不能形成生产力的局面。

现场跟踪应注重实效，主要体现在效率、安全性、便捷性、寿命、缺陷共五个方面的参数收集，针对具体项目再进行细化设计。

表 5-1 为某项成果现场应用推广跟踪的设计跟踪情况，就存在内容不具体、针对性不强的问题。

表 5-1　某项成果现场应用推广跟踪表

序号	访谈对象	业务实用性(50)	预想效果（成本、经费）(40)	其他(10)	综合评分(100)
1					
2					
……					

表5-1案例采取的是项目负责人现场调研的形式，从中可以看出哪些问题？

此案例存在如下几个方面的问题启示：

(1) 跟踪设计过于简单，没有对数据的针对性，量化指标不明确；

(2) 没有设定跟踪负责人；

(3) 没有设定跟踪频次与时间要求；

(4) 未对需要跟踪的内容进行分类区别。

上述案例，跟踪效果不能为现有革新成果进一步改进完善提供有效依据，也不能查找到具体问题。

针对具体项目的跟踪，要分别制订有针对性的跟踪内容，才能得到有用的反馈信息，完成持续改进的目的要求。

案例

某采油厂超稠油区块，由于油品性质的特点是黏度高、密度大，在低温外部环境，抽油机更换光杆密封器填料时，存在填料取出困难的问题，主要是填料腔内温度低，造成旧填料黏结不易取出，影响操作效率。安全科技部门研发了一种井口加热装置，用于更换填料前的填料盒预热，用于提高工作效率，降低操作难度。现场试验效果得到员工和相关部门的认可，进行了推广使用（图5-1）。

图5-1　一种井口加热装置

推广经过一段时间后，进行了现场跟踪调查研究，发现使用率下降，部分班组使用率不高的问题，针对这一现象，通过查询总结跟踪记录及时发现了问题，进行了再次改进，问题得到解决。

表 5-2 是本案例的现场跟踪调查记录表，分别针对设备预热需要的时间、达到的温度值、是否出现使用安全问题、设备出现故障维修情况、操作便捷情况、其他缺陷情况进行现场连续跟踪统计，要求记录每次使用情况，确保跟踪发现问题。各项目案例也可采取跟踪特殊点的方式进行跟踪，即记录异常情况参数频数的方式，减少数据统计压力。

表 5-2　井口加热装置现场跟踪调查记录表

日期/时间	项目名称	油井填料函预热装置	投用地点	105 班组	跟踪负责	张××
	投用时间	10 月 15 日	投用数量	3	跟踪周期	6 个月
	操作耗时	温度	安全问题	维修周期	便捷性	缺陷
……						

以下是现场统计整理后的反馈信息情况：

(1) 设备使用解决了现场填料取出难的问题，预热升温快，使用安全可靠；

(2) 设备为电能驱动，接线柜子位置固定，接线长度变化大；

(3) 设备的引张长度固定，接线柜较远时，无法接线，使用受限；

(4) 设备引出线固定结构，存在使用和收纳不便的问题；

(5) 引线保护套冬季低温变硬。

反馈解决方案：

(1) 引线更新设计分段式，可根据接线距离插接；

(2) 设备的引线采用非固定插接式更新；

(3) 引线保护套改采用防低温材料，如金属波纹管。

技改革新成果要想落地生根，在现场应用过程中，跟踪反馈信息十分关键，通过有效的现场推广跟踪记录，定期总结收集信息，查找不足。持续改进是保证革新成果应用具备生命力的基本保障，信息反馈的及时性、有效性，是技改革新成果进一步完善的最有效措施之一。

2. 效益测算跟踪

推广成果跟踪的效益跟踪，不同于技改革新成果立项研发过程的效益跟踪，此项效益跟踪是指具有一定规模投入现场使用的效益跟踪，需要相关技术和管理人员根据设备投入成本、设备更新维护成本、人工成本、产出或节约价值核算等多项数据的综合测算进行跟踪评估，且要有周期性，一般以设备维修周期为测算单元更能准确核算成果经济效果。

二、成果的应用培训

培训是一种有组织的知识传递、技能传递、标准传递、信息传递、信念传递、管理训诫行为。为了达到统一的技术规范、标准化作业，通过目标规划设定、知识和信息传递、技能熟练演练等流程，让员工达到预期的水平。一项新的技改革新成果，对基层岗位员工来说，它是新设备、新工艺、新方法，体现一个“新”字，使用规范与操作标准同传统操作规范是有差别的，安全规范的操作，是保证革新成果发挥应有作用、确保使用或运转安全的重要步骤。培训的方法存在多样性，各单位与企业可根据现场条件选择实施，但要做到以下几点，确保效率最大化。

（一）培训师资的建立

对于技改革新项目的现场运行和操作培训，不同于新进设备和新增成熟工艺的培训，它没有成形的模式，对负责培训的人员提出了更高的要求。培训师资必须具备一定的业务能力与专业知识，对革新成果结构、原理、工作过程、使用特点等相关方面非常了解才能胜任。在企业中，对于此类培训可以不设专职教师，可以由革新研发小组成员来担任，这些成员具有了解革新成果、了解现场设备的优势，对技改革新项目的运行原理和操作要求非常熟悉，能更好地展现设备操作规范和性能。

培训师资也可由现场经验丰富的技师、专家、班组长担任，但前期应对这部分人员进行针对性的指导，这种师资队伍的建立，能有效加快推广进度，但也存在一定的不足，即师资整体差异明显，可能存在培训偏差，需要在推广过程中进行跟踪观察。

（二）培训模式的选择

培训模式主要有课堂集中授课形式、模拟仿真演示形式、现场操作示范演练等形式，由于革新推广成果的运行使用与日常的技能提升、鉴定评审具有一定的区别，它更讲求实效和可操作性。

1. 现场操作示范演练培训

现场操作示范演练，具有直击项目本身、员工与设备直接联系的特点，因此技改革新成果项目的培训工作，最有效的方式是现场集中体验演练式培训，如图 5-2 所示。

图 5-2 现场集中体验演练式培训

辽河油田特种油开发公司革新成果培训案例

公司创新小组针对光杆密封器胶皮阀门阀芯更换时取出与安装困难的问题，研发了专用阀芯取出装置，为达到现场使用规范、高效的目的，进行了现场式体验演练培训。

培训组织单位：基层作业区。

培训时间：××日上午 8：50—11：30。

培训地点：基层作业区××生产平台。

培训教师：研发小组技能专家。

参加人员：班组长、作业区领导。

培训要求：生产现场严禁烟火，劳保着装，听从现场指挥，要求人人参与操作演练，熟练掌握为止。

通过现场集中体验演练式培训，岗位员工能更直观地掌握新设备、新工艺、新工具的使用操作规范，培训人员均为一线生产骨干，具有较强的接受能力和传帮带能力，可以使培训效果进一步放大，培训后现场领取需要推广的革新成果工具，可到现场设备安装地点进行实践，使推广从使用上得到保障。

2. 模拟仿真演示培训

模拟仿真演示培训，就是将创新成果所涉及的工艺设备、工具等具体结构、工作或动作过程，通过 3D 软件制作成 3D 动画的模式，配合教师的讲解进行的培训。采用 3D 动画形式，使装置内部结构更加形象具体，使员工对设备装置的认知更加直观，更易于理解，特别是对工作原理和工作过程的理解有更大的优势，针对新的创新成果的后期使用维护、故障排除有非常大的帮助。当前各油田在成果形成和评审的过程中，很大一部分都在前期制作成了 3D 动画，为后期推广应用培训工作打下了基础。

模拟仿真演示培训，需要在前期进行动画制作，当前比较方便实用的 3D 动画制作软件主要有：（1）Autodesk Maya，是美国 Autodesk 公司出品的世界顶级的三维动画软件，应用对象是专业的影视广告、角色动画、电影特技等。Maya 功能完善，工作灵活，易学易用，制作效率极高，渲染真实感极强，是电影级别的高端制作软件。（2）3D Studio Max，常简称为 3d Max 或 3ds MAX，是 Discreet 公司开发的（后被 Autodesk 公司合并）基于 PC 系统的三维动画渲染和制作软件，除此之外，还有很多软件具有这些功能。

3. 网络交流平台培训

充分利用网络资源，将培训内容以视频、动画、微课的形式发布到网络平台上，具有学习时间自主的优势，便于培训后的自我巩固，是其他培训方式的有力补充。例如，新疆油田的红柳石油网（http：//www. hlsyw. com/，图 5-3）、大庆油田的网络培训 APP、技能中油 APP（图 5-4）。

（三）培训效果的评估

技改革新成果在推广应用过程中，成果的现场使用需要操作者必须熟练掌握设备的性能、使用方法等基本技能。一个革新成果无论是设备的改进或工具类的革新，经过使用前的培训后，员工的掌握程度直接影响到其作用的发挥，也会影响到成果推广应用的后期跟踪管理工作，培训效果的

图 5-3 红柳石油网首页

图 5-4 技能中油 APP

评估应按革新成果的特点来确定，可借鉴一般培训评估的基本做法，同时要有一定的侧重性。

1. 培训效果评估原则

培训效果评估，最重要的是要本着实事求是原则，评估的结果应该是客观的，符合员工与企业实际的，这样才能让培训真正起到作用。如果是凭借着自己的主观思维去思考的话，就不会有真正的评估，一定要对评估的现状作出判断，坚持实事求是。

成果使用的培训效果评估，要遵循的另一个原则就是评估主导人员中，一定要包含现场工作经验丰富的研发团队成员、生产单位工艺技术人员，并有一线岗位生产骨干进行现场配合，确保评估的全面有效性，符合现场工艺运行要求与相关技术要求。

2. 培训评估目标确定

针对需要员工熟练掌握革新成果应用的目的，设立好培训要达到的预期结果和标准，依据革新成果在使用过程中需要掌握的安全操作规程，编制好考核评估专用评分表或调查问卷。考核评分表，可参照职业技能鉴定的项目考核评分表模式进行设计，针对需要员工熟练掌握革新成果使用或操作的目的，可根据考核分值确定是否达到培训目标要求，可设置分值区间，比如：100 分（完全掌握）、90（熟练掌握）、80 分（基本掌握）、70 分（基本了解）。为确保员工能够规范应用革新成果，评估指标最低应设定在基本掌握的基础之上。

3. 选择评估方案方法

成果的现场实施培训，主要还是集中在具体操作上，确定评估方案应注重以现场实施为特点的动手能力掌握，应以现场操作模拟考核法为主导，以问卷调查法为辅助途径。

1）现场操作模拟考核法

现场操作模拟考核法，是根据成果的现场操作要点、安全操作规程编制的考核表。考核表中应包括考核时间要求、考核要点要求、考核安全要求的三大基本部分，设置好评分要素，步骤清晰符合操作顺序要求，如安全方面有特殊要求应注明。

2）问卷调查法

问卷调查法，主要是考核培训后，员工对革新成果的设备原理、使用安全要求、使用技术要点的掌握情况，以及培训教师能力方面评估。

调查问卷可设计成表格形式或可根据培训目标设立多个问题选项，可参照培训部门有关调查问卷的格式进行灵活设计，一般内容应包括以下主要部分：

（1）基本信息：培训项目、培训地点、培训时间、培训人数、培训师、参评人数等基本信息。

（2）目标内容：项目内容是否详细具体、项目涉及关键点是否清晰、培训内容可操作性、是否存在疑问未解决、员工的掌握程度、培训师的逻辑条理、建议意见等。

(3) 满意度层级设置：可设置 4 个层级，如差、一般、较好、非常好。

表 5-3 超稠油空心杆泄漏防污染装置使用考核评估表

序号	考核内容	评分要素	配分	评分标准	扣分	得分
1	准备工作	准备工具、量具、用具及材料	5	300mm 活动扳手、200mm 平口螺丝刀、6mm 内六角扳手、试电笔、擦布；少准备一件扣 1 分		
2	停止抽油机	停机、断电、刹车	5	未停机下死点扣 5 分		
			5	未断开空气开关扣 5 分		
			5	未刹紧刹车扣 5 分		
3	停中频电源	停中频电源、卸零线	15	未按规程停中频电源扣 5 分，未检查电缆带电情况扣 5 分，未卸下零线扣 5 分		
4	安装	安装装置，添加填料	20	安装未用工具紧固扣 5 分，添加未加平扣 5 分，卡子未紧固扣 5 分，手抓光杆扣 5 分		
5	启动抽油	松刹车、送电、启机	10	未松刹车扣 5 分，未按规程启动扣 5 分		
		检查装置情况	10	未检查电缆是否窜动扣 5 分，未检查渗漏情况扣 5 分		
6	记录数据	记录好相关数据	10	未记录安装井号扣 5 分，未记录安装日期时间扣 5 分		
7	清理场地	收拾工具，清理现场	5	未收拾工具、清理现场从总分中扣 5 分		
8	安全要求	按国家或企业颁发的有关安全规定操作	10	每违反一项规定从总分中扣 5 分		
合计			100			

三、成果的标准形成

标准化是指在经济、技术、科学和管理等社会实践中，对重复性的事物和概念，通过制定、发布和实施标准达到统一，以获得最佳秩序和社会效益。公司标准化是以获得公司的最佳生产经营秩序和经济效益为目标，对公司生产经营活动范围内的重复性事物和概念，以制定和实施公司标准，以及贯彻实施相关的国家、行业、地方标准等为主要内容的过程。

标准化的重要意义是改进产品、过程和服务的适用性，标准的形成可使技改革新设备、工艺、工具的使用规范化、程序化，可有效提高工作效率，简化不必要的工作，有效规避安全风险。企业技改革新项目的标准形成，主要是指两方面，一是技改革新运行管理制度标准，二是现场使用操作标准，也是标准化建设最重要的组成部分，要在 ISO 的基本框架内构建符合健康、安全、环保的要求。

（一）成果使用标准的编制

技改革新成果的现场运行与使用，对于现场操作员工来说，是一个全新的内容，应根据现场生产实际，制定出合理的安全操作规程，并形成企业标准进行存档。制定规范时要从实际生产出发，对革新成果涉及的操作内容，应进行步骤化管理、精细化管理。标准的形成是在实施过程中一个包括制定、实施、分析改进的过程，在执行过程中应不断对存在的问题进行分析，并把改进措施纳入规范之中，使之不断完善。操作规程的完备，规程向标准的转化是保证革新成果在现场规范使用的重要依据，在标准形成的过程中应遵循以下原则：

（1）技改革新成果完成后，投入使用前的试验试用阶段应总结出较为完善的操作步骤、操作规范或操作规程。

（2）标准的制定应由企业技术监督部门组织成立标准化委员会或标准化制定小组，成员应包括专业技术人员、安全技术人员、标准化管理人员、科技管理人员、革新研发人员、现场操作人员等。

（3）标准制定内容应不与现存有效期内的国家标准、行业标准、地方标准、企业标准冲突，对于没有相关标准的应及时制定公司企业标准。

（4）制定公司企业标准的程序一般包括：确定标准的适用范围、收集资料、整理分析、起草、征求意见、会签、审批、发布实施。

（5）标准制定过程中，应逐条分析讨论确认，形成最终方案。

（6）已经批准和备案的公司产品标准和其他公司标准，一经发布均应严格执行。

（7）标准形成发布后，并不是一成不变的，应定期根据现场情况及时修订，修订分为计划修订和临时修订。

技改革新标准的形成，除操作标准外，根据实际情况也可制定技术标准等相关标准，总之革新成果标准文件的形成，是标准化运行的必经之路，也是不断完善的一个过程。在不具备标准制定的前提下，创新研发团队应结合安全部门，制定出可实施性强的现场安全操作规程，并按要求组织培训，方可进行革新成果的推广使用。

（二）成果涉密内容的保护

技改革新成果，是各岗位上先进经验的总结、设备进化的新发现，是企业发展的持续动力，针对成果的行业保密，应遵守国家、集团公司和油田公司保密有关规定，也是每一位创新人应遵守的基本准则。以前我们国家各行业对知识产权的保护工作重视度不够，近年来，随着行业的发展进步，知识产权的保护工作越来越被重视。

技改革新成果的涉密问题应做到以下几点：

（1）在技改革新成果研发、设计、实施过程中，参与人员应对具备重大行业战略意义的涉密事项采取相应的保护措施，防止泄密，必要时可向科技管理部门申报定密。

（2）在革新过程中涉及的技术档案等相关资料，相关参与人员不得对与本单位有竞争关系的单位提供存在涉密的技术服务，或向第三方透露。

（3）针对技改革新成果，研究相关的文件资料、记录信息等由专人负责管理。

（4）资料的传播、传递不以邮寄或非安全网络方式进行，资料复制应得到研发团队或管理部门同意，应在本企业相关单位内部流转。

（5）外协项目可参考签订保密协议，规定外协单位不得私自留存相关涉密文件、资料，并做好监督工作。

（6）涉密的计算机系统应当采取安全保密措施，妥善保管、使用，注意联网安全。

技改革新成果，是油田企业生产动力源之一，除做好上述知识产权保护之外，还要从渠道上利用好法律武器，及时申请行业专利，防止侵权。

近年来各类型创新工作室在技改革新道路上做出了很多研发与创新，正成长为企业创新革新团队的一支重要队伍，在运行管理上应与企业相关部门做好联合，做好知识产权的保护工作。

（三）安全环保评估标准

技改革新成果，是解决现场生产难题的有力工具，产生经济效益、提高工作效率的同时，安全高效运行也不容忽视，对成果是否存在使用、运行等方面的安全风险，应有足够的预估。是否存在使用安全隐患，必须经过专业安全部门会同技术部门的评估认定，不存在安全隐患方可进行现场推广使用。技改革新成果的安全环保评估应有独立的评估标准。建立安全评估标准应遵循如下原则：

（1）确立好安全评估的安全业务主管部门与专业安全技术人员的主导地位，确定好评估涉及部门的协调、参与职责。

（2）创新成果经安全环保风险评估，安全环保性能符合国家安全环保标准、规范，才可推广应用。

（3）要按照正式投入生产使用标准对创新成果进行安全环保评估，发现不足及时整改。

（4）评估内容，不仅要对设备本身存在的安全风险进行评估，还要对形成的操作规程进行评估。

（5）评估记录要完整，留档备查。

目前，大庆油田制定了专门针对“劳模创新工作室”的创新成果评估相关规定要求，从源头上加强了风险防控，编制的“创新成果安全环境风险评估表”（表5-4），具有很好借鉴作用。

表5-4 创新成果安全环境风险评估表

工作室名称	
类别	□劳模创新工作室 □技能专家工作室 □青工创新基地 □技术革新工作室 □其他
所属二级单位	
所属三级单位 （具体到小队）	
成果名称	
评审等级	□油田公司级 □厂/分公司级

续表

成果内容	
存在的安全环境风险	
解决方案及防控措施	
二级单位意见	（签字）　　　盖章
油田公司意见	盖章

（四）成果资料归档的管理

技改革新成果项目完成后，经过现场推广并完善，应将相关资料进行整理并归档，确保成果实施或经验的可复制性，以便于今后进行技改革新工作时查询和借鉴，也是进行持续改进的重要依据，在归档标准的建立上应遵循以下几个要点：

（1）归档资料要分类管理，可按创新级别分类，比如集团公司级成果、油田公司级成果、厂处级成果、班组级小改小革等，不宜以获奖类别进行区分，比如以QC成果、职工创新成果等来分类，以免出现级别不清、管理混乱的问题。

（2）资料归档管理要有时效性，技改革新成果安全验收后或推广跟踪问题整改后1~2个月内，应进行资料归档整理，避免因间隔时间过长造成相关资料缺损或产生数据误差。

（3）资料归档的内容要有项目可复制性，内容要精准全面，应包括项目背景、项目解决的问题、项目问题解决思路、项目设计相关资料图纸、项目实施与跟踪过程资料、项目推广记录、存在问题整改记录、项目现场图片和获奖情况等。

（4）对于获得国家级、省部级科技进步等重大奖励项目，或行业重点技改项目应由企业相关管理部门负责资料收集。

资料归档要注意其实用性的发挥，可尝试建立行业内部网上展厅或创新成果数据库，便于行业内部借鉴或推广使用和行业创新的推动。中国石油一线创新成果交流推介活动网上展厅是一种很好的尝试（图 5-5）。

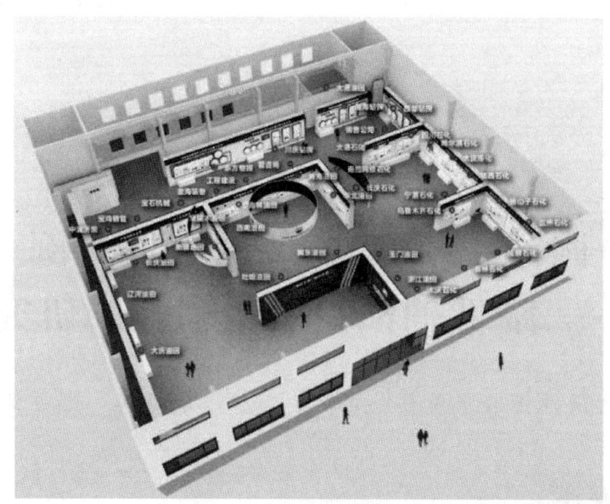

图 5-5　中国石油首届一线创新成果交流推介活动网上展厅

技改革新成果的推广应用工作是在立项目标按既定要求全部完成后，获得能够解决现场问题，符合推广安全环保要求认定，通过多层面、多角度全面分析，形成相关标准、制定相关制度、建立应用模式，并最终取得较好的经济效益的复杂过程，成果的成功推广，在很大程度上能够激励员工的创新能力，促进企业人才队伍素质提升，更有助于推动企业的科技进步，促进提质增效、节能降耗，提高经济效益和社会效益，改善劳动条件，增强企业活力，进而提升企业核心竞争力。

附 录

附录1 TRIZ理论应用实例——降低抽油机皮带损耗的研究

大庆油田有限责任公司 赵 爽 胡延军 邢书龙

1 项目概述

1.1 项目来源：生产实际。

1.2 待解决问题背景：石油是现代工业的“血液”，是国家战略性资源，保障石油的产量对保障经济和社会发展以及国防安全有着重要意义。保障石油的产量需要提高地面采收率，抽油机运行时率是直接影响地面采收率的主要因素之一，因此提高抽油机运行时率在世界范围内得到广泛关注。

大庆油田主要机采井设备是游梁式抽油机，约占总井数的80%。抽油机皮带传动系统是唯一的传力机构，一旦皮带出现断裂、打滑等问题，会使抽油机系统停止运行，降低抽油机运行时率，影响油井的正常生产。

2 发明问题初始形势分析

2.1 当前系统的功能及组成：抽油机电动机的动力通过皮带轮、传动皮带、减速箱输入轴，经过减速箱三轴两级减速将旋转运动变为驴头上下往复运动，带动井下深井泵工作，保证抽油机正常运行。当前系统由控制箱、电动机、电动机皮带轮、传动皮带、减速箱皮带轮组成。

2.2 当前系统的工作原理：电动机通过皮带传动，带动减速箱皮带轮，减速箱带动四连杆机构使深井泵正常工作，实现抽油。抽油机皮带传动系统工作原理如附图1-1所示。

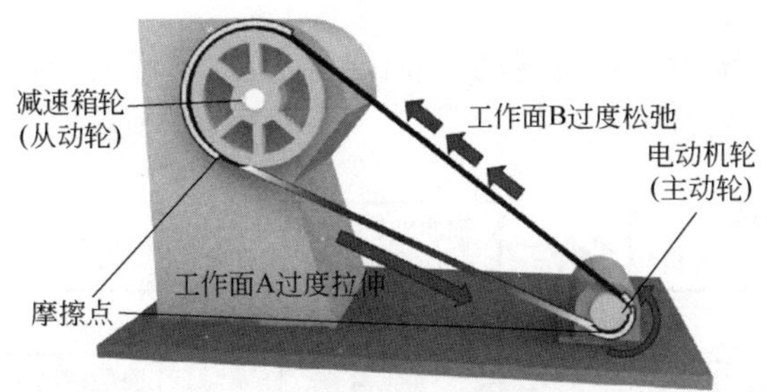

附图 1-1　抽油机皮带传动系统简易工作原理

2.3 当前系统存在的三项主要问题：

(1) 皮带磨损严重；

(2) 皮带打滑或断裂；

(3) 移动电动机后产生的后续问题。

2.4 问题解决目标：提高抽油机皮带能效。

2.5 限制条件：皮带材质不可改变，电动机轮、减速箱轮不可改变。

2.6 技术参数：

(1) 抽油机型号：CYJ10-3-53HB。

(2) 冲程：3m。

(3) 冲次：3 次/min。

(4) 皮带：V6350。

(5) 电动机功率：37kW。

(6) 日耗电：约 880kW · h。

3　最终理想解

确定技术系统最终理想解，见附表 1-1。

附表 1-1　最终理想解

序号	思维分析步骤	实际问题分析结果
1	设计的最终目标？	提高抽油机皮带能效
2	最终理想解？	皮带自己提高能效
3	达到理想解的障碍是什么？	皮带没有动力结构，不具备提高能效的功能
4	出现这种障碍的原因是什么？	皮带自身不需要动力，对皮带的能耗缺乏监控手段
5	不出现这种障碍的条件是什么？	给皮带增加动力，加强对皮带能耗的控制
6	创造这些条件所用的资源是什么？	子系统资源、超系统资源

4　九屏幕法分析

确定当前系统为“皮带传动系统”，应用九屏幕法分析展开系统化分析，系统九屏图如附图 1–2 所示。

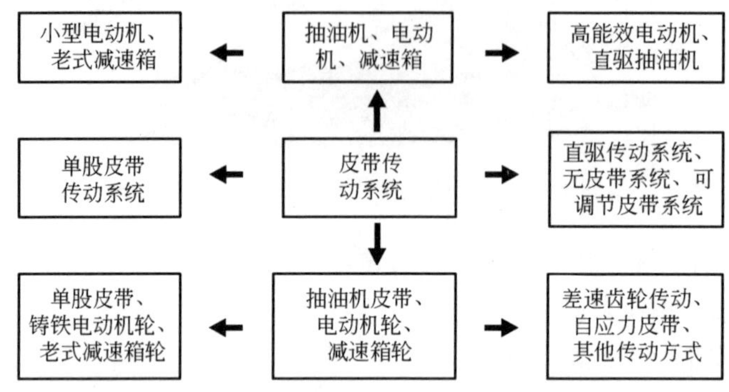

附图 1–2　抽油机皮带系统九屏图

5　资源分析

以九屏幕图为基础，建立资源分析列表，为后续创新挖掘可用资源，资源分析见附表 1–2。

表 1–2　资源分析表

	物质资源	能量资源	信息资源	空间资源	时间资源	功能资源
系统	电动机、皮带、减速箱	变频电源	电动机位移量、四点一线率、轮间距	皮带外空余空间	寿命周期	传动动能
子系统	橡胶、绳子、皮带轮、减速箱轮	电动机动能、摩擦力、张紧力、弹性应力	皮带长度、轮径	轮径、单轮四点一线	启动前后时间、停机前后时间、故障前后时间	能量传动、增加摩擦力、避免过度传动
超系统	变频器、减速箱、雨雪环境	耗电量	电流变化曲线、抽油机平衡率、耗电量	电动机位移空间	变频器自动启停	电动机底座调节皮带、变频器调节转速
系统过去	皮带传动	工频电源	皮带的弹性变形	四点一线	故障前后时间	传动功能
系统未来	球形皮带、联组皮带改为单根皮带	电能、磁能、电磁能	摩擦系数、耗电量、皮带寿命、张紧力、应力变形	抽油机外的空间、皮带轮内的缝隙、皮带内部空间	抽油机转速变化的时间、皮带使用寿命	增加摩擦力、避免打滑

续表

	物质资源	能量资源	信息资源	空间资源	时间资源	功能资源
子系统过去	普通皮带	电能、张紧力、应力	长度、弹性变形	电动机轮槽	磨损前后时间	传动动能、避免过度传动
子系统未来	差速齿轮、可调应力皮带	链条、离合器片	张紧力、应力、磁力、电量	电动机轮内部空间、减速箱轮内部空间	拉力变形时间	传动、自适应
超系统过去	电动机顶丝	电动机转动	皮带打滑声音、电动机底座位移量	皮带外空余空间	白天、员工工作时间	停机断电保护
超系统未来	直驱抽油机、差速齿轮电机轮、自动调电机装置、新型自动紧皮带装置、手摇电机滑道、电动电机滑道	机械能、扭力、电能、磁能、电磁能、热能	耗电量、平衡率、四点一线调节时间	抽油机外部空间、抽油机内部空间、设备内部空间	24h 实时监控	传动动能、自行检测、自动保护、自动调节

6　功能分析

在系统分析的基础上，对系统进行功能分析。功能组成分析表见附表 1–3，系统组件相互作用见附表 1–4，功能清单见附表 1–5。

附表 1–3　功能组成分析表

技术系统	技术系统组成	超系统组成
抽油机皮带传动系统	抽油机皮带	抽油机减速箱
	电动机轮	抽油机底座
	减速箱轮	电动机
		电动机底座
		地脚螺栓
		雨雪环境

附表 1–4　系统组件相互作用表

	抽油机皮带	电动机轮	减速箱轮	抽油机减速箱	抽油机底座	电动机	电动机底座	地脚螺栓	雨雪环境
抽油机皮带		√	√						√
电动机轮	√					√			
减速箱轮	√			√					
抽油机减速箱			√		√				

续表

	抽油机皮带	电动机轮	减速箱轮	抽油机减速箱	抽油机底座	电动机	电动机底座	地脚螺栓	雨雪环境
抽油机底座				√			√	√	
电动机		√					√		
电动机底座					√	√		√	
地脚螺栓					√		√		
雨雪环境	√								

附表 1-5　功能清单表

序号	功能载体	作用	功能对象	改变的参数	功能种类	完成水平
1	电动机轮	张紧	抽油机皮带	张紧力	有害	不足
2	减速箱轮	张紧	抽油机皮带	张紧力	有害	不足
3	电动机	驱动	电动机轮	输出力	有益	充分
4	减速箱轮	驱动	抽油机减速箱	输入力	有益	充分
5	抽油机底座	支撑	抽油机减速箱	重力	有益	充分
6	抽油机底座	支撑	电动机底座	重力	有益	充分
7	地脚螺栓	连接	抽油机底座	摩擦力	有益	充分
8	电动机底座	支撑	电动机	位移	有益	充分
9	地脚螺栓	连接	电动机底座	位移	有益	充分
10	雨雪环境	润滑	抽油机皮带	摩擦力	有害	有害

根据功能清单表绘制系统功能模型图，如附图 1-3 所示。

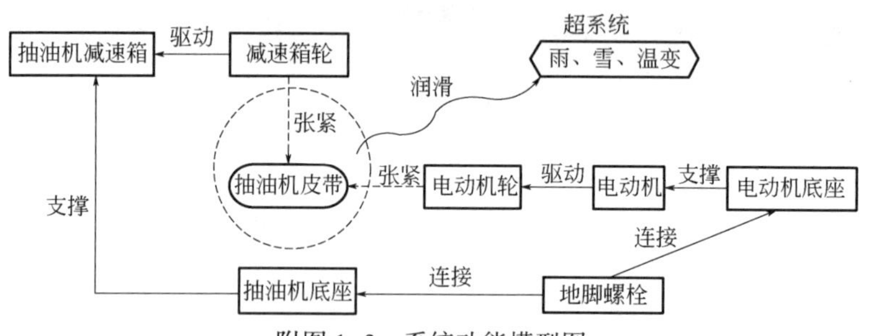

附图 1-3　系统功能模型图

通过功能模型分析：电动机轮对抽油机皮带的张紧力作用不足，减速箱轮对抽油机皮带的张紧力不足，雨雪温变等环境因素对抽油机皮带产生了有害作用。

7 因果链分析

应用因果链分析功能模型中存在不足和有害因素的根本原因，因果链分析如附图 1-4 所示。

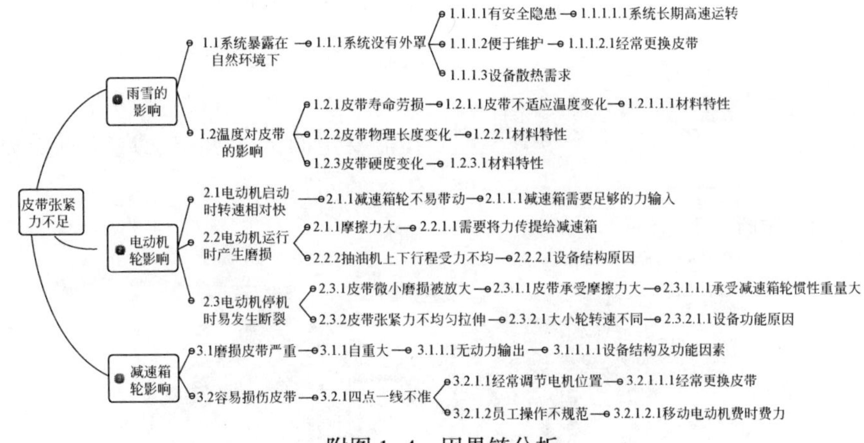

附图 1-4 因果链分析

经过因果链分析确定待解决问题的关键问题为：

（1）电动机启动过程转速高；（2）减速箱重量大无动力输出；（3）抽油机皮带不具备调节功能。

方案一：下压轮方案。利用下压力补充皮带张紧力，结构示意图如附图 1-5 所示。

方案二：辅助轮方案。利用辅助轮补充皮带张紧力，结构示意图如附图 1-6 所示。

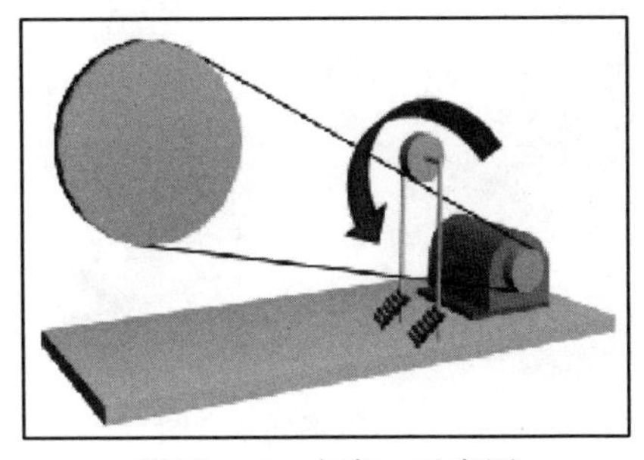

附图 1-5 方案一示意图

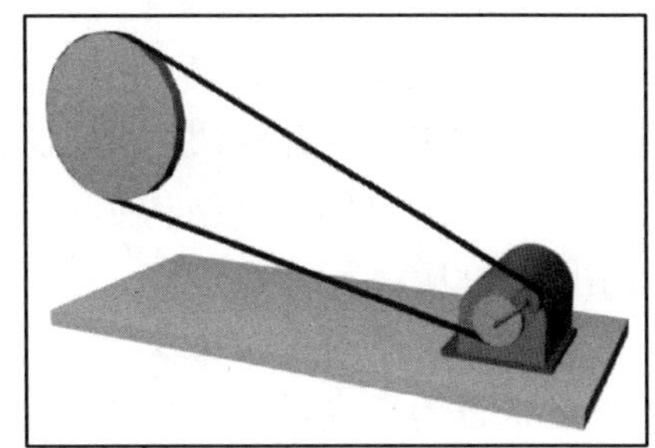

附图 1-6 方案二示意图

方案三：支撑轮方案。利用辅助轮上顶补充皮带张紧力，结构示意图如附图 1-7 所示。

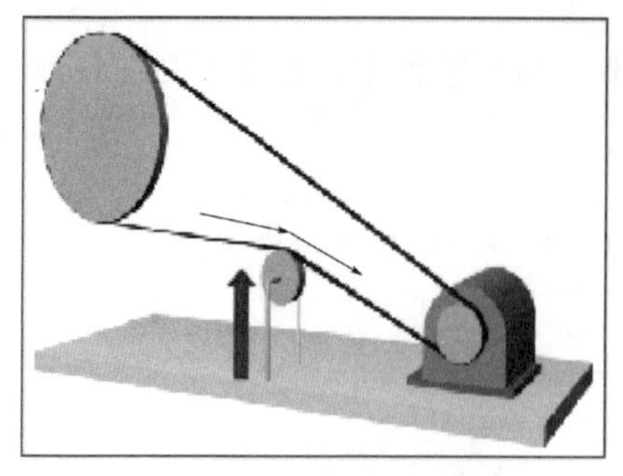
附图 1-7　方案三示意图

形成实施方案：通过对比以上三个方案，选定方案三为实施方案，利用固定支架，滑轮推举抽油机皮带，以达到提高皮带张紧力的目的，现场应用情况如附图 1-8 所示。该方案有效解决皮带打滑问题，但存在需要定时人工调整、启动时受力较大的问题。

附图 1-8　方案三现场应用图

其他创新方案如下。

方案四：磁感应轮方案。在电动机轮和减速箱轮安装磁性轮套，利用磁感应现象实现传动，彻底消除抽油机皮带，一并解决与抽油机皮带有关的所有问题，结构示意图如附图 1-9 所示。

附图 1-9　方案四示意图

方案五：反向皮带方案。将抽油机皮带设为反向结构，使皮带在运转过程中，自己将雨水甩出，防止打滑现象，结构示意图如附图 1-10 所示。

方案六：穿孔皮带方案。在皮带上打出小孔，形成穿孔皮带，在皮带运行过程中使积存的雨水通过小孔甩出皮带槽，达到避免打滑的目的，结构示意图如附图 1-11 所示。

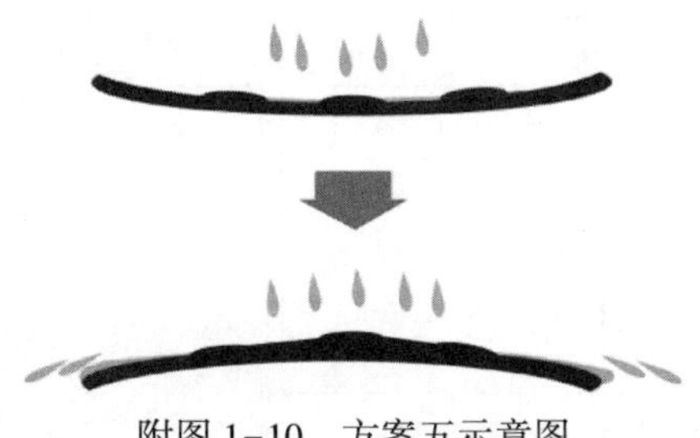
附图 1-10　方案五示意图

附图 1-11　方案六示意图

方案七：分组皮带方案。将联组皮带改为分组皮带，皮带间没有连接，使雨水无法积存，结构示意图如附图 1-12 所示。

附图 1-12　方案七示意图

方案八：莫比乌斯环皮带。利用莫比乌斯环结构，将皮带逆向连接，形成可双面利用的皮带，运行时皮带斜面自然将积水排出，结构示意图如附图 1-13 所示。

方案九：热膨胀皮带。在皮带内部加装热膨胀材料，在皮带运转过程中摩擦生热，热能使皮带膨胀变形，既能够增强皮带连接的摩擦力，也可以利用变形将积水排出，结构示意图如附图 1-14 所示。

附图 1-13　方案八示意图

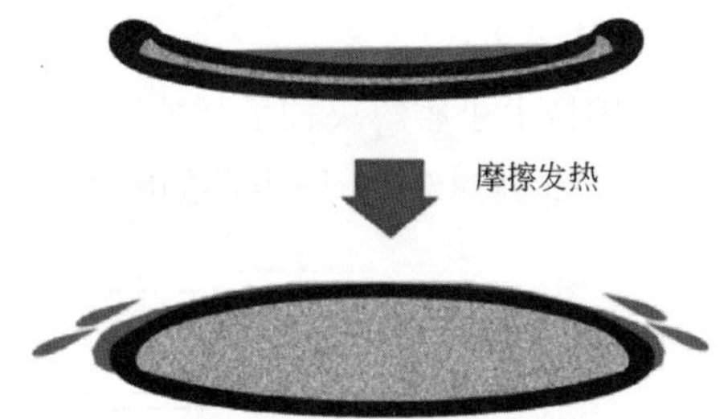

附图 1-14　方案九示意图

8　系统完备性法则

在实施方案已实现基本功能的前提下，针对方案存在的不足和功能的缺陷，依照系统完备性法则，建立系统基本要素模型，深入挖掘方案完整度设计空间。抽油机皮带张紧装置的系统组成如附图 1-15 所示，根据完备性法则设计抽油机皮带张紧装置结构如附图 1-16 所示。

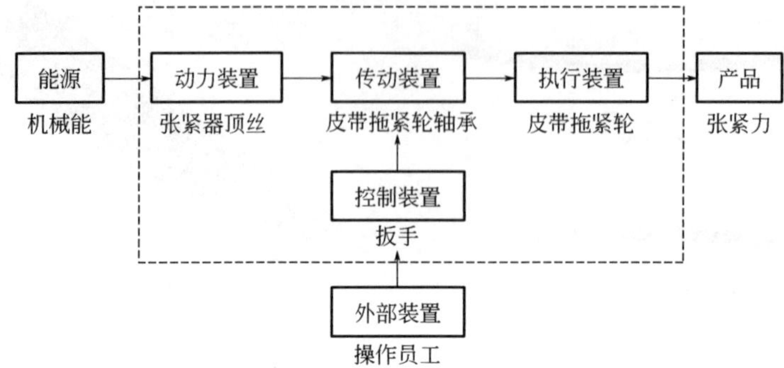

附图 1-15　抽油机皮带张紧装置的系统组成

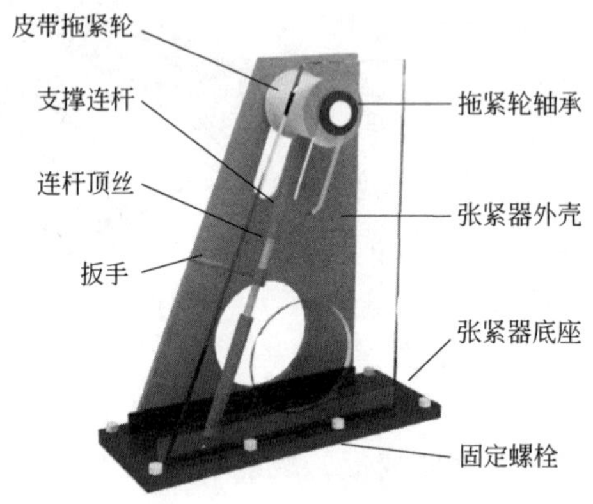

附图 1-16　抽油机皮带张紧装置结构图

9　技术矛盾

运用技术矛盾解决轴承耗能问题、提高系统生产功能。

9. 1 原问题技术矛盾表述如附图 1-17 所示。

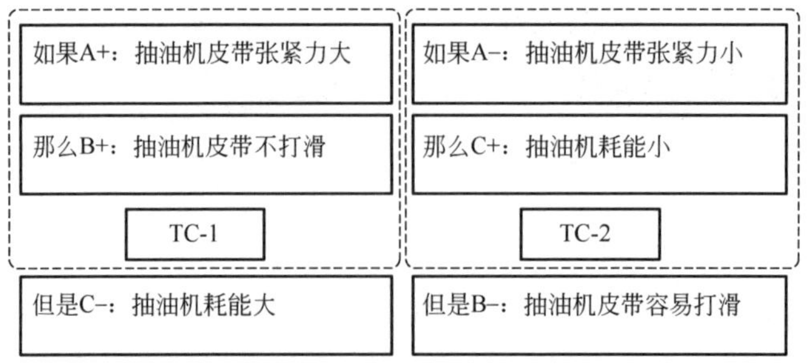

附图 1-17　原问题技术矛盾

确定要解决的技术矛盾为 TC-1，它发生在皮带是否打滑与抽油机耗能大小之间，发生在抽油机皮带张紧力变化的时候。

9.2 问题模型对应的 39 个通用工程参数。

改善的参数：19 运动物体消耗的能量。

恶化的参数：27 可靠性。

9.3 解决方案模型。对应查看阿奇舒勒矛盾矩阵表得到参考创新原理为：19 号周期性作用原理；11 号预先防范原理；21 号减少有害作用原理；27 号廉价品替代原理。

方案十：运用 19 号周期性作用原理形成增加机油盒方案，向轴承间续定量的滴入润滑液，以保证轴承的高效运行，结构示意图如附图 1-18 所示。

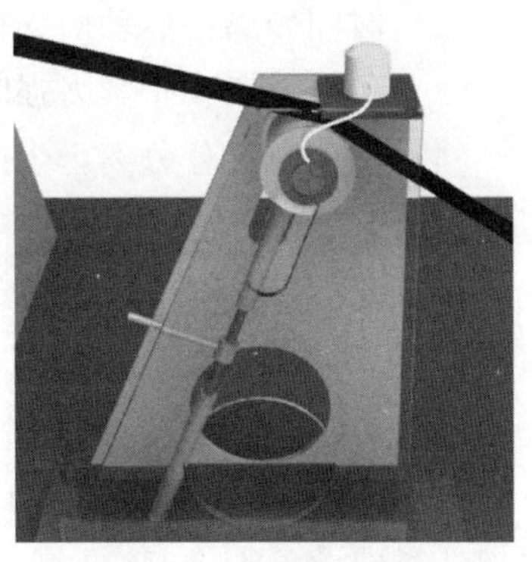

附图 1-18 方案十示意图

方案十一：运用 11 号预先防范原理形成∩形滑动顶紧方案，使用高光洁度材料，将滚动摩擦改为滑动摩擦，可以减少顶紧装置的运动量，保证其结构的稳定性，结构示意图如附图 1-19 所示。

方案十二：运用 21 号减少有害作用原理，形成高速轴承方案，可以最大限度地避免轴承摩擦造成的能量损失，结构示意图如附图 1-20 所示。

附图 1-19 方案十一示意图

附图 1-20 方案十二示意图

10 物理矛盾分析

运用物理矛盾解决启动时支撑连杆受力问题、完善支撑功能。

10.1 确定物理矛盾。

支撑连杆应该支撑力强，以满足张紧皮带的要求。

支撑连杆应该支撑力弱，以满足保护皮带的要求。

10.2 拟采用分离原理。

（1）空间分离：受力大的部分支撑力弱，受力小的部分支撑力强。

（2）时间分离：启动前支撑力强，启动时支撑力弱。

（3）条件分离：张紧力强时支撑力弱，张紧力弱时支撑力强。

（4）整体与部分分离：生产功能部分与支撑功能部分分离。

方案十三：使用泡沫拖紧轮。在受力较大的情况下，可以利用自身多孔材料特点压缩体积，用弹性变形缓冲来自皮带的下压力，结构示意图如附图 1-21 所示。

方案十四：使用弹簧支撑杆。利用弹簧的变形特性，在受力较大的时候压缩体积，减少支撑杆的刚性受力；当受力小时，又可以重新顶紧皮带，实现设备对外来机械压力的自适应，结构示意图如附图 1-22 所示。

附图 1-21　方案十三示意图

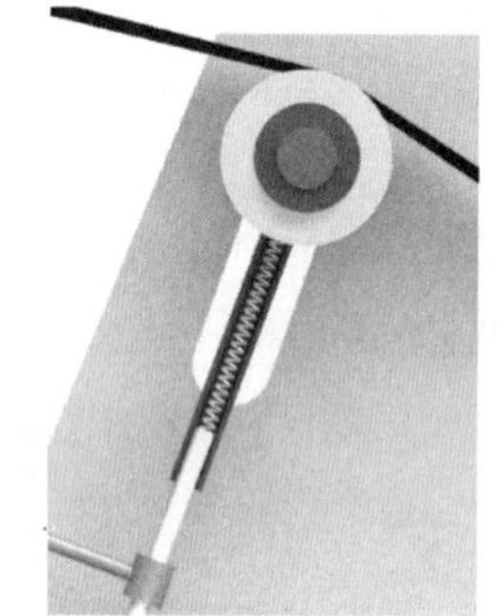

附图 1-22　方案十四示意图

11　物—场模型

运用物—场模型，解决停机后安全检修问题，完善运输功能。

问题模型：在机械场的作用下，抽油机皮带对操作员工存在有害作用，应用破坏物—场模型标准解 S1.2.1，如附图 1-23 所示，形成了增加安全卡具的解题方案。

方案十五：增加皮带安全卡具。在原张紧轮外侧设计的皮带安全卡具，能有效防止皮带在停机检修状态下意外移动，避免额外携带安全装置，安装使用省时省力，结构示意图如附图 1-24 所示。

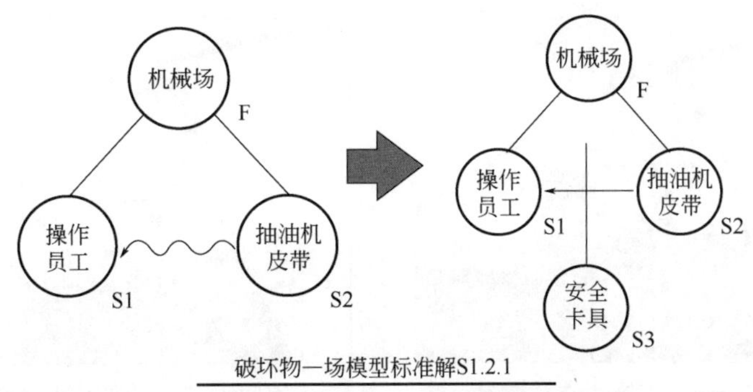

附图 1-23　物—场模型 I

运用物—场模型，完善皮带轮张紧力及耗电量测量功能，应用检测、测量标准解 S4. 2. 1，如附图 1-25 所示，形成利用测量标尺的解题方案。

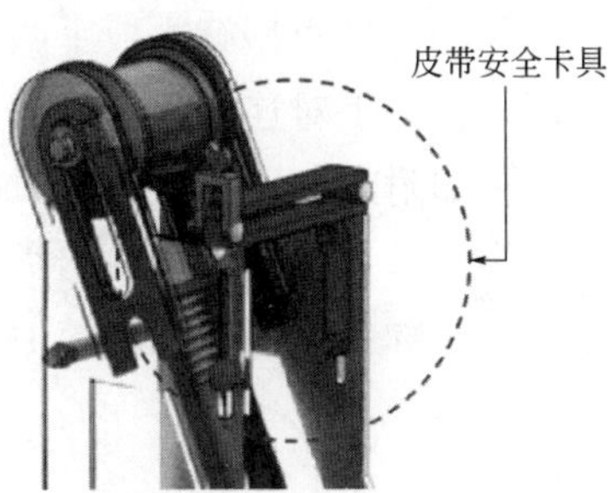

附图 1-24　方案十五示意图

方案十六：利用电子测量装置。测量顶紧轮在标定承压水平后发生的位置移动，换算为皮带张紧力及运动速度，进而换算为抽油机运行中产生的能耗，实现对抽油机耗电量的测量，结构示意图如附图 1-26 所示。

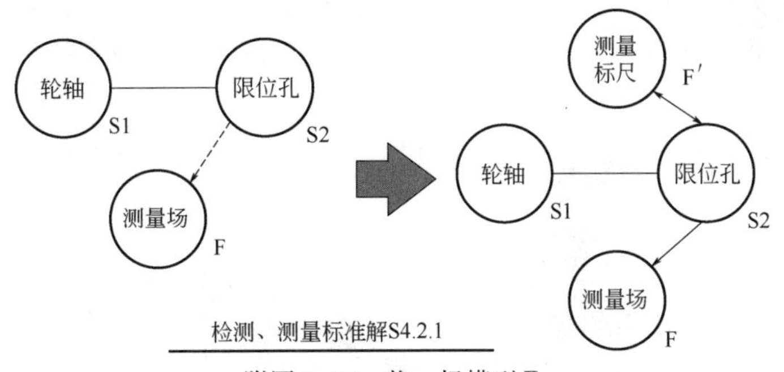

附图 1-25　物—场模型 II

方案十七：安装测量刻度标尺。将方案十六的测量参数反算为位置参数，仅通过观测顶紧轮位移度就可以直接获得能耗参数，减少了设备的复杂度，结构示意图如附图 1-27 所示。

附图 1-26 方案十六示意图

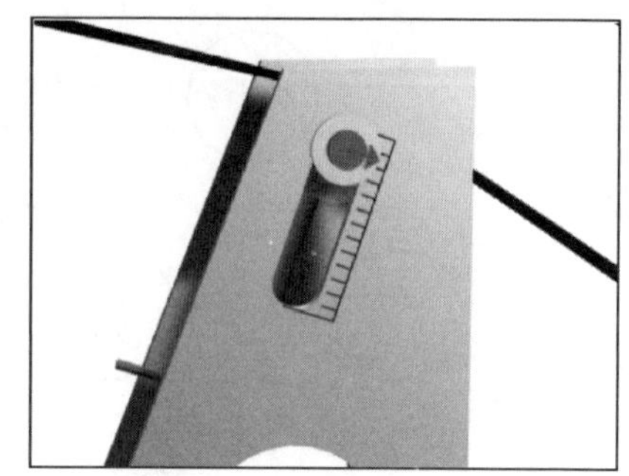
附图 1-27 方案十七示意图

利用物—场模型解决扳手调节困难的问题，完善校正功能。在机械场的作用下，扳手对连杆顶丝的作用不足，为此应用建立物—场模型标准解S1.1.1，如附图 1-28 所示，形成两个解题方向。

方案十八：利用千斤顶的举升高度和支撑力，补充扳手对连杆顶丝的作用不足。物—场模型如附图 1-29 所示，结构示意图如附图 1-30 所示。

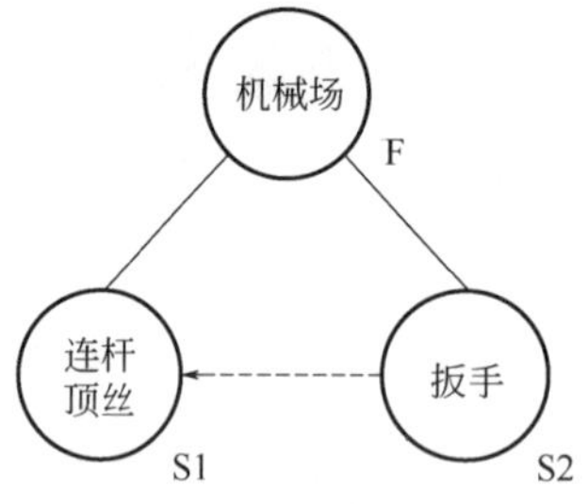

附图 1-28 物—场模型Ⅲ

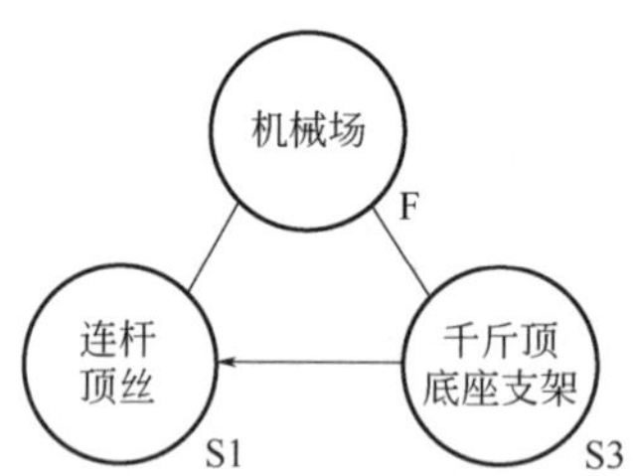

附图 1-29 物—场模型Ⅳ

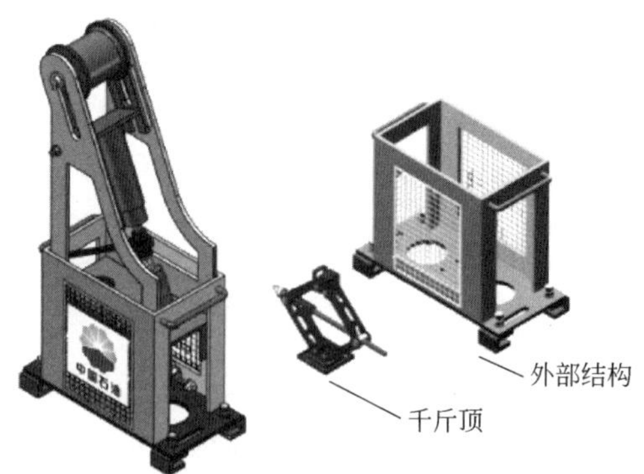

附图 1-30 方案十八示意图

方案十九：利用蜗轮蜗杆装置，补充扳手对连杆顶丝的作用不足。蜗轮蜗杆不仅操作简单、省力，而且安装位置更加合理，在保证了安全操作位置的前提下，可以有效提高员工工作效率，减轻工作强度。物—场模型如附图 1-31 所示，结构示意图如附图 1-32 所示。

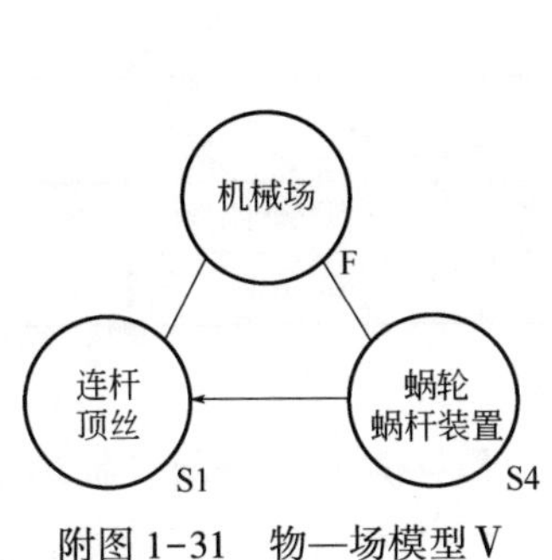

附图 1-31 物—场模型Ⅴ

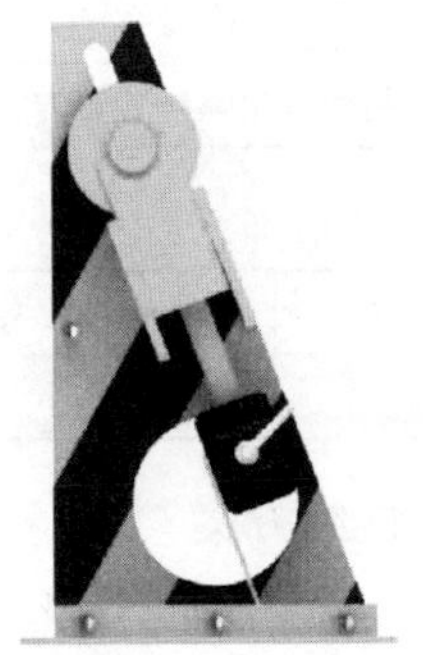

附图 1-32 方案十九示意图

12 全部技术方案

形成的全部技术方案见附表 1-6，项目成果统计见附表 1-7。

附表 1-6 全部技术方案表

序号	技术方案
1	下压轮方案，利用下压力补充皮带张紧力
2	辅助轮方案，利用辅助轮补充皮带张紧力
3	支撑轮方案，利用辅助轮上顶补充皮带张紧力
4	磁感应轮方案
5	反向皮带方案
6	穿孔皮带方案
7	分组皮带方案
8	莫比乌斯环皮带方案
9	热膨胀皮带方案
10	增加机油盒方案
11	∩形滑动顶紧方案
12	高速轴承方案
13	泡沫拖紧轮方案
14	弹簧支撑杆方案
15	增加皮带安全卡具方案

续表

序号	技术方案
16	电子测量装置方案
17	安装测量刻度标尺方案
18	千斤顶底座方案
19	利用蜗轮蜗杆装置方案

附表 1-7　项目成果统计表

方案总数	可行性方案	专利预案	发明专利预案	实际应用案例
19	7	6	6	7

13　最终方案

将以上方案进行优化评价，整合成为最终方案，研制“抽油机皮带效能提升安全装置”，结构如附图 1-33 所示。本装置适用于游梁式抽油机皮带传动系统，安装于电动机轮与减速箱轮中部，抽油机皮带底部，利用支撑机构与传动轮机构，实现上顶抽油机皮带增加皮带张紧力的目的。

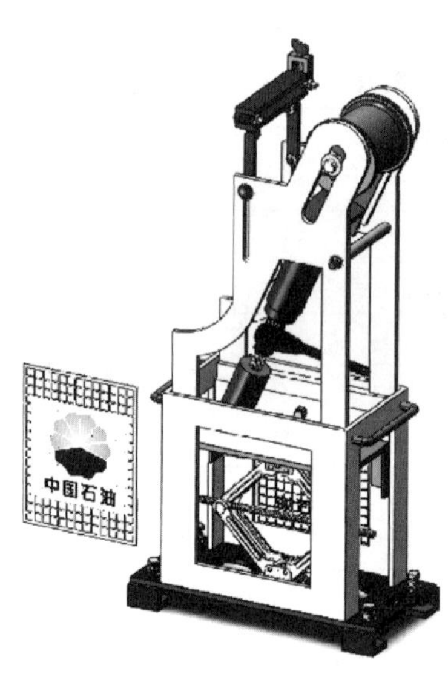

附图 1-33　第三代抽油机皮带效能提升装置

在生产现场实际应用效果显著，成为一个成本低廉、安装简便、安全性强、创新性强的油田生产辅助装置。该装置优点是：更换皮带时避免调节电动机位置、雨雪天气自适应补充皮带弹性应力、安全检修防溜车、电动机功耗测算、避免四点一线校准工序，有效延长皮带使用寿命，有效保障抽油机稳定运行。

项目获奖情况：

（1）2017 年荣获中国企业创新方法大赛二等奖；

（2）2017 年荣获中国石油天然气集团有限公司一线创新成果三等奖；

（3）2017 年收录中国石油天然气集团有限公司《一线创新成果案例集》；

（4）2016 年荣获大庆油田重大技术革新成果一等奖；

（5）2015 年荣获大庆油田第六采油厂革新成果一等奖。

附录 2　39 个通用工程参数简要注释

序号	名称	解释
1	动物重量	重力场中运动物体受到的重力
2	静物重量	重力场中静止物体受到的重力
3	静物长度	静止物体上的任意线性尺寸
4	动物长度	运动物体上的任意线性尺寸
5	动物面积	运动物体上任意表面积量度
6	静物面积	静止物体上任意表面积量度
7	动物体积	运动物体占用的空间
8	静物体积	静止物体占用的空间
9	速度	物体的位移或过程与时间的比值
10	力	改变物体运动状态的作用
11	张力和压力	单位面积上的作用力
12	形状	一个物体的轮廓或外观
13	组合物的稳定	物体的组成、结构及外形随时间的变化
14	强度	物体抵抗外界破坏的能力
15	动物作用时间	运动物体具备其性能或者完成作业的时间、服务时间及耐久时间等
16	静物作用时间	静止物体具备其性能或者完成作业的时间、服务时间及耐久时间等
17	温度	物体所处热状态，代表宏观系统热动力平衡的状态特征，还包括其他热学参数，比如影响温度变化速率的热熔
18	亮度	单位投影面积上的发光强度
19	动物耗能	运动物体完成指定功能所消耗的能量
20	静物耗能	静止物体完成指定功能所消耗的能量
21	功率	物体在单位时间内所做的功
22	能量消耗	做无用功消耗的能量，这部分能量没有实现有用功能
23	物质消耗	物体的组成部分或全部损失

续表

序号	名称	解释
24	信息消耗	某种数据部分或者全部,永久或者临时的损失,如气味的浓度、声音的大小等
25	时间消耗	一项活动所延续的时间间隔,即没有实现有用功能而浪费的时间
26	物质的量	物体(系统)的材料、物质、部件或者子系统的数量
27	可靠性	物体(系统)在规定的方法和状态下完成规定功能的能力
28	测量精度	系统特性的测量结果与实际值之间的偏差程度
29	制造精度	所制造的产品的性能结果与设计预定结果的偏差程度
30	外来有害因素	环境或超系统其他部分施加于物体的有害作用,它使物体的功能参数退化
31	内部有害因素	技术系统本身产生的对本系统或超系统有害作用
32	制造力	制造某种物体的过程的方便或者简易程度
33	易用性	在保证质量不变的情况下,操作过程中需要的人数越少,操作步骤越少以及工具越少,代表方便性越高
34	可修复性	出现故障后,可以很方便、很简单、在很短时间内进行维修
35	适应性	物体(系统)响应外部变化的能力,或适应各种外部变化的能力
36	装置复杂性	系统的数量多,各部分关系复杂,不容易进行分析,不容易了解系统的结构
37	控制复杂性	不容易对物体进行测量、不容易将某性能控制在某个范围内
38	自动水平	物体(系统)在无人操作的情况下自身执行有用功能的能力
39	生产率	单位时间内系统执行的功能或者操作的数量

附录3　40条发明原理及简要描述

序号	原理名称	原理的简要描述
1	分割原理	(1)把一个物体分解成相互独立的部分。 (2)将物体分成容易组装和拆卸的部分。 (3)提高系统的可分性,以实现系统的改造

续表

序号	原理名称	原理的简要描述
2	抽取原理	(1)从物体中抽出产生负影响的部分或属性。 (2)从物体中抽出必要的部分或属性
3	局部质量原理	(1)将物体、环境或外部作用的均匀结构,变为不均匀的。 (2)让物体的不同部分,各具不同功能。 (3)物体的各部分,均处于完成各自动作的最佳状态
4	增加不对称性原理	(1)将物体的对称外形变为不对称的。 (2)增强不对称物体的不对称程度
5	组合原理	(1)在空间上将相同物体或相关操作加以组合。 (2)在时间上将相同或相关操作进行合并
6	多用性原理	(1)使一个物体具有多项功能。 (2)消除该功能在其他物体内存在的必要性
7	嵌套原理	(1)把一个物体嵌入另一物体,然后将这两个物体再嵌入到第三个物体,依此类推。 (2)使一个对象穿过或处于另一对象的空腔
8	重量补偿原理	(1)将某一物体与另一能提供升力的物体组合,以补偿其重量。 (2)通过与环境(利用空气动力、流体动力或其他力等)的相互作用,实现物体的重量补偿
9	预先反作用原理	(1)事先施加机械压力,以抵消工作状态下不期望的过大压力。 (2)如果问题定义中需要某种作用,那么事先施加反作用
10	预先作用原理	(1)预先对物体(全部或至少部分)施加必要的改变。 (2)预先安置物体,使其在最方便的位置,开始发挥作用而不浪费运送时间
11	预先防范原理	采用事先准备好的应急措施,补偿物体相对较低的可靠性
12	等势原理	改变操作条件,以减少物体提升或下降的需要
13	反向作用原理	(1)用相反的动作,代替问题定义中所规定的动作。 (2)让物体或环境,可动部分不动,不动部分可动。 (3)将物体上下颠倒或内外翻转
14	曲面化原理	(1)将物体的直线、平面部分用曲线或球面代替,变平行六面体或立方体结构为球形结构。 (2)使用滚筒、球状、螺旋状结构。 (3)改直线运动为螺旋运动,应用离心力

续表

序号	原理名称	原理的简要描述
15	动态化原理	(1)调整物体或环境的性能,使其在工作的各阶段达到最优状态。 (2)分割物体,使其各部分可以改变相对位置。 (3)如果一个物体整体是静止的,使其移动或可动
16	未达到或过度的作用原理	如果所期望的效果难以百分之百实现,稍微超过或稍微小于期望效果,会使问题大大简化
17	空间维数变化原理	(1)将物体变为二维(如平面)运动以克服一维直线运动或定位的困难,或过渡到三维空间运动以消除物体在二维平面运动或定位的问题。 (2)单层排列的物体变为多层排列。 (3)将物体倾斜或侧向放置。 (4)利用给定表面的反面。 (5)利用照射到临近表面或物体背面的光线
18	机械振动原理	(1)使物体处于振动状态。 (2)如果已处于振动状态,提高振动频率(直至超声振动)。 (3)利用共振频率。 (4)将超声波振动和电磁场结合。 (5)用压电振动代替机械振动
19	周期性作用原理	(1)用周期性动作或脉冲动作代替连续动作。 (2)如果周期性动作正在进行改变其运动频率。 (3)利用脉冲周期中的暂停来执行另一有用动作
20	有效作用的连续性原理	(1)物体的各个部分同时满载持续工作,以提供持续可靠的性能。 (2)消除空闲和间歇性动作
21	减少有害作用原理	若某事物在一个给定速度下出现问题,则使其速度加快,将危险或有害的流程或步骤在高速下进行
22	变害为利原理	(1)利用有害的因素(特别是环境中的有害效应),得到有益的结果。 (2)将两个有害的因素相结合进而消除它们。 (3)增大有害因素的幅度直至有害性消失
23	反馈原理	(1)在系统中引入反馈。 (2)如果已引入反馈,改变其大小或作用
24	借助中介物原理	(1)使用中介物实现所需动作。 (2)把一物体与另一容易去除的物体暂时结合
25	自服务原理	(1)物体通过执行辅助或维护功能,为自身服务。 (2)利用废弃的能量与物质
26	复制原理	(1)用经过简化的廉价复制品代替复杂的、昂贵的、不方便的、易碎的物体虚拟现实系统。 (2)用光学复制品(图像)代替实物或实物系统,可以按一定比例扩大或缩小图像。 (3)如果已使用了可见光复制品,用红外线或紫外线复制品代替

续表

序号	原理名称	原理的简要描述
27	廉价品替代原理	用若干便宜的物体代替昂贵的物体，同时降低某些质量要求（如工作寿命）
28	机械系统替代原理	(1)用光学（视觉）系统、声学（听觉）系统、电磁系统、味觉系统或嗅觉系统替代机械系统。 (2)使用与物体相互作用的电场、磁场、电磁场。 (3)用运动场替代静止场，时变场替代恒定场，结构化场替代非结构化场。 (4)把场与场作用和铁磁粒子组合使用
29	气压和液压结构原理	将物体的固体部分用气体或流体代替，如充气结构、充液结构、气垫、液体静力结构和流体动力结构
30	柔性壳体或薄膜原理	(1)使用柔性壳体或薄膜代替标准结构。 (2)使用柔性壳体或薄膜将物体与环境隔离
31	多孔材料原理	(1)使物体变为多孔性或加入多孔物体（如多孔嵌入物或覆盖物）。 (2)如果物体是多孔结构，在小孔中事先填入某种物质
32	改变颜色原理	(1)改变物体或环境的颜色。 (2)改变物体或环境的透明度。 (3)利用着色剂观察难以观察到的对象或过程。若已应用此类着色剂，则可引入发光示踪剂或示踪原子
33	同质性原理	存在相互作用的物体用相同材料或特性相近的材料制成
34	抛弃与再生原理	(1)采用溶解、蒸发等手段抛弃系统中已完成功能的多余部分，或在系统运行过程中直接修改它们。 (2)在工作过程中迅速补充系统或物体中消耗的部分
35	物理或化学参数改变原理	(1)改变聚集态（物态）。 (2)改变浓度或密度。 (3)改变系统的柔性。 (4)改变温度
36	相变原理	利用物质相变时产生的某种现象，如体积改变、吸热或放热
37	热膨胀原理	(1)使用材料的热膨胀或热收缩特性。 (2)组合使用不同热膨胀系数的几种材料
38	强氧化剂原理	(1)用富氧空气代替普通空气。 (2)用纯氧代替富氧空气。 (3)将空气或氧气用电离放射线处理，产生离子化氧气。 (4)用臭氧替代离子化氧气
39	惰性环境原理	(1)用惰性环境替代通常环境。 (2)使用真空环境
40	复合材料原理	用复合材料代替均质材料

参 考 文 献

[1] 李梅芳，赵永翔. TRIZ 创新思维与方法理论及应用. 北京：机械工业出版社，2018.

[2] 周苏. 创新思维与 TRIZ 创新方法. 2 版. 北京：清华大学出版社，2016.

[3] 汤凯，杨海波. 高效革新. 北京：石油工业出版社，2017.

[4] 创新方法研究会，中国 21 世纪议程管理中心. 创新方法教程（初级）. 北京：高等教育出版社，2012.

[5] 孙晓鸥. TRIZ 理论基础教程. 哈尔滨：黑龙江科学技术出版社，2014.

[6] 中国石油天然气集团有限公司人事部. 高效技艺传承. 北京：石油工业出版社，2018.

[7] 陈云. 如何做好工程技术资料的整理和归档. 管理与科技，2011，1：278.

[8] 中国科协企业创新服务中心. 一线工程师创新方法应用案例. 北京：中国科学技术出版社，2017.

[9] 檀润华. 创新设计——TRIZ 发明问题解决理论. 北京：机械工业出版社，2002.

[10] 《预见风险》编写组. 预见风险. 北京：石油工业出版社，2016.

[11] 檀润华. TRIZ 及应用：技术创新过程与方法. 北京：高等教育出版社，2010.

[12] 成思源，周金平，郭钟宁. 技术创新方法：TRIZ 理论及应用. 北京：清华大学出版社，2014.

[13] 姚威，韩旭，储昭卫. 创新之道：TRIZ 理论与实战精要. 北京：清华大学出版社，2019.

[14] 赵敏，胡钰. 创新的方法. 北京：当代中国出版社，2008.

[15] 陈劲，郑刚. 创新管理：赢得持续竞争优势. 3 版. 北京：北京大学出版社，2016.

[16] 曹裕，陈劲. 创新思维与创新管理. 北京：清华大学出版社，2017.

[17] 李剑锋，张淑清，赵玉红. 大学生创新思维与案例分析. 北京：光明日报出版社，2016.

[18] 李淑文. 创新思维方法论. 北京：中国传媒大学出版社，2005.

[19] 冯正刚. 关于创新意识的几个问题. 湖南经济管理干部学院学报，2002，13（1）：6-9.

[20] 中国石油天然气集团公司人事部，思想政治工作部. 一线创新成果

案例集·采油采气专业. 北京：石油工业出版社，2017.
[21] 中国石油天然气集团有限公司人事部，思想政治工作部. 一线创新成果案例集·炼油专业. 北京：石油工业出版社，2018.
[22] 中国石油天然气集团有限公司人事部，思想政治工作部. 一线创新成果案例集·化工专业. 北京：石油工业出版社，2018.
[23] 中国石油天然气集团有限公司人事部，思想政治工作部. 一线创新成果案例集·油气管道专业. 北京：石油工业出版社，2019.